SYR JOHN 1

SYR JOHN MEURIG THOMAS

Gwerthfawrogiad o'i Fywyd a'i Waith

(Ar drothwy ei ben-blwydd yn 80 oed: 15.12.2012)

IEUAN DAVIES
*(Gyda Chyflwyniad gan Maurice Loader
a Cherddi gan Gwyn Thomas, Bangor)*

ⓗ Ieuan Davies 2012

Argraffiad cyntaf: 2012

Cyhoeddwyd gan
Ieuan Davies / Cyhoeddwyr Dinefwr Cyf.
Heol Rawlings, Llandybïe
Sir Gaerfyrddin, SA18 3YD

*Cedwir pob hawl. Ni ellir atgynhyrchu unrhyw
ran o'r cyhoeddiad hwn na'i gadw mewn
cyfundrefn adferadwy na'i drosglwyddo mewn
unrhyw ddull na thrwy unrhyw gyfrwng,
electronig, mecanyddol, ffoto-gopïo, recordio,
nac fel arall, heb ganiatâd ymlaen llaw
gan y cyhoeddwr.*

ISBN 978-1-904323-25-9

Llun y clawr:
*Haf 1993, fel Meistr Coleg San Pedr, Caergrawnt.
Y mae Eglwys (Capel) y Coleg i'w gweld.
Adeiladwyd hi rhwng 1628-1632.*

Argraffwyd yng Nghymru gan
Wasg Dinefwr
Heol Rawlings, Llandybïe
Sir Gaerfyrddin, SA18 3YD

Cyflwynaf y Gyfrol

i

Lisa a Naomi
Manon a Tomos

ac

Er Cof Annwyl

am

MARGARET

Cynnwys

Rhagair: Ieuan Davies vii
Cyflwyniad: Y Parchedig Athro Maurice Loader, B.A., B.D.   xi
Cerdd: Dr Gwyn Thomas, Bangor xiv

1. Cwm Gwendraeth a'r Mynydd Mawr (1932-1951)   1
2. Abertawe, Llangennech a Llundain (1951-1958) 31
3. Bangor (1958-1969) 56
4. Aberystwyth (1969-1978) 79
5. Caergrawnt (1978-1986) 106
6. Y Sefydliad Brenhinol yn Llundain (1986-1991) 133
7. Dirprwy Bro-Ganghellor Prifysgol Cymru (1991-1994) 158
8. Peterhouse, Caergrawnt (1993-2002) 173
9. MARGARET (1938-2002). Teyrngedau a Cherddi 203
10. Y Degawd Diweddaraf, Mwy neu Lai (2003–) 220

Swyddogaethau ac Anrhydeddau 253

Rhagair

Pan oeddwn i tua'r un oed ag oed fy wyrion annwyl heddiw – *(gweler eu lluniau ar glawr cefn y gyfrol)* – Steffan (12), Ffion (10) a Siân (6) – bu John yn ddylanwad mawr arnaf. Ynghyd â'm helpu â gwaith cartref o bryd i'w gilydd, gwylio adar, chwarae criced a cherdded-heb-redeg oedd y prif ddylanwadau. Ni pheidiodd y dylanwad hwnnw.

Ond brasgamu'n ddisgybledig wnaeth, ac a wna John mewn amryw ystyron ddydd ar ôl dydd. Ac wrth gerdded – yn llythrennol felly – *'mental stock-taking'* chwedl yntau, bryd hynny hefyd. Rwy'n deall yn burion beth a olyga, ond gwahanol iawn yw'r meddyliau!

Rhan werthfawr o'r arlwy wythnosol ar Raglen Radio Cymru Dewi Llwyd ar foreau Sul yw ei gyfweliadau. Ar fore Sul yn Rhagfyr 2011 ymwelodd ag aelwyd Syr John Meurig Thomas yng Nghaergrawnt. Roedd John ar drothwy dathlu ei ben-blwydd yn 79 oed. Un o'r gwrandawyr fyddlon yw'r Parchedig Huw Ethall, Caerdydd – un gyda llaw, sy' newydd ddathlu ei ben-blwydd yntau yn 96 oed. Ond eto'n parhau yn effro ei feddwl a'i ddychymyg.

Ar y cerdyn Nadolig arferol inni oddi wrtho y llynedd, ynghyd â'i gyfarchion cynhwysodd her – *'Testun eich llyfr nesaf – Syr John Meurig Thomas'*. Rhagwelai ef ben-blwydd spesial John yn 2012 (D.V.). Am gerdyn Nadolig! A *'Diolch'*, meddwn innau'n dawel fach, *'ond amhosib'*. A dyna ni. Felly'n union y bu; hyd yr hunllef ddiwedd Ionawr eleni. A geiriau'r her yn fy nihuno – mewn mwy nag un ystyr. Fel canlyniad, o ddiwedd Mis Bach, ceisiais ufuddhau i her Huw gan droi'r hunllef yn raddol yn freuddwyd, a'r freuddwyd yn ffaith. Y ferf 'ceisio', wrth reswm, yn allweddol.

Eto, byddai'r 'ceisio' hwnnw, hyd yn oed, wedi bod yn amhosib heb hynawsedd amyneddgar, cyson fy mhriod **Eunice**. Hynny, ynghyd â chymwynasau parod llu o gyfeillion – agos a phell, rhai cyfarwydd i mi a rhai nas gwelais erioed – yn ogystal. Cyfrif y bendithion hynny *'un ac un'* sydd bron yn amhosib. Bendithion mewn pobl a chanddynt – yn lluniau a llythyron, yn alwadau ffôn a negeseuau *e-byst*. Gobeithiaf i'r diolch iddynt – ar lafar neu mewn llythyr, a negeseuau *e-bost* rif y gwlith, fod yn gynnes a diffuant. Felly'n sicr eu bwriadwyd. **Dyledwr enfawr ydwyf**. (Cynhwysaf restr – mor gyflawn a phosib – o'r cymwynaswyr, ynghyd â'r Gweisg, ar ddiwedd y gyfrol.) Ond os amhosib enwi **pob** un, amhosib – ac anfaddeuol hefyd, fyddai peidio enwi'r canlynol.

Maurice Loader, wrth gwrs, a Mair a Meinir – ffrindiau da i Margaret a John ers blynyddoedd lawer – am groeso heulog eu haelwyd bob amser. Bu ef, fel arfer, mor barod ei gymwynasau a'i gyngor, gan ddarllen fy ngwaith yn drylwyr fwy nag unwaith. Cwbl anymwthgar ei ffordd, ond eto – fel y **graig**. Mae ei gyfraniad i'r gwaith hwn mewn amryw ystyron, gan gynnwys ei *Gyflwyniad*, yn **amhrisiadwy**.

Amhrisiadwy hefyd yw cyfraniad Dr Gwyn Thomas, Bangor – ffrind cywir arall i John. Cofiaf y wefr sydyn a dwys wrth ddod ar draws ei gerdd i 'MARGARET'. Y fendith hefyd. A bûm mor hyf a cheisio ganddo gerdd am 'JOHN MEURIG'. Doedd dim angen gofyn ddwywaith. A myfyrio honno'n ddathliad diolchgar o fywyd, gwaith a pherson John. Ie, *'un o'r ychydig'*, chwedl y bardd o'r Stiniog.

'Aelwyd' hefyd yw cartref Gwasg Dinefwr yn Llandybïe. Un sy'n gwch gwenyn o brysurdeb, a ffrwyth y llafur mor hardd a graenus yn ddi-eithriad. Eto, digon o hwyl iachus a hynawsedd cyfeillgar yn ddyddiol, a'r 'brenhinoedd gwerinol', ond cwbl broffesiynol – Emyr (Nicholas) ac Eddie (John) – yn ei chanol hi. Diolch calon iddynt – bob un sy' yno – am y gymwynas werthfawr hon eto.

A *Geiriadur yr Academi* – (Bruce Griffiths a Dafydd Glyn Jones) [*Gwasg Prifysgol Cymru, 1995*] – *'wrth law o hyd'*! Am drysor; ac am drysorfa.

Yn olaf, ond nid yn lleiaf o gwbl, yw'r diolch i John yntau a'i deulu. Y fraint eto – i Eunice a minnau – o gael *'cyffwrdd'*, fel petai, *'ymyl ei wisg'*. A'i gymwynasau lu, ynghyd â'i gyfeillgarwch, y fath fendith. Hyfrydwch ychwanegol fu cysylltu â Lisa a Naomi, a chwrdd â Jehane hefyd; a'u help hwythau'n gaffaeliad cyfamserol. A thrwy'r cyfan ddod i gysylltiad â ffrindiau hen a newydd, yn ein hymyl o fewn ein gwlad, ac o amryw wledydd eraill ar draws byd. Byd, mewn ystyr, sy' wrth ein drws bellach.

Unwaith eto felly – ac heb ymddiheuriad o gwbl, geiriau clo gogoneddus Dic Jones i'w soned *'Cydnabod'* yw'r rhai perffaith – i'm tŷb i – i grynhoi. A siawns na dd'wedai John yntau *'Amen'* iddynt.

> *'Fy niolch i'm cydnabod o bob gwaed,*
> *Hwynt-hwy yw'r deunydd crai o'r hwn y'm gwnaed.'*

Ieuan Davies
(Medi 2012)

Cyflwyniad

gan

Y Parchedig Athro Maurice Loader, B.A., B.D.

(Llangynnwr, Caerfyrddin)

Cyn llunio'r gyfrol hon, yr oedd Ieuan Davies wedi troi ei ddawn greadigol i gyfeiriad rhai o gewri'r pulpud: Joseph James yn 1983; D. J. Lewis yn 1989: E. Eurfin Morgan yn 1999; ac Emlyn G. Jenkins yn 2004, cyn mentro ar Hunangofiant yn 2007. Yna yn 2010, cafwyd cofiant ganddo i un arall o feibion disglair y Tymbl, sef Dr Isaac Thomas: gweinidog, hanesydd, ieithydd a darlithydd. Mor oludog fu'r gwaddol a draddodwyd i'r genedl gan un o bentrefi'r glo carreg! Roedd storfa'r doniau fel celwrn dihysbydd y proffwyd gynt yn Sareffta: *"Ni ddarfu'r celwrn blawd a'r stên olew ni ddarfu"*.

Gwir fu'r gair, oherwydd dyma ŵr enwog arall yn hawlio teyrnged gennym, neb llai na John Meurig Thomas, un o blant disglair y Tymbl, gŵr y mae sawl cenedl dros y byd ar wahân i genedl y Cymry yn codi cap iddo, ac yn galw Syr arno. A'r tro hwn i gymhlethu pethau, nid un o gewri'r pulpud sydd ger ein bron, ond gwyddonydd, ac un yn ei briod faes sy'n un o wyddonwyr enwocaf y byd.

Ble mae dechrau sôn amdano? Mae dilyn ei yrfa fel dringo mynydd uchel. Wrth ddarllen ei stori 'rych chi'n cael eich arwain i gredu eich bod chi wedi cyrraedd y copa. Yr anhawster yw bod hynny'n digwydd dro ar ôl tro. Cewch sefyll gyda'r cemegydd ifanc ar fan sy'n ymdebygu i'r copa: Darlithydd yn Adran Gemeg Prifysgol Gogledd Cymru, Bangor. Ond dim ond dechrau'r daith yw hynny; y mae copa'n dilyn copa. Yn wir, mae'r awyr yn go denau i rywun fel fi yn rhai o'r mannau hyn: Pennaeth Adran Gemeg Coleg Prifysgol Aberystwyth, Pennaeth Adran Gemeg Prifysgol Caergrawnt, Cyfarwyddwr y Sefydliad Brenhinol yn Mayfair yn llinach Humphrey Davy a Michael Faraday; Dirprwy Bro-Ganghellor Prifysgol Cymru; Meistr Coleg enwog Peterhouse yng Nghaergrawnt.

O gopa i gopa, ac nid yn unig gyrraedd y copaon ond casglu llawryfau wrth ddringo: Graddau er Anrhydedd o Brifysgolion dros y byd, 22 ohonyn nhw hyd yn hyn ac mae'r nifer yn dal i gynyddu. Mae darllen am ei gyraeddiadau yn 'Who's Who' yn peri dychryn i feidrolyn fel fi.

A wyddoch chi'r hyn sydd yn rhoi pleser imi, mwy o bleser braidd na nifer yr anrhydeddau: 'dyw John ddim wedi anghofio'i wreiddiau. Fe'i cewch ef beunydd yn sôn am ei ddyled i'w deulu, ac i'w gapel, ac i'w ysgolion a'u hathrawon. Mae ei fro a'i llwybrau a'i chymeriadau wedi bod yn ysbrydiaeth iddo wrth ddringo, a hynny ar hyd y daith.

Dyna un rheswm pam na allaf feddwl am Syr John Meurig Thomas heb ei weld yng nghysgod ei deulu. Mae'n wir iddo deithio'r byd, gan ymweld â'r Amerig neu Ewrob neu'r Dwyrain Canol neu'r Dwyrain Pell, neu hyd yn oed yr Antipodes, a'r cyfan fel y byddwch chi a finnau'n sôn am fynd i Abertawe. Ond ar ei deithiau pell, 'fu yna ddim un amser nad oedd John yn gwybod bod y ffordd yn ôl yn arwain i gôl a nodded ei deulu. Mor bwysig fu ei deulu iddo; Margaret annwyl, un o ferched Llangennech, yn "ymgeledd cymwys" iddo ac mor hardd a chwaethus ei buchedd hyd at ei marw annhymig. A Lisa a Naomi y merched disglair a fynnodd, er galluoedd eu rhieni, naddu eu cwys eu hunain mewn meysydd gwahanol, byd cyfraith a cherdd. A beth tybed fydd hanes plant Lisa: Manon a Tomos [*gwelir eu lluniau ym mhennod 10*]? Ac yn ddiweddar daeth Jehane i goflaid y teulu, hithau'n gemegydd wrth ei swydd, yn wir yn Bennaeth yr Adran Gemeg ym Mhrifysgol Cairo yn yr Aifft. Bu'n ddisgybl i John yn gynnar ar ei rawd a bu'n ffrind hefyd i Margaret a'r teulu dros y blynyddoedd.

Cyflwyniad

Hawdd fyddai traethu'n hir am hynt a helynt John dros y blynyddoedd a gwnaeth Ieuan gymwynas fawr trwy ddilyn ei yrfa o gopa i gopa. Wrth gyflwyno'r gwerthfawrogiad o'i fywyd a'i waith iddo ar achlysur ei ben-blwydd yn 80 oed, gwnawn hynny ym mamiaith John. Dyma'n cyfle ni'r Cymry i lawenhau a dathlu cyfraniad cawraidd un o'n plith ym maes gwyddoniaeth.

Yn arbennig, dymunwn weld y gyfrol yn cyrraedd dwylo pobl ifanc ein cenedl. Mae deunydd crai arwriaeth ynddi ond 'dyw deunydd crai sy'n aros yn segur yn dda i ddim i neb; ein cyfrifoldeb ni yw ei drosglwyddo i'n pobl ifanc. A hyderwn y gwnawn hynny yn llawen fel cydnabyddiaeth o edmygedd a sêl Ieuan Davies o blaid ei arwr o gyfnod mebyd, John Meurig Thomas.

John Meurig

Weithiau, weithiau
Yn ddiau, fe ddaw
O rywle, i dywyllwch dynion,
Wreichion i gynnau goleuni.

A bu rhai, yr ychydig, trwy'r oesau
Yn gyfryngau i'r cyfryw oleuni,
Yn foddion i ddehongli
Rhai o ddirgelion y pwerau
Cymhleth a chuddiedig hynny
Sydd yn bod yn y byd,
Yn bod yn ein bydysawd.

Ac un o'r eneidiau hynny
Y rhoddwyd iddynt ddealltwriaeth,
Y rhoddwyd iddynt weledigaeth,
A'r egni i ddygnu arni
Yn ddeheuig i ddarganfod,
Yn amyneddgar i ddatod
Rhai o gyfrin bethau ein bod
Wyt ti, wyt ti, John Meurig.

John Meurig,
Yr wyt ti yn un o'r ychydig.

Gwyn Thomas
(Bangor)

Pennod 1

Cwm Gwendraeth a'r Mynydd Mawr (1932-1951)

Hwnt ac yma

Ganwyd John ym mhentre' Pont-henri, yng Nghwm Gwendraeth, Sir Gaerfyrddin, fis Rhagfyr 15, 1932. Garddwr yng Nghraig-y-Nos, Cwm Tawe oedd hen dad-cu John, o ochr ei fam, a Thomas Harries, ei dad-cu, yn weithiwr tun yn yr un cwm. Roedd ef a'i briod, Jane a'u teulu yn byw yn ardal y Gurnos Ucha', Sir Frycheiniog, a chanddynt un ar ddeg o blant. Edyth, mam John, oedd y seithfed. Fe'i ganwyd hi ar Awst 14, 1894, ac, ymhen rhai

Thomas a Jane Harries a'r teulu. Edyth, mam John, ar y dde eithaf.

1

*David John Thomas, tad John,
yn ei wisg ryfel a'r fedal.*

blynyddoedd, bu'n helpu i ofalu am y plant iau am gyfnod. Tystia John fod gan ei fam, yn un peth, gof da, a chred yntau iddo fod yn ffodus, o ystyried natur ei yrfa, i etifeddu'r fendith honno ganddi. Sylwodd John fod gan y gwyddonwyr gorau – un fel yr Americanwr dyngarol, Linus Pauling, er enghraifft – gof rhyfeddol.

Ffermwr a gyrrwr injan yng Nghaerfyrddin oedd tad-cu John o ochr ei dad, a'r teulu'n byw ar aelwyd Tŷ Coch ym mhentref Llangynnwr. Ganwyd ei dad, David John Thomas, hefyd yn 1894, ac wedi gadael ysgol, bu'n löwr hyd nes iddo ymuno â'r fyddin ym mlynyddoedd y Rhyfel Byd Cyntaf – 1914-1918.

Bu'n ymladd yn Galipoli, lle'r enillodd y Fedal Filitaraidd am ei ddewrder, ac hefyd yn y Somme a De'r Affrig. Treuliodd beth amser, yn ogystal, ar Ynys Patmos, â'r cysylltiadau Ysgrythurol cyfarwydd yn ei gyffroi.[1] Gadawodd profiadau'r blynyddoedd gerwin hynny gryn ddylanwad arno, gan ennyn ynddo, yn un peth mae'n siŵr, barch at ddisgyblaeth.

Parhau'n löwr a wnaeth wedyn, gan weithio yng Nglofa'r Emlyn, ym Mhen-y-groes, Sir Gaerfyrddin, a lletya gerllaw, ar Hewl Bryn Cwar. Priododd Edyth Harries, Tai'r Wern, Ystalyfera ym Mhontardawe yn 1920, a ganwyd Gerwyn, eu plentyn cyntaf y flwyddyn wedyn, a Jean ym mis Gorffennaf, 1922.

'Newid aelwyd bob yn eilddydd', fel petai, fu hi wedyn yn eu hanes fel teulu. Mudo o Ben-y-groes ym mhen ucha'r Mynydd Mawr i 12, Hewl Fictoria, Pont-henri, yng Nghwm Gwendraeth, a geni Christine yno yn 1925. 'Nôl eto i Ben-y-groes am flwyddyn, ac i Bont-henri yr eilwaith, ond i aelwyd 'Myrtle Hill' y tro hwn. Yno y ganwyd John Meurig, y pedwerydd o'r plant, ar Ragfyr 15, 1932. Roedd John yn dair oed cyn iddynt, yn fy marn i, wneud y symudiad gorau erioed yn eu hanes. Ie, i Roslyn, Hewl Bethania'r Tymbl Ucha'! Ac yno, yn 1936, y ganwyd yr olaf o'r plant, Margaret.

Roedd y tad, David John Thomas, trwy ei hunan-ddisgyblaeth a'i ddyfalbarhad wedi ei ddyrchafu'n Brif-Oruchwyliwr Baddonau Pen-Pwll Gwaith Glo'r Mynydd Mawr, yn y Tymbl, ac yn nodweddiadol o'r fro, aethai *'Dai Carmarthen'* ers tro yn *'Tomos y Baths'* i fois y pentre'. Glöwr hefyd fu Gerwyn, unig frawd John.

Christine, Gerwyn a Jean, chwiorydd a brawd John.

Tristwch blin i deulu a chymdogaeth fu marwolaeth Margaret o'r parlys yn 1944, a hithau ond yn wyth oed. Un o'i ffrindiau pennaf oedd Gilian Isaac (*née* Williams), merch Mair, Sunny Hill a Lloyd Asa – un dawnus a chymwynasgar. Wedi clywed y newydd, aeth Gilian fach â swp o flodau, er cof, i aelwyd Roslyn. Cofia hithau, hyd heddiw, y derbyniad caredig a gafodd gan Christine, chwaer Margaret. A'r gwahoddiad hefyd i fynd i weld ei ffrind annwyl, yn ei harch. Arfer cyffredin y dyddiau hynny, wrth gwrs, ond moment drist a byth-gofiadwy i Gilian.

Do, cafodd David John Thomas brofiadau amrywiol fel milwr a glöwr; ac fel tad.

Un ydoedd a ddathlai fywyd yn ei amrywiaeth; roedd cryn hoffter ganddo o blanhigion ac arferion adar a chŵn. Gwyddai bopeth, mae'n debyg, am gŵn gan eu harddangos yn *Crufts*. Ond roedd addysg a diwylliant o bwys mawr iddo hefyd. Bu'n ddarllenwr brwd, gan ei drwytho'i hun, yn arbennig ym maes llenyddiaeth Saesneg. Nid syndod yw deall iddo ddilyn cwrs cyfan ar y thema honno dan nawdd Cymdeithas Addysg y Gweithwyr (C.A.G.), yn Neuadd Pont-henri un gaeaf. A'r darlithydd oedd Joseph (Joe) Thomas, Prifathro Ysgol Gynradd Llechyfedach yn y Tymbl Uchaf, un fyddai'n brifathro i John yntau ymhen rhai blynyddoedd. Ymhen y rhawg byddai'r mab hwnnw'n driw tu hwnt, mewn amryw ystyron, i'r Gymdeithas uchod.[2]

Dylanwadau

Mynych y dyfalai'r rhieni beth fyddai hanes eu hail fab, wedi iddo yntau dyfu'n ddyn. Ceisient ei argyhoeddi'n gynnar mai glöwr, fel ei "frawd mowr", fyddai ei dynged yntau pe bai'n parhau i chwarae snwcer bob nos yn sied Ffred Edwards. Yn y sied spesial honno, llai na hanner canllath o Roslyn, ar Hewl Bethania, roedd pedwar bwrdd llawn maint. Ie, rhieni yn dyheu am rywbeth amgenach i'w mab bach. Ond nid chwarae snwcer 'chwaith, oedd yr unig fygythiad, er i John ei hun deimlo fod cadw sgôr yn y gêm honno'n help i'w syms. Pur simsan, mae'n debyg, oedd mathemateg ei dad, ond ar ei gyfaddefiad ei hun, mwy simsan hyd yn oed na hynny, oedd Saesneg y chwaraewr snwcer![3]

Tua 1941, cafodd Phyllis, cyfnither John, a oedd rhyw bum mlynedd ar hugain yn hŷn nag ef, y newydd trist fod ei phriod, Trefor, ar goll yn rhywle ar gyfandir Ewrop. Roedd Phyllis, a oedd yn byw yn Quay St. yn Llandeilo, yn feichiog ar y pryd. A threfnodd rhieni John iddo fynd yno i aros er mwyn bod yn gwmni iddi. Tua'r wyth oed ydoedd. Mynychai "Ysgol y British" gyferbyn â'r Farchnad yno, ond bu'n gyfnod anhapus iddo am nad oedd ganddo lawer o Saesneg – iaith yr addysg yno. Eto tystiai fod dydd Mawrth yn llai anhapus na gweddill dyddiau'r wythnos iddo, am fod Phyllis yn prynu rhifyn wythnosol y comic *'Dandy'* y diwrnod hwnnw. Cyfeddyf iddo gael oriau o ddiddanwch yn darllen hanes *'Desperate Dan'*, a'r cymeriadau eraill. Felly, mae'n debyg, y dechreuodd ddarllen Saesneg![4]

Gwaetha'r modd, yn ôl addefiad John, doedd dim cymaint â hynny o Gymraeg yn Llandeilo bryd hynny, yn arbennig felly ymhlith plant Quay Street. Pur wahanol ydoedd ymhlith cynulleidfa Capel y Tabernacl Ffair-fach, a'r gweinidog, y Parchedig W. T. Gruffydd. Cofia John fwynhau ei hun yn chwarae ar lannau'r Afon Tywi, yn ogystal.

Ymhen chwe mis, mwy neu lai, daeth newyddion da, deublyg i aelwyd Stryd y Cei. Ganwyd mab bychan Phyllis a Trefor, ac ymhen ychydig wedyn, derbyniwyd neges frys yn dweud fod Trefor yn fyw. Gyda hyn, dychwelodd John yntau i'r Tymbl ac i'w gartref ar Hewl Bethania, ac i Ysgol Llechyfedach a Chapel Bethania gerllaw. 'Nôl gartref i ganol y Gymraeg.[5]

Disgyblaeth
Y blynyddoedd hynny – 1940-42 d'weder – blynyddoedd cynta'r Ail Ryfel Byd, dechreuodd Saesneg John wella, yn ogystal. Ond sut? Wel, yn ôl ei dystiolaeth bersonol, nid trwy ddarllen *'Dandy'* bob dydd Mawrth, '. . . *ond hefyd, 'Our Dogs', beibl wythnosol ceidwaid cŵn* . . .'. Daeth hyn i glyw gohebydd papur dyddiol, a'r pennawd roddodd i'w sylwadau am gampau ieithyddol John oedd: *'When English went to the dogs'*. Ond doedd **darllen** Saesneg, hyd yn oed Saesneg *'Our Dogs'*, ddim yn ddigon. Ddim yn ddigon i'w dad, y bridiwr cŵn, beth bynnag![6]

Siaradai David John Thomas Saesneg yn rhugl, ond sylwodd na allai John fynegi'i hun yn gyson dda yn yr iaith honno. Bu'n gryn ysgytwad iddo, ac yn sydyn, gwnaeth hi'n berffaith glir i John mai Saesneg, a Saesneg yn unig, fyddai iaith pob sgwrs rhyngddynt o'r foment honno ymlaen!

> *'And also,'* chwedl John, *'he declared that the Billiard Hall was out of bounds!'*

Felly y bu'n ddi-ffael, o tua 1942 hyd 1954, blwyddyn marwolaeth tad John yn 60 oed. Ergyd arall i deulu nad oedd yn ddieithr i drasiedïau, gwaetha'r modd. Roedd John, fel y cawn egluro, ar y pryd yn un ar hugain oed, ac o fewn ychydig fisoedd i gwblhau ei gwrs gradd.[7] Adlewyrchiad clir o ddisgyblaeth ddigyfaddawd ar y naill law, a dyhead didwyll ar y llaw arall. Serch hynny, yn y Gymraeg yr ymgomiai John â'i fam, Edyth, bob cynnig. Felly hefyd â'i frawd ac â'i dair chwaer.

Drwy'r cyfan gwnaethai'r rhieni'n gwbl siŵr mai nid:

> *'Dilyn dan las y dolydd – a'i lafur*
> *Yn y lofa beunydd . . .'*[8]

fyddai tynged John, fel ei frawd mawr Gerwyn. Breuddwydient am rywbeth amgenach i'r brawd bach.

A chadarnhau dylanwadau da'r rhieni ar yr aelwyd ar Hewl Bethania, a wnaed gan Ysgol Gynradd Llechyfedach a'i Phrifathro a'i hathrawon ar yr un hewl, ac Eglwys Annibynnol Bethania a'i Gweinidog a'i haelodau, drws nesa', fel petai. Yn ôl tystiolaeth John, Joseph Thomas y Prifathro yn y naill, a Bessie Jenkins, yr athrawes Ysgol Sul yn y llall, fu'r dylanwadau mawr.[9,10]

Cofia John iddo, un bore yn yr Ysgol Gynradd, gael ei alw ymlaen i ddarllen yn gyhoeddus am y tro cynta' ddarn cwbl ddieithr iddo. Ond nid yn unig roedd y darn yn ddieithr, roedd mewn iaith estron, yn ogystal. Un peth oedd llefaru'r iaith honno, peth arall oedd ei darllen yn gyhoeddus. Gwelodd y gair *'Once'*, a

Ysgol Llechyfedach.

Dosbarth o blant gyda'u Prifathro, Joseph Thomas.

chyffesa nad oedd ganddo'r syniad lleia' sut oedd ynganu'r fath air hynod.[11] Ond, onid cael ein cywiro'n gyhoeddus yw'r ffordd orau i argraffu rhywbeth ar gof a chadw? Tybed?

Bu Joseph Thomas yn ddylanwad ar John ym myd chwaraeon hefyd. Er hoffter y Prifathro o gêmau'n gyffredinol, mewn criced yr arbenigai. Felly'n union y byddai yn hanes y disgybl yn y man. Roedd y prifathro yn un hoffus a charedig, ond yn ddisgyblwr effeithiol, yn ogystal. Un tro, cadeiriai gyfarfod arbennig yn Neuadd y Gweithwyr ym mhen isa'r pentref. A'r noson arbennig honno ef hefyd a gynigiodd y bleidlais o ddiolch i'r siaradwr gwâdd. Gadawodd un o'i sylwadau argraff annileadwy ar John – sylw fu'n ganllaw cyson iddo gydol ei yrfa. A deil felly o hyd. Dyma fe:

> '*Recently, numbers of the British public were asked to complete census forms. One of the questions asked was: 'When did your education cease?' That, I thought, was a stupid question. Ladies and gentlemen,* **our education never ceases**, *and that is one reason why we are here this evening.*'[12]

Tua'r cyfnod hwn y dechreuodd tad John ddarllen gwaith Thomas Hardy, a'i wir fwynhau. Un dydd, sylwodd John fod y copi o lyfr Thomas Hardy, '*Under the Greenwood Tree*', a oedd yn eu cartref, wedi'i gyflwyno i'w dad gan Joseph Thomas, a hynny fel gwobr am draethawd a ysgrifennwyd ganddo. Llyfrau eraill a welsai John ar yr aelwyd oedd '*History of the World*', gan H. G. Wells, a '*Children's Encyclopaedia*', gan A. J. Mee. O ganlyniad, daeth John yn raddol i'w hoffi, ac yn ddiweddarach, i'w darllen ag awch cynyddol. Ymhen blynyddoedd tystiodd:

> '*Yn y Gwyddoniadur un dydd, deuthum ar draws enw'r llenor, Dorothy Crowfoot. Ie, Dorothy Crowfoot Hodgkin, enillydd Gwobr Nobel. Deuthum i'w nabod yn dda, a soniais wrthi am y modd y bu'n ddylanwaf arnaf pan yn blentyn.*'[13]

'*O'r blychau hyn . . .*'

Addysgol, diwylliannol a moesol fu'r dylanwadau o du Eglwys Gynulleidfaol Bethania hefyd. '. . . *Bob dydd Sul byddwn yn mynychu'r capel deirgwaith; gyda'm ffrindiau i oedfa'r bore, ac felly hefyd i'r Ysgol Sul, yn y prynhawn. Ond gyda'm rhieni i oedfa'r hwyr. Yna Nos Lun i'r Band of Hope . . .*'[14]

*Capel hardd Bethania, y gweinidog: F. H. Davies,
a'r organydd, Joshua James, tad Henley a Bromley.
O ysgrif gan Dilys James, un o'r ffyddloniaid.*

Yn 1980, wrth annerch yn y Cyfarfod Cyhoeddus yng nghapel Bethesda'r Tymbl, fel rhan o *Gyfarfodydd Blynyddol Undeb yr Annibynwyr Cymraeg*, meddai John:

> 'Bron ddeugain mlynedd yn ôl, roedd plant Bethesda, Bethania, Tabernacl, Cefneithin, Libanus, Cwmgwili, a Llwynteg, Llannon yma'n llu mewn Rihyrsal ar gyfer Cymanfa Ganu'r Pasg hwnnw, a gweinidog Bethania, y Parchedig F. H. Davies yn y pulpud yn ein holi. 'David Livingstone' oedd testun yr Holwyddoreg; a rhai o'r cwestiynau a gaem oedd: 'Pa bryd y byddai David Livingstone yn cychwyn o'i gartre?' 'Wyth o'r gloch yn y bore', a waeddem fel côr y wawr. 'Pa bryd y byddai'n cyrraedd adre?', holodd wedyn. 'Deg o'r gloch y nos', atebem oll.

'Da iawn blant', meddai. Ond gan ychwanegu'n sydyn, gwestiwn nad oeddem yn ei ddisgwyl o gwbl: 'Pa sawl awr felly, oedd David Livingstone allan o'r tŷ bob dydd?' 'Un-deg-pedwar', atebais innau'n fentrus. 'Da iawn, John', meddai F. H. Davies, fy ngweinidog. 'Rwy'n cofio hyd heddi y ganmoliaeth gyhoeddus yna, oherwydd dyna, hyd y cofiaf, y tro cyntaf i mi ragori mewn unrhyw gystadleuaeth![15]

Tystia mai yn y capel y sylweddolodd bwysigrwydd cerddoriaeth wrth wrando'r côr yn cyflwyno'r *Greadigaeth* gan Haydn, yn Saesneg. A'r emynau a genid mewn oedfa, wedyn, yn ei gyflwyno i lenyddiaeth emynyddol ein cenedl. Emynau fel: *'Un fendith dyro im . . .*, a *'Dod ar fy mhen dy sanctaidd law . . .'*. A byddai John yn siŵr o dystio eu bod, chwedl Dic Jones, *'yn dal i ganu'n y co'.*

Noda hefyd mai yn y Gobeithlu:

'. . . y clywais am y tro cyntaf erioed am **'splitting the atom'***. Haydn Gealy, a oedd yn organydd, gŵr a weithiai yn y lofa leol, fel fy nhad a'm brawd, a soniodd am y peth wrthyf. Doedd gen i ddim syniad beth oedd ystyr yr ymadrodd, ac nid oedd Mr Gealy yntau 'chwaith, rwy'n siŵr, yn deall yr arbrawf. Ond y pwynt diddorol yw mai ymhlith pobl y capel y clywais am yr orchest ffisegol bwysig hon a gyflawnwyd yng Nghaergrawnt ym 1932.'*[16]

Blwyddyn geni John yng Nghwm Gwendraeth oedd blwyddyn yr orchest honno.

Fe'i swynwyd hefyd yn yr Ysgol Sul, ac mewn modd arbennig gan ddulliau gwefreiddiol Bessie Jenkins o gyflwyno iddynt storïau a chymeriadau'r Ysgrythur, ynghyd â'u cefndir. Storïau Ruth a Naomi, a hanesion Abraham, Isaac a Jacob, er enghraifft. A phwysigrwydd Ogof Macpela, yr Afon Nîl a Phyramidiau'r Aifft, ac ati. Nid rhyfedd ei fynegiant, ymhen blynyddoedd lawer wedyn, o'i werthfawrogiad cynnes:

'Rwy'n ddyledus dros ben iddi, ac i'r Eglwys ym Methania, am ddangos imi sut oedd adrodd stori'n fyw a diddorol. Er nad

O Graig Llechyfedach heibio'n cartrefi ill ddau, ac eraill annwyl – i gyfeiriad Llannon a Llanelli.

oeddwn yn ymwybodol o hynny ar y pryd, bu'r cyfan yn ddylanwad buddiol-arhosol arnaf, ac ar fy ngwaith innau fel darlithydd a gwyddonydd. Y pwysigrwydd o sut i ddatgelu'r ffeithiau canolog sy'n perthyn i arbrofion, ynghyd â'u harwyddocâd.'[17]

Derbyniwyd John yn gyflawn aelod o'r Eglwys yn 1947, pan oedd tua phymtheg oed, a chyffesa mai dyma'r adeg y dechreuodd wrando o ddifri ar bregethau ei weinidog! Ond sbardunodd hynny ef i wrando'n astud hefyd ar y pregethwyr 'Cwrdde Mowr'. 'Cyrddau Mawr yng ngwir ystyr y gair,' medd John, gan enwi rhai fel Gwilym Bowyer, R. Tudur Jones, Trebor Lloyd Evans, Emlyn G. Jenkins ac R. Ifor Parry. Ie, R. Ifor Parry, gweinidog Siloa, Aberdâr, ond yn hannu o'r gogledd. Dyma enghraifft o hoffter *'pobol y Sowth, o ga'l hoelon wyth y North i'r Cwrdde Mowr'*, chwedl hwythau; a phobol y "North" hwythau'n awyddus i groesawu'r cenhadon hedd o'r "Sowth".

Cofia John bregethwr o Sir Aberteifi – Cardi – yn dechrau'i bregeth gyda'r sylw: *'Tipyn o hen Jew o'dd Jacob'*. Yna, fel fflach, un o fois y galeri'n ymateb dan ei anadl: *'Wel jiw, jiw'*. Am rai eiliadau wedyn – eiliadau o'dd fel munudau, ni bu'n hawdd, a dweud y lleiaf i'r hen Gardi hwnnw oedd yn y pulpud!

Gwrando wedyn ar ddau mor wahanol eu dull ag Elfed a Jiwbili Young, ac o bryd i'w gilydd hefyd, ar bregethwyr fu'n darlithio'n gofiadwy. Rhai fel H. T. Jacob a Ben Owen, er enghraifft, y naill ar destunau fel: *'Stori 'Nhad'* a'r *'Hen Godwr Canu'*, a'r llall ar: *'Lewis Tymbl'* – 'un o fawrion pulpud cylch y Mynydd Mowr', chwedl John. A'u dull o gyflwyno stori a'u dawn cyfathrebu yn goglais dychymyg gwrandawyr a dylanwadu arnynt. Gadawodd un o eglurebau Jiwbilî argraff arbennig ar John, ac ymhen blynyddoedd lawer wedyn, fe'i hadroddodd mewn rhaglen deledu yng

Gladys Llwyngwern a'i chwaer,
Bessie Jenkins (ar ei thraed).

nghwmni Nia Roberts. Disgrifiai'r pregethwr Albert Jenkins, y chwaraewr rygbi nodedig, yn sgorio cais go arbennig. Ond wrth groesi'r llinell, roedd mwy nag un chwaraewr arall ar ei gefn. A'r neges: *'Pan fyddwn ni'n croesi'r llinell i'r byd arall, ei chroesi ein hunain fyddwn!'*[18] Nid rhyfedd sylw yr Athro Robin H. Williams yntau, mewn cyfweliad teledu, fod John Meurig Thomas yn ei atgoffa o'r pregethwyr mawr gynt: *'. . . gyda'u dawn â geiriau. Ac yna'r stori fach briodol – yn y lle iawn, ar yr amser iawn – i yrru'r neges adre'!'*[19] Ie, dawn John, fel cyfathrebwr, yn medru defnyddio geiriau i esbonio, dehongli a dysgu. Nid un i esgeuluso oblygiadau moesol a chrefyddol ei waith ydoedd 'chwaith.

Pobl y cwm

Ymhyfryda John, iddo gael ei fagu a'i godi yng Nghwm Gwendraeth ymhlith pobl ofalus o'i gilydd, ac eto'n llawn hwyl. Rhai agored a chynnes eu ffordd, ac yn hoff o dynnu coes. Yn y fro hefyd roedd digonedd o gyfleon amrywiol i fwynhau yn yr awyr-agored, fel y tystia'n ddiddorol:

'Yn y gaeaf, gorweddian yn yr eira neu lithro'i lawr llethrau'r Graig; yn y gwanwyn, chwilio am nythod adar. Treuliem yr haf yn chwarae criced neu mewn cystadleuthau athletau, gan ymweld â chae Sain Helen, Abertawe yn achlysurol (ond yn llai cyson â'r Strade yn Llanelli) i wylio Tîm Criced Morgannwg. Byddai'r ymweliadau â'r Strade i wylio Llanelli'n chware rygbi yn gyffrous, wrth gwrs. Rhagflaenid hynny'n fynych gydag ymweliad i siop W.H. Smith, i gael golwg ar rai o'r llyfrau diweddaraf. Yn ystod gwyliau'r ysgol, arferem grwydro'r wlad – gan ddilyn y rheilffordd o Lofa'r Mynydd Mawr yng ngwaelod y Tymbl a cherdded cryn bellter i gyfeiriad Felinfoel, gan gasglu cnau ar y ffordd, ynghyd â heidio am afalau mewn perllannau ffermydd gwag; reidio'n beiciau i lawr i Gastell Dryslwyn wedyn, neu chwilio cilfach a chwm yng nghoedwigoedd cwmpasoedd Ffynnon-diolch-i-Dduw, rhwng Llannon a'r 'Swiss Valley'; gan gystadlu wrth geisio dringo'r coed talaf. Er i ni'n fynych dreulio rhwng chwech a deg awr ar Sadyrnau'n cyflawni'r uchod ni ddangosai'n rhieni unrhyw anfodlonrwydd. Gwyddent ein bod wrth ein bodd. Yn wir, byddai darganfod nyth mwyalchen mewn llwyn, neu daro'n

ddamweimiol ar gollen gyforiog o gnau, yn ein llenwi â llawenydd mawr.' [20]

Tystia ei fod yn fynych yn profi'r union wefr honno heddiw, wrth glywed, er enghraifft, gân mwyalchen ar bren, neu nodau ehedydd yn yr awyr las.

Mor gyson y cydnabu John mai ei ffrind, y naturiaethwr amlwg, Dilwyn Roberts, nai'r Parchedig Gomer Roberts – yr hanesydd a'r emynydd a roddodd i ni, ymhlith amryw bethau swmpus eraill, yr emyn plant:

'Mae'r Arglwydd yn cofio y dryw yn y drain . . .'

– a enynnodd ynddo hoffter at adar, eu lliw a'u llun, eu cân a'u nyth, eu hwyau a'u plu, a'u harferion amryfal. Ac roedd rhai o'r enwau Cymraeg yna ar adar yn goglais, enwau mor arwyddocaol â 'Sgrech y Coed', er enghraifft, enw sy'n cyfleu ei chân – os cân hefyd – i'r dim. Cofia John un o athrawon Caergrawnt yn gofyn iddo, flynyddoedd yn ôl: *'Beth yw eich diddordebau'*. Ac yntau'n ateb: *'Rwy'n hoff o wylio adar'*. Goleuodd wyneb yr holwr ac atebodd: *'Dyna'n union wnes i. Astudiais nythod adar – a deuthum yn wyddonydd.'* [21] A braint i minnau yw tystio eto, fel y tystiais gynt – *(gweler Pennod 6)* mai John, yr addysgwr wrth reddf – sydd, gyda llaw, dros bum mlynedd yn hŷn na mi – a drosglwyddodd i minnau yr union anian.

Gwireddwyd gobeithion a breuddwydion rhieni crwt bach Roslyn ar Hewl Bethania'r Tymbl, mewn modd na allent erioed fod wedi'i ddychmygu. Lle diddorol tu hwnt oedd y Tymbl. Anghyffredin ei enw, yn un peth. Nid cyffredin 'chwaith gyfenwau rhai o ffrindiau John yno. Y glowyr – Gledhill, Tinnuche, Brunston, Sebastian, Silva, Babich, er enghraifft; ac yna, Domachie a Balbini, y gwneuthurwyr a'r gwerthwyr hufen iâ.

Roedd 'na rai gwirioneddol alluog yn y pentref, a mwy nag un yn dyheu am weld gwella ar amgylchiadau pobl. Diau mai dyna paham y dosbarthai Jack John, y comiwnydd, bapur y *'Daily*

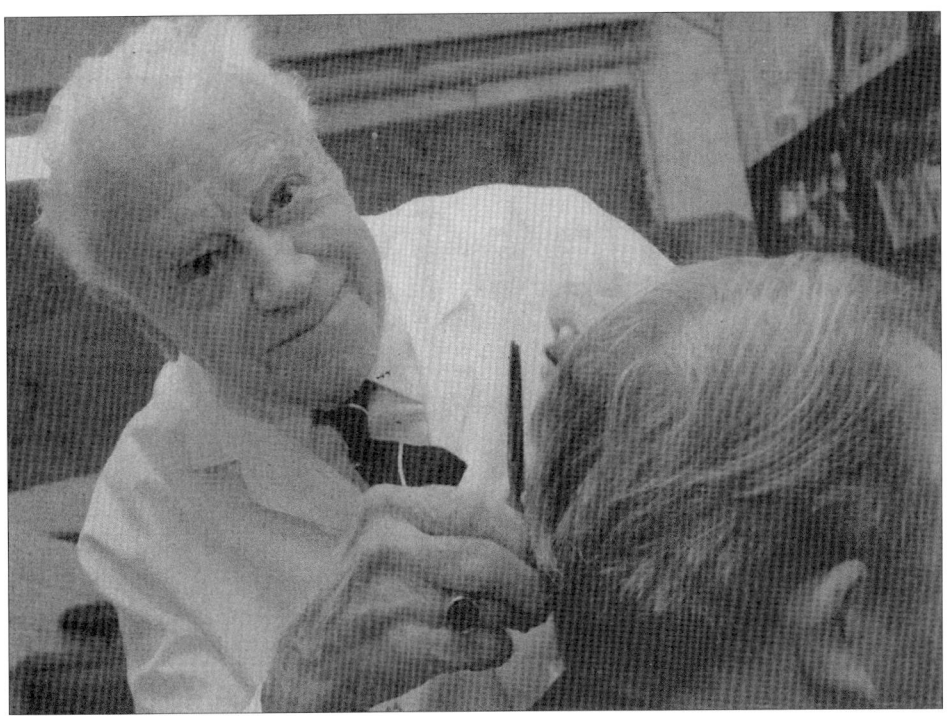

Jac Wardell, y barbwr – yn ei sied enwog!

Worker' yn y pentref. Gadawai gopïau, er enghraifft, yn nhair siop barbwr y Tymbl – un Bryn, ar y gwaelod, a rhai Roy a Jac, ar y Top.

Un diwrnod cofiadwy ym mhererindod John Meurig – yn sied hynod (ac 'enwog'!) Jac – Jac Wardell, tad Gareth, y Cyn-Aelod Seneddol, sied sydd bellach, gyda llaw, yn rhan o Amgueddfa Cydweli, daeth ar draws ysgrif am y comiwnydd J. B. S. Haldane, un o'r gwyddonwyr mwyaf. Cofiai John fod Haldane yn ysgrifennu ar bynciau cyffrous fel: *'On being the right size'*, gan egluro pam y gallai llygoden fach syrthio cryn bellter heb niweidio'i hun, tra ar y llaw arall, pe bai eliffant mawr ond yn syrthio ychydig droedfeddi, gallai ei esgyrn chwalu'n yfflon. Ysgrif arall wedyn ar: *'The Atmosphere of the planet Mars'*. A yw'n syndod o gwbl mai: *'Pan edrychwyf ar y nefoedd . . .'* oedd testun darlith John ar Radio Cymru yn 1978? Trefnai'r comiwnydd, Jack John, hefyd i siaradwyr arbennig annerch yn Neuadd y Gweithwyr yn y Tymbl.

Edmygai John y comiwnydd hwnnw'n fawr, gan mai creu cymdeithas wâr a byd gwell a gymhellai ei fynych weithgareddau cenhadol.[22]

Ysgol Fowr Cwm-mowr!
Yn 1944 y dechreuodd John ei gyfnod fel disgybl yn Ysgol Ramadeg Dyffryn Gwendraeth, Cwm-mawr. Dyma flwyddyn Deddf Addysg R. A. Butler, – deddf a olygai y câi John a'i gyd-ddisgyblion eu haddysg mewn Ysgol Ramadeg yn rhad ac am ddim. Heb y fendith honno, cyffesa John: *'Prin y byddai fy rhieni wedi gallu fy nghynnal yno am saith mlynedd.'*[23]

Ysgol hapus a theuluol ei naws oedd Ysgol y Gwendraeth, gydag amrywiaeth dda a diddorol o feibion a merched ffermydd y cylch ar un llaw, a phlant glowyr y Cwm, ar y llaw arall.

> *'Plant y wlad, fel y'u gelwid,'* chwedl John, *'yn arafach a mwy gofalus eu ffordd; a ninnau wedyn – plant bois y gweithe glo – yn fwy siarp, ac yn llawer mwy beiddgar a mentrus!'*[24]

Prifathro'r Gwendraeth y cyfnod hwnnw – sef pedwar a phumdegau'r ganrif ddiwethaf – oedd Llewelyn Williams, un yn ôl John:

> *'. . . a allai droi ei law at bob dim. A dysgu pob pwnc hefyd, yn ôl y galw. Ni ellid dweud ei fod yn ddyn diwyd eithriadol, ond mewn gwers Gemeg neu Gymraeg, ar destunau fel: 'The Structure of Benzine' yn y naill, neu'r 'Gynghanedd' yn y llall, gallai'n wir ein hysbrydoli. Fedrech chi ddim fod wedi cael gwersi gwell mewn Prifysgol. Eto, ar wahân i ambell ddosbarth brys a gymerai ym mhwnc y Gymraeg, prin y clywsom ein prifathro'n **siarad ein hiaith!**'*[25]

Ar wahân i ddau neu dri ohonynt, prin y clywid gair o Gymraeg gan yr athrawon, 'chwaith. A phrin hefyd fu unrhyw weithgaredd wedi oriau ysgol. *'9.00–3.30 full stop'* oedd hyd a lled y dyddiau hynny. A dim fawr o sylw i *Urdd Gobaith Cymru*, er enghraifft.[26]

'Davies English'

Teimlai John, serch hynny, iddynt fod yn bur ffodus yn sawl un o'u hathrawon. *'Roedd dau ohonynt'*, meddai, *'yn wirioneddol wych'*. Dyma ei sylw am un ohonynt – Ralph Davies, Athro'r Saesneg:

'Chafodd fy mhlant i fy hun, ie, hyd yn oed yng Nghaergrawnt, ddim addysg amgenach yn y pwnc na'r un gefais i yn Y Gwendraeth bryd hynny.'[27]

Tua 1948, gydag arholiadau Safon 'O' John i ddigwydd ymhen blwyddyn; sylwodd yr athro nad oedd gramadeg Saesneg un o'i ddisgyblion yn addawol. Fel canlyniad, trefnodd i'r disgybl hwnnw gael gwersi personol, yn ychwanegol. Meddai John, y disgybl:

'Rhoddodd wersi personol imi yn ystod seibiau'r bore am bythefnos o'r bron. Ac yn ddiamau, rhoddodd hyn imi allu a hyder ychwanegol. Dysgodd elfennau gramadeg Saesneg i mi, ac ychwanegodd yn ddirfawr at fy ngeirfa; a phan welaf, hyd yn oed heddiw, eiriau fel 'condemn' a 'perspicacity' – a llawer eraill, cofiaf am Davies English a'm dyled iddo. Fe'n profodd yn gyson i weld a fedrem wahaniaethu rhwng 'condemn' a 'contemn', a rhwng 'perspicacity' a 'perspicuity'! Sylwer mor dreiddgar-ddeallus ydoedd. Siarad Cymraeg wnaem ni'r plant y rhan fwyaf o'r amser, ond enynnodd ef ynom ddiddordeb byw yn y Saesneg, a hynny drwy ennill ein diddordeb a'n cael i sylwi'n fanwl ar ymddangosiad geiriau ac ymchwilio i'w hystyr.'[28]

Byddai ei ffordd o'n cosbi nid yn unig yn ddisgyblaeth gostus ond yn fodd i'n haddysgu yn ogystal. Cofia John y llinellau a roes Ralph Davies i ddau o'i ffrindiau fel cosb am gam-ymddwyn. Un am gnoi *chewing gum*:

'Consumption or mastication of fodder at inconsiderate periods is the quintessence of a bad habit.'

Ac i'r llall am ymddwyn yn blentynnaidd:

> '*Maturity in outlook is a pre-requisite to all those who occupy a senior form in a Grammar School.*'

'Roedd ysgrifennu brawddegau felly, gant neu ddau-gant o weithiau, yn siŵr o argraffu rhywbeth ar gof a chadw, fel y gwn i'n dda – o brofiad! Ie, '*Repetition is the secret of success*'. A'n geirfa Saesneg, yn y broses, yn ymchwyddo.

O gofio hyn, a mwy, nid syndod sylwi mai dewis linellau John ei hun, wrth gyflwyno'i gyfarchiad personol yn y llyfryn: **Llon Gyfarchion**, yw:

> '*Mae dysgu yn ifanc fel cerfio ar gerrig;*
> *Mae dysgu yn hen fel sgrifennu ar dywod*'.[29]

(Diddorol yw nodi mai syniad Rufus Adams – un o fois y Tymbl, cyd-letywr â John a Delme Evans am flwyddyn yn Abertawe, a chyd-chwaraewr criced yn Nhîm y Tymbl ar un cyfnod – roddodd y syniad am y llyfryn uchod i Brifathro Ysgol Glan Clwyd.)

'*Roedd Ralph Davies yn gwbl arbennig*', ychwanega John. '*Bu'n ddylanwad enfawr ar fy mhrifiant meddyliol. Yn ei wersi trafodai bynciau llawer ehangach na ffiniau arferol ei bwnc – hyd yn oed tu hwnt i'r addysgol. Roedd e mewn gwirionedd yn athronydd, a cheisiai ennyn ynom rhyw syndod a rhyfeddod yn wyneb y dirgelwch a berthyn i fywyd. Roedd e'n eithriadol wedyn yn y modd yr agorai'n llygaid i fawredd Shakespeare ac i dueddiadau pantheistaidd Wordsworth. Rwy'n dal i gofio y wers honno pan ddadelfennodd inni ddarn barddonol Wordsworth – 'Michael' – hanes consyrn bugail yn Ardal y Llynoedd, am fab iddo ar ei dŵf, sef Luke. Ofnai y byddai hwnnw, wedi iddo adael cartre, yn cadw cwmni amheus. Dywed y tad wrth y mab:*

> "*Lay now the corner stone as I requested.*
> *And hereafter, Luke, should evil men be thy companions,*
> *Think of me and of this moment, and God will strengthen thee.*"

Roedd y deimensiwn crefyddol a moesol a gynhwysai Ralph Davies yn ei wersi yn apelio ataf a'm cenhedlaeth, '**. . . it nourished the latent idealism of our youth**'.'[30]

Yn sicr, enynnodd yn John gariad at eiriau a chariad at farddoniaeth. Cofiaf ymateb awchus John i ddyfyniad o waith R. Geraint Gruffydd a ddefnyddiais yn gyhoeddus mewn oedfa yng Nghaergrawnt un nawn Sul yn yr Wyth Degau:

> *'Mae rhyddiaith yn dweud un peth ar ôl y llall; mae barddoniaeth yn dweud dau beth, o leiaf, yr un pryd!'*

Ymhell cyn i John adael Ysgol y Gwendraeth bu'r disgybl a'i athro Saesneg yn llythyru'n achlysurol â'i gilydd. Yn wir, parhaodd hyn hyd yr amser pan oedd John yn Bennaeth Adran Cemeg Ffisegol, Prifysgol Caergrawnt, ac yna'n ddiweddarach, yn Gyfarwyddwr y Sefydliad Brenhinol yn Llundain. Yn 1992, er enghraifft, cyhoeddodd John erthygl boblogaidd ar *'Solid Acid Catalysts'* yn *'Scientific American'*, un o'r cylchgronau amlycaf o'i fath yn y byd, cylchgrawn a gyhoeddir mewn o leiaf ddwsin o ieithoedd, ac fe'i gwerthir mewn Meysydd-Awyr ac yn y siopau newyddiadurol byd-eang amlycaf. Anfonodd gopi i Ralph Davies, gan dybied y byddai ganddo ddiddordeb yn yr erthygl, ac yn anturiaethau gwyddonol ei gyn-ddisgybl! Pan ymatebodd i John, mynegodd ei fod eisoes wedi gweld ei erthygl oherwydd darllenai'r *'Scientific American'*, ynghyd â dwsinau o bapurau a chylchgronau diwylliannol eraill – rhai wythnosol a misol!

> *'Dangosodd inni'*, meddai John, *'sut oedd trafod a defnyddio iaith a llenyddiaeth. A'i allu arbennig i gyfathrebu, esbonio a dehongli yn gafael.'*[31]

A doniau cyffelyb yn ddi-os fu gan ei ddisgybl, John Meurig Thomas, ar hyd y blynyddoedd.

'Mîn fel raser'

Yr un dylanwad arhosol arall ar John o ddyddiau'r Gwendraeth fu Irene James, ei Athrawes Ffiseg ragorol. Meddai Carwyn (James) amdani:

'Mîn fel raser ar ei meddwl, wrth ei bodd yn hogi meddyliau, a'r bwrlwm hiwmor yn sicrhau gwers bleserus.' [32]

A John yntau'n cytuno, gan bwyslcisio ei bod yn gwybod ei phethau a'r cyfan ar flaen ei bysedd, ac eto, fyth yn fodlon. Un yn dyheu am yr amgenach a'r gwell yn barhaus ydoedd:

'Roedd ynddi ryw ysfa gyson i anelu'n uwch ac ymestyn y ffiniau. Gan ennyn ynom, yn ogystal, gariad at y pwnc. Ac wrth ein dysgu am natur Ffiseg, gofalai ychwanegu manylion bywgraffyddol diddorol am wyddonwyr o fri. Miss James a'm cyflwynodd gyntaf i Michael Faraday a'i waith. Daeth yntau'n eilun i mi, ac un o uchafbwyntiau fy mywyd fu cael etifeddu'r Gadair a grewyd yn y lle cyntaf ar ei gyfer ef a'i waith fel Cyfarwyddwr y Sefydliad Brenhinol yn Llundain. Pan gefais y fraint o gyflwyno fy narlith-iau innau o'r Gadair honno roedd Irene James, f'athrawes Ffiseg wych a'm ffrind triw, yn eistedd yn y rhes flaen!' [33]

Dewis; ac eto . . .

Pan ddaeth hi'n fater o ddewis pynciau ar gyfer arholiadau'r Safon 'A' yn y Gwendraeth yn 1949, nid Ffiseg, un o hoff bynciau John, ond Cemeg fu'n faes llafur iddo am ddwy flynedd – a mwy! Ond nid ar John, na'i athrawes yn sicr, yr oedd y bai am hyn. Yn anffodus, pan fynegodd John i'r Prifathro ei ddymuniad i astudio Ffiseg, Mathemateg a Daearyddiaeth, nododd hwnnw na fyddai modd iddo astudio Ffiseg am nad oedd hynny'n gyfleus o fewn yr amserlen. Fe ddylai, yn hytrach, astudio Cemeg. Cyffesai John mai ond crafu i lwyddo mewn Cemeg Safon 'O' a wnaethai.

'Pum deg un yn unig oedd fy marc!' [34]

Er ei siom enbyd ufuddhaodd i awgrym ei brifathro, ac fel y digwyddodd, bu'n newid rhagluniaethol. Llwyddodd i ennill y graddau uchaf posib yn ei dri phwnc yn Arholiadau'r Safon Uwch, a hynny, er cyfaddef y byddai Bill Edwards Cemeg, ei athro rhadlon, yn fynych yn treulio hanner y wers yn trafod rygbi gyda'i ddisgybl! Gyda llaw, John oedd yr unig ddisgybl a astudiai'r pwnc hwnnw ar gyfer Safon 'A' y ddwy flynedd hynny. Ond, er nad oedd Edwards Cem. yn athro eithriadol, roedd yn gwybod am lyfrau – llyfrau gwych. Cyflwynodd i John, er enghraifft, y gyfrol: *'Problems in Physical Chemistry'* gan Eric James, athro Cemeg yng Nghaerwynt – yr Arglwydd Rushholme yn ddiweddarach – ac roedd gan Eric James y ddawn i drosglwyddo'r anodd a'r cymhleth i blentyn, a'i wneud yn ddiddorol iddo. O fewn dim amser roedd John wedi'i 'rwydo'. A 'doedd dim amheuaeth bellach am ei ddewis faes ar gyfer y camau nesa'. Os cyffesodd nad oedd syniad ganddo, yn Haf 1949, beth oedd am wneud, na beth oedd am fod, meddai'n ddibetrus yn dilyn y cwrs Safon 'A', yn Haf 1951, ac yntau, er enghraifft, wedi cael, yn groes i'w ddisgwyliadau personol, Cemeg yn bwnc cwbl hudolus ac mor ddiddorol: ***'Cemegydd rwy i am fod'***.[35]

Chwaraeon

Ym Medi 1949 y dechreuais i yn Ysgol y Gwendraeth, ond roedd John yn eilun imi ers rhai blynyddoedd cyn hynny – a hynny am amryw resymau. Ond eilun John yntau, fel llawer arall y blynyddoedd hynny, oedd Carwyn James, yr un ddisgrifiwyd gan John mewn ysgrif fel: *'Tywysog y Cwm'*.[36] Mae'r ysgrif honno nid yn unig yn dystiolaeth i'w gwrthrych a'i ddoniau, ond hefyd i gof ei hawdur am leoedd a digwyddiadau, pynciau a dyfyniadau, pobl a'u doniau, ac achlysuron a'u harwyddocâd.

Rygbi yn ddi-os oedd prif gêm Ysgol Ramadeg y Gwendraeth, ac fe allai'r ysgol honno ymffrostio fod nifer dda o'i disgyblion, gan gynnwys Carwyn wrth gwrs, wedi bod yn chwaraewyr rhyngwladol. Er i John yntau chwarae rygbi – yn neidiwr yn y pac a thaclwr taer – heb amheuaeth criced oedd ei hoff gêm. Ond, yr oedd Carwyn, y *'tywysog'*, meddai John *'. . . (yn) medru troi ei law at bopeth . . .'* – gan gynnwys torri record ar ôl record yng Nghystadleuthau Athletau'r Ysgolion Eilradd am daflu pêl griced cryn bellter.

'Ar bryhawniau haf, yn enwedig yn y cyfnod nefolaidd hwnnw ar ôl i'r arholiadau blynyddol orffen, a thra oedd yr athrawon wrthi'n marcio ac ysgrifennu eu hadroddiadau tyngedfennol amdanom, gwelid Carwyn ar y maes criced yn dal 'catch' anhygoel, neu'n cledro'r bêl fel bwled drwy'r 'covers', neu'n gwneud 'late cut' syfrdanol. Yn ei griced, fel yn ei rygbi ac ym mhob peth mabolgampol a wnaeth, yr hyn oedd yn nodweddiadol ohono oedd ei osgeiddrwydd, ei gyfrwystra a'i fwynhad wrth chwarae ac arwain.'[37]

Un glew, a hardd hefyd, ar gae criced oedd John yntau.

'Batiwr da a bowliwr araf – troellwr llaw-chwith dewinol-fedrus, a chyfrwys.'[38]

Dyna ddisgrifiad cricedwr deheuig arall o bentre'r Tymbl, sef Dr Raymond Jones. Eto mynnai ambell un atgoffa John nad oedd pob pelawd o'i eiddo'n ddiffael. Lloyd Lewis, er enghraifft, a'i hatgofiodd – a thrwy hynny ein hysbysu ninnau hefyd – i 'Dai Fly' o Ysgol Ramadeg Llandeilo, glatsio John o'r Gwendraeth yn ddidrugaredd am 4-6-4-6-6-4 mewn pelawd un tro![39]

Bu Raymond Jones a John Meurig yn chwarae i dîmau Ysgol y Gwendraeth, ac yn cynrychioli Ysgolion De Cymru – mewn gêm yn y Barri yn erbyn Tîm yr Ysgol Ramadeg yno. Ond beth am bentre'r Tymbl? Raymond yn chwarae i dîm y 'Gwaelod' a John i'r 'Top' – '. . . *ac ar y top ymhob dim hefyd*', ychwanegai'n

| J. H. Bowen | Ivor Jenkins | Sidney Evans | Madam F. Holloway |

Cewri'r Eisteddfod – bois y Top, a chyfeilydd sbesial!

Clwb Criced Tymbl (1948) – un y Gwaelod, gydag o leia' 4 o fois y Top! A Carwyn!
Cefn – o'r chwith: Carwyn James, Horace Ferrest, Elwyn Thomas, Graham Bowen, Johnny Morris, Eugryn Morgan, Bob Jones. Blaen: Alun James, Glan Morgan, Myrddin Davies (Capten), T. B. Sainty, Jack Roberts.

Y Cwpan i Dîm Tymbl Uchaf (1947).
Cefn: Walford Richards, Wil H. Jones, Wesley (Wes) Jones, Meirion Thomas, Wil Davies (Brawd Jac), Glyn Jenkins, Elwyn Thomas. Blaen: Bert Peel (tadcu Dwayne), Jack Edwards, Tom Evans, Ivor Jenkins, Richie Owen.

ddireidus. Os mai dau fowliwr cyflym eithriadol – Alun James a Jack Roberts – oedd *forte'r* 'Gwaelod', y troellwyr araf, llaw-chwith deheuig – Jack Edwards a John Meurig Thomas – oedd *forte'r* 'Top', gan bwysleisio, pan chwareuai'r ddau dîm ei gilydd,

'... *nid ennill oedd y gamp ond ceisio peidio colli* . . .'.[40] Ie, doethach oedd cael gêmau cyfartal yn y Tymbl, o bobman!

Gyda llaw, un peth mwya' diddorol – a thra phwysig, yw'r cyswllt hanesyddol a chreadigol rhwng Clwb Criced Tymbl Uchaf ac Eisteddfod Flynyddol y pentref. Yn 1946, penderfynodd y Clwb hwnnw ynghyd â Phwyllgor Llesiant Top Tymbl drefnu yr Eisteddfod gyntaf un, a'i chynnal mewn pabell eang ar gae Mrs Richards, Brynhyfryd, wrth ochr Heol y Llety. A byth oddi ar hynny bu'n Eisteddfod Flynyddol lewyrchus. Teg nodi mai Pwyllgor Lles-

John Meurig Thomas.

John: ennill Pengampwriaeth Cerdded Ysgolion Cymru, 1949, Parc Caerfyrddin.

iant y Tymbl fu'n gyfrifol amdani ers 1962. Ond y Top osododd y seiliau cadarn iddi! A John a finnau – bois y Top, a llawer arall, yn cofio hynny â chryn falchder.[41] Bu John yn Llywydd yr Eisteddfod fwy nag unwaith.

Daw balchder personol hefyd wrth gofio llwyddiant John fel *Cerddwr* – camp yn gofyn am dechneg arbennig, a disgyblaeth a dyfalbarhad – ym maes Athletau. A rhaid, wrth gwrs, oedd parchu *Rheolau Cerdded*.[42] Ac un ohonynt – sicrhau fod o leia' un droed ar y ddaear – bob cam o'r ras.

O flwyddyn i flwyddyn, yng nghystadleuthau Sirol Ysgolion Cymru, er enghraifft, roedd John bron yn ddi-guro. Cynrychiolodd Dîm Ysgolion Sir Gaerfyrddin hefyd, a bu'n ben-campwr

Balchder tri: y tad a'r mab a'r bychan hardd.

Dosbarth 6 Ysgol y Gwendraeth: 1950.
Rhes Flaen: O'r chwith: Edryd Sewell, Margaret Davies, John Meurig Thomas, Thea Lewis, John Williams, Anne Davies Jones, Bryan Jenkins, Mary Jones.
Yr Ail Res: Doyran Davies, Graham Evans, Glanville Davies, Margaret Lewis, Dennis Welbourne, Doreen Jones, Noel Gibbard, Olwen Hughes.
Y Drydedd Res: Roy Davies, Pamela Goldsmith, Colin Thomas, Valmai Jones, Buddug Thomas, Brian Stephens, Freda Morgan, Ralph Jones, Esther Evans.
Y Rhes Gefn: Buddug Rees ('Marian Pobl y Cwm'!), ???, ???, Maisie Owen, Gaynor ???, Barbara Atack.

John, capten eto, yn y canol, gyda'i ffrind mawr, Bryan Jenkins i'r dde iddo.

Rhan o lun Ysgol y Gwendraeth 1950. Gyda'r Labordy Cemeg yn gefn iddynt. John, yn eistedd – 3ydd o'r dde. Miss Irene James, ail o'r chwith, a Ralph Davies yn 8ed o'r chwith – dau eilun, a dau ffrind i John. Ffrind da arall yw'r bachgen nesaf i'r dde i John, sef Noel Gibbard. Y cyntaf o'r dde yn yr ail res flaen yw fy ffrind mawr, Neville (Thomas) – brawd Wynne. Y ddau yn byw yn 'Delfryn' – drws nesaf i gartre' John.

Cenedlaethol, gan dorri record-amser. Ie, hyd yn oed ei record-amser ei hun. Bu'r fuddugoliaeth dros dîm Sir Gâr ar Barc Ynysangharad, Pontypridd yn 1947 yn un nodedig iawn, a Noel (Gibbard), ei ffrind agos – ac arbenigwr y naid hir – ac yntau'n cyd-letya yn Ynysybwl.[43] Na, nid rhyfedd o gwbl i John gael ei lys-enwi'n *Johnnie Walker*!

Bangor, 1950. John, y capten – eistedd – canol.

Rhes Flaen: JMT, Walford Richards, Ivor Jenkins (Capten), Bob Jones, Jack Roberts. Rhes gefn: John Evans, Howard Goodfellow, Wil Davies (brawd Jac), Glyn Jenkins, Huw Jones, Rhydian James, ???, Glyn Thomas, Noir Hughes (12-13 oed!)

Ond os gwnaeth gamau pur freision ar feysydd criced a chaeau athletau, mwy felly o lawer ym myd addysg ac ysgolheictod, ac y mae'n dal ati, ac yntau ar drothwy ei bedwar ugain oed. A'i ddymuniad taer am y dyfodol, fel y cyffesodd wrth Dewi Llwyd yn eu sgwrs fore Sul ar Radio Cymru yn Rhagfyr 2011, yw cael bendith iechyd am ddegawd arall a mwy, i ychwanegu at y cyfraniad sylweddol hwnnw.[44] A hynny er lles y ddynoliaeth a'r greadigaeth.

Nodiadau

1. Atgofion John Meurig Thomas (A. JMT.) – mewn llythyrau personol, a sgwrs a chyfweliad ar gyfer papurau dyddiol, neu ar radio a theledu, neu mewn darlithiau: Darlith C.A.G., Eisteddfod Genedlaethol Cymru, 2008. *Gweler Amrywiaeth Llanelli*, 23, 27-32, 2009; 'An Academic Life', Darlith Goffa David Lloyd George, *Trafodion Anrhydeddus Gymdeithas y Cymmrodorion*, 2, 177-190, 2006. 'Memories of a Happy Childhood', Amrywiaeth Llanelli (CAG), t. 1-5.
   Bu John yn Llywydd Cymdeithas y Gweithwyr yn Llanelli.
2. Ibid.
3. Ibid.
4. Mewn llythyr ataf: Ebrill 8, 2012.
5. Ibid.
6. A. JMT.
7. Ibid.
8. Tilsley, Gwilym R., *Awdl i'r Glöwr*, Eisteddfod Genedlaethol, Caerffili, 1950.
9. A. JMT.
10. Papur: 'Y Tymbl' (P. YT.) – yng Nghyfarfodydd Blynyddol Undeb yr Annibynwyr Cymraeg, 1980. Nis cyhoeddwyd. Hefyd: 'Fy Nyled i Ddiwylliant Crefyddol Y Tymbl a'r Cylch', *Y Tyst*, Ionawr 2005, t. 2.
11. A. JMT.
12. Ibid.
13. Ibid.
14. Ibid.
15. P. YT.
16. A. JMT.
17. Ibid.
18. Mewn sgwrs â Nia Roberts ar Raglen Deledu.
19. Ar Raglen Deledu / gyda Geraint Stanley Jones / HTV/2003.
20. A. JMT.
21. Ibid.
22. Ibid.

23. Ibid.
24. Gwyn Erfyl (Rhaglen Deledu / Ffilm HTV*) a chwech o gyn-ddisgyblion Ysgol y Gwendraeth: Alun Davies, Margaret Davies, Sheila Harries, Graham Jones, Nan Lewis a John Meurig Thomas.
25. A. JMT.
26. Gwyn Erfyl (Rhaglen Deledu uchod*).
27. Ibid.
28. Ibid.
29. *Llyfr Llofnod Ysgol Glan Clwyd*. Syniad Rufus Adams, o'r Tymbl – un o athrawon yr ysgol – i'r Prifathro H. D. Healy. Gwasg Gee, Dinbych, 1977.
30. A. JMT.
31. Ibid.
32. *Gwendraeth 1925-75*, t. 55. Christopher Davies (Cyhoeddwyr), Abertawe.
33. Ibid.
34. A. JMT.
35. Ibid.
36. *Carwyn – Un o 'fois y pentre'*, tt. 66-69. Golygydd: John Jenkins. Gwasg Gomer, 1983.
37. Ibid.
38. Llythyron a lluniau gan Dr Raymond Jones, Pontarddulais a'r Tymbl.
39. *Gwendraeth 1925-1975*, Christopher Davies, Abertawe, t. 76.
40. Ibid.
41. 'Eisteddfod Flynyddol Y Tymbl yn Dathlu Hanner Can-Mlynedd 1946-1996'. Gwasg Y Dderwen, Cross Hands.
42. Manylion a lluniau gan Ann Davies Jenkins, Llanelli a'r Tymbl.
43. Tystiolaeth gan Y Parchedig Ddr. Noel Gibbard mewn neges e-bost. Meh. 2012.
44. Rhaglen Radio Cymru Wythnosol Dewi Llwyd ar Fore Sul. Rhagfyr 2011.

Pennod 2

Abertawe, Llangennech a Llundain
(1951-1958)

Breintiau a dyletswyddau eto
Enillodd John Meurig Thomas Ysgoloriaeth y Wladwriaeth a dechreuodd ei gwrs gradd fel myfyriwr yng Ngholeg y Brifysgol, Abertawe yn Hydref 1951. Byddai'n lletya, am y tair blynedd cyntaf, ar aelwyd yn yr *'Uplands'*, a'i gyd-letywr dros y cyfnod hwnnw oedd Dennis Welbourne, un o'i gyd-ddisgyblion yn Ysgol Gynradd, Llechyfedach, Tymbl Uchaf. Roedd Dennis yn fathemategwr disglair, a fyddai, yn y man, yn ennill un o ysgoloriaethau Coleg Prifysgol Cymru, Abertawe.[1]

Cofia John yr awch i brynu llyfrau Cemeg – ei briod bwnc bellach. Un o'r rhai cyntaf: *'The Kinetics of Chemical Change'*, gan C. N. Hinshelwood, Athro yn Rhydychen. Ac mae brawddegau cynta'r gwaith hwnnw yn fyw yn ei gof heddiw:

> *'That everything changes is an inescapable fact which from time immemorial has moved poets, exercised metaphysicians, and excited the curiosity of natural philosophers. Slow chemical transformations, pursuing their hidden ways, are responsible for corrosion and decay, for development, growth and life. And their inner mechanisms are mysteries into which it is fascinating to inquire.'*[2]

Tystiai'n bersonol wedyn, fod taro ar baragraff mor wych â hynny, yn peri iddo sylweddoli bod y testun a astudiai nid yn unig yn ddiddorol, ond yn bwysig, gan ychwanegu, fod yr addysg a gafodd yn Abertawe yr adeg honno, gystal â'r un a geid mewn unrhyw Brifysgol arall ym Mhrydain. Yn wir, erbyn diwedd ei gwrs gradd yno, aeth gam ymhellach a chyffesu:

'Ni chafodd unrhyw fyfyriwr, na, hyd yn oed yng Nghaergrawnt neu Rhydychen, well addysg na'r un gefais i a'm cyd-fyfyrwyr yn Abertawe, o Hydref 1951 ymlaen.'[3]

Yn ôl yr hanes, pan symudodd John S. Fulton – yr Arglwydd Fulton yn ddiweddarach, o Balliol, Rhydychen i fod yn Brifathro Coleg y Brifysgol, Abertawe yn 1947, rhoes brosesau niferus ar waith, prosesau a sicrhaodd fod y Coleg cymharol fychan hwnnw a sefydlwyd yn 1922, yn datblygu i fod yn un o'r rhai mwyaf deinamig. Meddai John, gydag edmygedd didwyll, ac o'i brofiad personol, wrth gwrs:

'. . . Yr oedd ganddi un o'r cyrsiau gradd Cemeg gorau ymhlith prifysgolion y gwledydd hyn. Ac un o'r prif resymau am hyn oedd y ffaith fod ein Prifathro ysbrydoledig, John S. Fulton, yn un a wyddai beth ddylai natur a hanfod addysg Prifysgol fod . . .'[4]

'Fel myfyrwyr blwyddyn gyntaf, byddai disgwyl i ni baratoi traethodau ar destunau pur eang, ac yna, mewn grwpiau o bedwar, ddarllen yn unigol ein traethodau iddo. Digwyddai hyn bob nawn Mawrth. Dyna fesur calibr ein Prifathro.'[5]

A mwy; llawer mwy.

Bob nawn Mawrth, byddent fel glasfyfyrwyr yn gwrando Darlithiau Cyffredinol yn y Brif Ddarlithfa, darlithiau ar bynciau amrywiol a phwysig gan ddarlithwyr amlwg: Gwilym O. Williams, er enghraifft, ar: *'Y Syniad o Genedlaetholdeb, gyda golwg ar Gymru, yn arbennig'*; Glanmor Williams: *'Williams Pantycelyn a Diwygiadau Crefyddol Cymru'*; Syr Idris Bell: *'Natur Rhyddiaith a Barddoniaeth Geltaidd'*; Kingsley Amis: *'Ymddangosiad y Nofel Saesneg'*; Benjamin Farrington: *'Greek Science'*; Florence Mockeridge: *'Darwiniaeth a'i Effeithiau'*; Syr Isaiah Berlin: *'Uchafbwyntiau Llenyddiaeth Rwsia'* a *'Y Brodyr Karamazov'*; Gareth Rees: *'Marcel Proust a'r Nofel Seicolegol'*; Gareth Evans: *'Astroleg Heddiw'*, a Frank Llewellyn Jones: *'Times Infinite'*.

A thystia John fod:

> '... y cyflwyniadau yna, ar y fath amrywiaeth o bynciau, a hynny gan y fath amrywiaeth o arbenigwyr yn cael effaith syfrdanol arnom.'[6]

Am ddarlithydd ac athro

Tanlinellai'r Prifathro Fulton hefyd y dylai Penaethiaid yr Adrannau sicrhau darlithwyr o'r radd flaenaf i'w cynorthwyo. Yn ddiamau, un felly – ym mherson y Cymrawd Keble Sykes – ddaeth yn ddarlithydd i'r Adran Gemeg yn Abertawe, yn 1948. Gyda llaw, bu Margaret Thatcher yn fyfyriwr iddo, ac fel hyn y cyfeiriodd John yn gynnil at y ffaith honno yn ei deyrnged goffa i Keble Watson Sykes, yn yr *Independent*:

> '... One of his students at this time was a Miss Margaret Roberts, who later achieved a certain eminence outside the field of chemistry.'[7]

Yn 1951, blwyddyn cychwyn cyfnod John Meurig yn Abertawe, y dyrchafwyd Keble Sykes yn Brif Ddarlithydd. Tystia John, ymhlith pethau eraill – gan gynnwys ei orchestion ymchwil – fod awdurdod academaidd Sykes, a'i ymroddiad i'w fyfyrwyr gradd yn Abertawe, yn rhyfeddol. Mabwysiadodd yno, a hynny er budd mawr iddynt, yr arferion glew fu'n ddylanwad arno yntau hefyd, pan yn fyfyriwr o'r radd flaenaf yng Ngholeg y Frenhines, Rhydychen.

Ynghyd â'r llwyth wythnosol beichus o ddarlithiau, a'r chwe awr o arolygu gwaith Labordy bob wythnos yn ogystal, gosodai Sykes, i ddosbarthiadau o ryw gant o fyfyrwyr blwyddyn gyntaf, dair o broblemau yr un iddynt i'w datrys. Marciai'r gwaith hwnnw yn wythnosol. Ymboenai hefyd i gynghori'r myfyrwyr hŷn pa lawysgrifau, erthyglau neu lyfrynnau y dylent, neu na ddylent, eu darllen! Dyma, meddai John, y math o batrwm, a disgyblaeth hefyd, a welsai Sykes ei hun pan yn fyfyriwr yng Ngholeg y Frenhines, Rhydychen. O 1945-1948, er enghraifft, bu ef, C. A. Coulson a J. W. Linnett yn Gymrodyr Ymchwil yr ICI yn Labordy Cemeg Ffisegol Syr Cyril N. Hinshelwood.

Yn ddiweddarach, yn ystod y cwrs gradd hwnnw, dysgodd John am oed y ddaear. Ac yn unol â'i arfer – ie, hyd yn oed pan oedd yn bur ifanc – rhannodd yr wybodaeth honno â ni mewn modd gafaelgar:

> *'Mae enwau'r trefi, Llandeilo a Llanymddyfri, yn wybyddus i'r rhan fwyaf o drigolion Cymru. Ond y mae* **pob** *daearegwr yn y byd yn gyfarwydd â'r enwau hyn. Cyfeiria'r hyn a elwir yn* **'Llandeilo series'**[8] *at greigiau o dan y dre honno a ddaeth yn hysbys gynta' lai na 200 mlynedd yn ôl, ond a ffurfiwyd rhyw 500 miliwn o flynyddoedd yn ôl. Maent ryw 70 miliwn o flynyddoedd yn hŷn na'r creigiau sy' o dan dre' Llanymddyfri. Ni allwn gynt, na phrin nawr 'chwaith, ddygymod â'r fath faintioli rhyfeddol, a'r fath wacter anhygoel sydd i'r bydysawd.'*[9]

Yn y sylwadau yna eto, synhwyrwn yn ogystal, yr ymwybod o fawredd a dirgelwch. Nid rhyfedd o gwbl, chwaith, sylw John yn ei ddarlith *'The Poetry of Science'*:[10]

> '... science has an indisputable aesthetic dimension, and it can fill us with awe and inspiration; and through its pursuit we can be suffused with an appreciation of beauty, elegance and mystery ...'

Mynych y cyfeiria John at y naws a dreiddiai drwy'r prifysgolion yn y pum a'r chwe degau; y syched dwfn am wybodaeth a diwylliant, a'r awch am flasu'r gwirionedd, a hynny yn yr ystyr ehanga posib. Y cyfan yn rhoi mwynhad ymenyddol, a theimladau o wir lawenydd.

Am hwyl hefyd!

Tystia yn ogystal, i'r hwyl a'r hiwmor oedd yng Ngholeg y Brifysgol, Abertawe yn y pum degau cynnar. A hwnnw'n un parod a slic, a doniau sydyn a chynnil i'w gyfleu. Un, ymhlith doniau niferus John Meurig, yw ei ddawn i gofio – cofio'r peth iawn ar yr adeg iawn, cofio'r achlysur a'r cyd-destun manwl, a chymeriadau'r 'gomedi' neu'r 'ddrama'. A dawn i adrodd y cyfan. A'u hailadrodd hefyd – un o gyfrinachau cofio! Dyma ddwy o'i engreifftiau o ffraethebau ysgafn ymysg myfyrwyr ei gyfnod yng Ngholeg Prifysgol Cymru, Abertawe:

(i) Ar un achlysur roedd Desmond Donnelly, Aelod Seneddol Sir Benfro, yn annerch cyfarfod o fyfyrwyr y Blaid Lafur yno. Ond un o'r rhai a eisteddai yn y rhes flaen yn gwrando oedd Chris Rees, Llywydd Myfyrwyr Plaid Cymru. Pan gyfeiriai Donnelly at *'ein gwlad'* / *'our country'*, roedd hi'n gwbl amlwg mai Lloegr oedd ganddo mewn golwg. Ond yna'n sydyn cywirodd ei hun a dweud: *'U.K.'* Gan deimlo'n bur hapus iddo lwyddo i'w gywiro'i hun mor sydyn, ychwanegodd y sylw: *'Bûm bron a gwneud **faux pas** nawr'*. Ond yna'n anffodus, holodd: *'Beth yw **faux pas** yn Gymraeg?'* Fel fflach, meddai Chris Rees: *'Beth yw **faux pas** yn Saesneg?'*!

(ii) Bryd arall, ymwelodd Tîm Areithio yr Unol Daleithiau ag Abertawe, ar gyfer Trafodaeth a Dadl yn erbyn y Tîm cartre – tîm abl a gynhwysai ddadleuwyr o fri. Ednyfed Hudson Davies, er enghraifft, un a ddaethai'n Aelod Seneddol yn ddiweddararch. Ond roedd e' nid yn unig yn abl, chwedl John Meurig, ond yn fynych byddai'n bur hallt ei feirniadaeth ar lawer o agweddau'r bywyd Americanaidd. Yn ystod ei araith ef fel rhan o'r ddadl, byddai'n tynnu coes ei wrthwynebwyr Americanaidd drwy awgrymu'n gynnil, ond yn aml, nad 'gwlad y rhydd' ydoedd yr Amerig. Ymatebodd un o'r tîm hwnnw mewn modd pur ddifrifol, gan ddweud: *'Deuthum i yn fyfyriwr o Goleg yr Ivy League, er mai dim ond **casglwr sbwriel** oedd fy nhad.'* Ar ei union, gwaeddodd Alun Richards – heclwr o fri: **'Rubbish'** – gan dynnu'r lle lawr!

Colli tad . . . a chartre!

Bu cof arbennig John, wrth reswm, yn gaffaeliad mawr iddo yn ei waith addysgol; hynny ynghyd â'i galibr ymenyddol, ei ddiwydrwydd diflino, a'i ddisgyblaeth bersonol. Ond, gwaetha'r modd, o fewn llai na phedwar mis i'w Arholiadau Gradd Terfynol, ar wythnos gynta' mis Mawrth 1954, bu farw David J. Thomas, ei dad. Yng Nghwm-mawr yr oedd y drindod yn byw bryd hynny, ac mewn tŷ o'r enw 'Bryn Myrddin', ar ochr y ffordd fawr, o fewn ergyd carreg i 'waelod Tymbl' (fel y d'wedem). Ond eiddo'r Bwrdd Glo Cenedlaethol oedd 'Bryn Myrddin', a byddai'n rhaid i'r fam weddw, Edyth, a'i mab symud mas ohono ymhen rhai misoedd. Dyna'r rheol! Ni bu'n gyfnod hawdd a dweud y lleia'.

Eto, amlygwyd aeddfedrwydd John fel person, a'i ddisgleirdeb fel myfyriwr. Yn arbennig felly pan ddeallwyd fod y disgybl a gafodd ond 51% yn arholiadau'r *'Senior'* mewn Cemeg – pwnc, fel y cofiwn, nad oedd yn ddewis cyntaf iddo yn Ysgol y Gwendraeth yn Haf 1951 – bellach, yn Haf 1954, wedi llwyddo i gael Gradd Dosbarth Cyntaf Serennog ynddo yng Ngholeg y Brifysgol, Abertawe. A llawenydd dathlu yn gymar i alar y colli. Ond trwy'r

Mam a'i mab. Gradd Anrhydedd Dosbarth Iaf. Haf 1954.

cyfan hefyd – gan gynnwys yr hiraeth – yr ymwybod o ddyled a diolch am ddylanwad a disgyblaeth tad. Ie, y tad hwnnw a ddwfn ddyheodd am lwyddiannau i'w fab bach, ond na chafodd fyw i weld ond un neu ddau ohonynt. Â'r fath gynhaeaf ar y gorwel.

Dros fisoedd gwyliau'r Haf y blynyddoedd hynny bu John yn chwarae i Dîm Criced y Tymbl yng Nghyngrair Abertawe, a chofia Rufus Adams hyd heddiw pa mor ffein a chefnogol oedd John i fois iau y tîm:

> 'Buom yn cyd-chwarae am dair blynedd, a'r cof sydd gennyf ohono oedd ei barodrwydd i hybu fy hunan-hyder i. Pan fyddwn yn taro'r bêl i'r ffin am bedair byddai John yn bloeddio o'r Pafiliwn: 'Da iawn Rufus; ergyd ardderchog'. Ie, cydnabyddiaeth bwysig iawn i fatiwr dwy ar bymtheg.'[11]

Cymwynasau sydyn ond allweddol – o bob math

Nid ar gae criced yn unig, 'chwaith, y profodd Rufus Adams o gefnogaeth John.

> 'Yn Hydref 1954 daeth yn amser i mi ddechrau ym Mhrifysgol Abertawe, a chefais orchymyn pleserus iawn: 'Fe fyddi di Rufus, yn lletya gyda fi', meddai John wrthyf. Yn llawn cynnwrf ymunais ag ef yn 14, De la Beche Road, Sgeti. Roedd Delme Evans hefyd, un arall o fois Ysgol y Gwendraeth, yn gydletywr. A byddai sgwrsio, a dadlau ffyrnig weithiau, yn ystod prydau bwyd. Yn anffodus, er fod John yn medru dadlau'n rhwydd ar agweddau gwahanol 'Hanes', ni fedrwn i gynnal dadl ag e' am ddatblygiadau gwyddonol ac ati. Er hynny, sylweddolais yn fuan gymaint o fraint oedd cyd-fyw gydag ymchwilydd disglair; un â'r fath ddiddordebau eang – o rygbi Tîm Cymru i griced Tîm Morgannwg, ac o farddoniaeth Gymraeg a Saesneg i emynau Pantycelyn, y pêr-ganiedydd. Ond mae'n bwysig nodi cymaint o chwerthin ddigwyddai'n y llety. Y tri ohonom yn hoffi jôcs a chwarae â geiriau. 'Roedd dywediadau pigog Oscar Wilde ac erthyglau C. A. Lejeune a Kenneth Tynan o'r **'Observer'** yn amlwg yn y sgwrsio. Mor wir sylw craff Napoleon:
>
> 'Rho i mi'r dyn sy'n chwerthin amser brecwast'![12]

Am hwyl! John yn ei het fowler – ucha' ar y dde. M. Wyn Roberts – ei ffrind mynwesol – ar y blaen ar yr eitha' chwith gyda dau fys buddugoliaeth yn amlwg.

Penderfynodd John arwyddo i wneud Ymchwil ym maes Cemeg Organaidd dan gyfarwyddyd yr Athro Charles Shoppee. Ond pan ddaeth hyn i glyw ei ffrind da, M. Wyn Roberts, myfyriwr ar ei ail flwyddyn ymchwil, awgrymodd ar unwaith y dylai John bwyllo ac ail-ystyried. Ufuddhaodd. A'r canlyniad – newid i faes Cemeg Ffisegol, a Wyn a John wedyn yn gyd-fyfyrwyr o dan arolygiaeth yr Athro Keble Sykes.[13]

Dechreuodd cyfeillgarwch Wyn (o Rydaman, 'prif-ddinas' y glo carreg) a John (o 'fynydd mawr' y glo hwnnw) trwy ddiddordebau cyffelyb eu tadau mewn cŵn! Datblygodd wedyn trwy orchestion y meibion hwythau ar y maes athletau, y naill yn rhagori yn y rasus canllath, a deucan llath, a'r llall yn y rasus cerdded *(gweler Pennod 1)*. Ac yna, yn Abertawe, dyfnhawyd yn fwyfwy gyfeillgarwch Wyn a John, ac yn y man, byddai'r naill a'r llall yn weision-priodas i'w gilydd. Ac mae'r cyfeillgarwch hwnnw'n parhau.

Bu'n hen arfer ganddynt roi llyfrau i'w gilydd ar achlysuron nodedig. Dyna ddigwyddodd, er enghraifft, ar achlysur dathlu pen-blwydd John yn 75 oed ar Ragfyr 15, 2007 – digwyddiad nodedig, ac un rhyngwladol. Ond, wrth gyflwyno'r llyfr hwnnw iddo, nododd Wyn yntau, rai o'r llyfrau gafodd ef gan John yng nghyfnod Abertawe, yn 1954, ac yn 1955 gyda'r nodyn: *'As a token of appreciation'*. Tybed ai cyfeiriad at y cyngor caredig, ond cwbl dyngedfennol hwnnw a gafodd gan Wyn parthed Cemeg Ffisegol, oedd hwn? Ac hefyd yn 1956.[14]

Criced eto

Nodwyd eisoes fod John, nid yn unig yn hoff o wylio criced, ond yn hoff o'i chwarae, yn ogystal. A'i chwarae'n ddeheuig. Cyfeiriwyd at rai o'r tîmau y bu'n chwarae iddynt,[15] gan gynnwys tîm pur nodedig Llangennech. Ar hap, megis, y deuthum i ddeall am ei gyswllt â'r tîm hwnnw.

F'eilun i, er pan oeddwn tua'r wyth oed, fel sylwebydd criced radio oedd John Arlott, a bu felly imi ar hyd y blynyddoedd. Roedd ei ddawn â geiriau yn wefreiddiol. Ar y radio, gydag ef yn sylwebu, gallwn 'weld', nid yn unig y meysydd criced a'u hamgylchoedd, ond y chwaraewyr hwythau a'u campau. 'Bardd' o sylwebydd. Ie: '. . . *(g)weld llais a chlywed llun'*, chwedl Gerallt Lloyd Owen.[16] Nid rhyfedd i ni gael ein denu, nid yn unig gan deitl un o ddarlithiau enwog John Meurig yntau: *'The Poetry of Science'*,[17] ond hefyd gan y farddoniaeth sy'n ymblethu drwyddi – yn ffigurol yn ogystal ac yn llythrennol. Na, nid dawn annhebyg i un Arlott â geiriau yw un JMT yntau wrth gyflwyno gwyddoniaeth – ar lafar ac mewn print. Wrth siarad neu annerch ar bob achlysur hefyd.

Ym Mai 2006, euthum i Gaerwrangon, ac i gae hardd *New Road*, i wylio gêm. Roedd bod yno, ar achlysur dathlu trigain mlynedd sylwebaeth radio gyntaf John Arlott ar gêm tîm y Tramorwyr yn erbyn tîm Swydd Gaerwrangon, yn bwysig i mi. Oni chofiaf wrando'r un gyntaf honno, â minnau, trwy ganiatâd Jack a Gwen Jeremy yn y Borth, ar fy mhen fy hun ar eu haelwyd, yn glustiau i gyd.

Ond digwyddais brynu cyfrol yn *New Road* – un am yr hynod Harold Gimblett, a chwaraeai griced dros Wlad yr Haf gynt.

Tîm Criced Prifysgol Abertawe: 1954-1955.
Rhes flaen, o'r chwith: Brian Maizey, J. Raymond Jones (o'r Tymbl), Howard Thomas, Melbourne Thomas, John Cook. Rhes gefn: Barry Pattinson, Bryan Richards, John Meurig Thomas, Jeremy Corney, ????, Kenneth Walters, Mr Sandys, Gofalwr y Meysydd Chwarae.

Cofiaf ei weld gyntaf ar faes San Helen yng nghwmni John a'i gyfaill, Noel Gibbard, pan oeddwn tua deg oed. Anfonais air at John, gan gyfeirio at y manylion uchod. A cefais innau air gyda'r troad mewn ymateb, gan gynnwys y sylw hwn:

> *'Rwy'n cofio bowlio i Gimblett, a oedd yn batio i Dîm Criced Glyn Ebwy, pan oeddwn yn chware i dîm Llangennech yn y South Wales & Monmouthshire League.'* [18]

Ond nid bowliwr arbennig yn unig – troellwr araf llaw-chwith – oedd John, ond batiwr da, yn ogystal *(gweler Pennod 1)*. Agorodd y batio i ddau dîm y Tymbl ddiwedd y pedwar a dechrau'r pum degau, ond fel rhif tri neu rif pump y batiai i Langennech. Cofia yntau'n fyw gyd-chwarae â'r capten, H. O. Jones, a Roy Davies a'r Turners – Gwynfor a Ken, er enghraifft. O bryd i'w gilydd byddai'r Clwb Criced yn trefnu cyngherddau, a'u cynnal naill ai yng Nghapel Bethesda neu Salem, yn y pentre, gan gyflwyno'r elw er budd achosion da. Estynnodd y Clwb wahoddiad i John i fod yn Gadeirydd un flwyddyn, ond methodd dderbyn oherwydd ymrwymiadau eraill. Eto, roedd yn arwydd nad oedd trigolion pentre' Llangennech, na'i gyd-cricedwyr yn nhîm Llangennech gynt 'chwaith, wedi anghofio person fu'n un o'u plith am flwyddyn neu ddwy yn y pumdegau.[19]

Dau o gymwynaswyr arbennig y Clwb ers blynyddoedd bellach, ac yn parhau felly, yw Huw Thomas ac Eric M. Lewis.[20,21]

Cofia'r Dr Raymond Jones, un o gricedwyr dawnus, ac un o gymeriadau tîmau'r Tymbl, Ysgol y Gwendraeth, Coleg y Brifysgol, Abertawe, a Phontarddulais, John yntau yn chwarae yn nhîm y Coleg yn 1955 a 1956. Hynny yw, **wedi'r** Arholiadau Gradd; ie, dyna'r math o ddisgyblaeth a'i nodweddai. A'r ddau

Cinio Blynyddol y Gymdeithas Gemeg, Abertawe, 1955.
Rhes flaen o'r chwith: Dilwyn Jenkins, Tony Davies, Eurof Evans, yr Athro C. W. Shoppe a'i briod, JMT, Dr Keble Sykes.
Ail res o'r dde: Dr W. J. Thomas, Darlithydd Cynorthwyol, Athro yn Sydney a Bath. 'Sgrifennodd ef a John ddau lyfr ar-y-cyd. R. H. Davies, darlithydd, Wynford Connich. Rhes olaf: Ail o'r chwith: M.Wyn Roberts – un o ffrindiau mawr John.

'Dymblwr' yn rhan o'r tîmau Coleg enillodd Bencampwriaeth Prifysgol Cymru, a cholli yng ngêm gynderfynol Prifysgolion Prydain yn erbyn Leeds yn Headingly, yn Haf 1955.

'Yn y flwyddyn ddilynol', ychwanega Raymond, *'cafodd John ei ddewis dros y Brifysgol yn erbyn* **'Club and Ground'** *Morgannwg.'*[22]

Yn ôl troed ei feistr . . . Ond!

Yn dilyn y llwyddiant gwych yn ei Gwrs Gradd, dechreuodd John ar waith ei Gwrs Ymchwil ar gyfer ei ddoethuriaeth yn Abertawe, a hynny o dan arolygiaeth Keble Sykes, un yr oedd ganddo feddwl uchel ohono – fel person ac ysgolhaig. Mabwysiadodd John, er enghraifft, rai o'i arferion buddiol – sef yr arfer o ddarllen y llenyddiaeth ddiweddaraf yn ei faes arbenigol ei hun, ynghyd â'r llenyddiaeth ym meysydd arbenigol ei gyd-fyfyrwyr. Cydnebydd John ei ddyled fawr i Keble Sykes, a gan i hwnnw symud o Abertawe i Goleg y Frenhines Mary, yn Llundain, fe'i dilynwyd hefyd gan ei ddisgybl da! Ac yno, yn Hydref 1957, y cwblhaodd John ei radd ddoethuriaeth (PhD), a hynny ym maes Cemeg Ffisegol.

Gan fod pob myfyriwr a oedd wedi sicrhau Gradd Dosbarth Cyntaf yn cael ei esgusodi o'r rheidrwydd i ymgymryd â gwaith neilltuedig, doedd dim eisiau o gwbl i John fod wedi gwneud cais, yn Haf 1957, i ymuno fel Swyddog Gwyddonol yn Sefydliad Ymchwil yr Awdurdod Ynni Atomig, yn Aldermaston (AWRE), nepell o Reading. Tybiodd y byddai'r Adran Adnoddau yno yn un dda, ac y câi hyfforddiant arbenigol ym maes Diffreithiad Electron, ac y byddai'r astudiaethau hynny'n ei wir gyffroi. Ond fe'i siomwyd yn arw!

O fewn ychydig wythnosau yn unig, ac yntau'n gwneud gwaith pur ddiflas, sylweddolodd nad lle addas iddo fod ynddo oedd hwnnw. Ac eto, trwy drugaredd, bu un bendith. Rhannodd swyddfa â myfyriwr o Newcastle, un â gradd ganddo ym maes Meteleg, a bu hwnnw gareidced a'i oleuo parthed iaith damcaniaeth afleoliad ('*dislocation*'), a'i gyflwyno hefyd i waith awdur deg ar hugain oed – Alan H. Cottrell, un o'r awdurdodau yn y maes. Roedd pob gair yn y llyfr, '*Dislocation in Solids*', yn berthnasol i faes John ym myd Cemeg, ond John yn unig sylweddolodd hynny. Ymhen blynyddoedd, a Syr Alan ac yntau yn byw heb fod ymhell o'i gilydd yng Nghaergrawnt, daethant yn ffrindiau mawr. Llyfrau eraill y bu John yn pori ynddynt oedd rhai gan Seitz, Mott, a Gurney. Ac yna, un allweddol arall gan Linus Pauling – gwyddonydd yr oedd gan John edmygedd mawr ohono – sef dadansoddiad treiddgar hwnnw o natur y bond cemegol.[23]

Cydnebydd John i'r uchod fod yn ddylanwadau tyngedfennol bwysig yn ei ddatblygiad ef fel Cemegydd y Stâd-Solet.

Canfod carwriaeth yn egino
Wedi treulio blwyddyn – un, fel yr awgrymwyd, bur gymysglyd iddo, yn yr Adran Feteleg yn Aldermaston, derbyniodd swydd fel darlithydd yn yr Adran Gemeg yng Ngholeg Prifysgol Cymru, Bangor a byddai'n dechrau ar ei gyfrifoldebau yno ym Medi 1958. Newid go fawr iddo, mewn amryw ystyron.

Ond bu newidiadau eraill, yn ogystal. Rhai pur allweddol hefyd.

Newid sydyn iawn, fel y sylwyd, oedd y '*newid aelwyd*' fu yn hanes John a'i fam, Edyth Thomas, yng ngwanwyn 1954, a'r Fronderi, cartre Jean, ei chwaer a'i theulu, oedd eu cartref newydd hwythau ill dau. Ond dros gyfnodau gwyliau yn unig, mwy na heb, y bu cyswllt gan John â phentref Llangennech, ei drigolion a'i weithgareddau. Nodwyd ei gysylltiad â'r tîm criced yno, ond bu gweithgareddau eraill; rhai pwysicach hyd yn oed na chriced!

Dyma dystiolaeth y Parchedig Maurice Loader, gweinidog Eglwys Annibynnol Bethesda, Llangennech o 1956 ymlaen, a bugail Margaret Edwards, merch un ar bymtheg oed, un o blant Bethesda:

> '. . . *Bu cyswllt John â'r pentref yn ddigon o gyfle iddo daro llygaid serch ar un a ddaeth yn gymar bywyd iddo maes o law . . .*'[24]

Y Parchedig Maurice Loader a diaconiaid Bethesda, Llangennech. Hubert Edwards, tad Margaret, ail o'r chwith yn y rhes flaen, ac Alwyn Edwards – gŵr Jean a thad Cenwyn fu mor wych eu gofal o mam John – yn eistedd ar y dde eitha'.

Tair chwaer: Margaret, ar y chwith, Rhiannon a Joan.

Gan ychwanegu'n ddiddorol a dadlennol:

> 'Y tro cyntaf imi ddeall fod carwriaeth yn blaguro rhyngddynt oedd wrth eu gweld yn cerdded freich-fraich â'i gilydd i fyny Hewl y Sipsiwn, sef fersiwn Llangennech o Hewl y Cariadon. Cofiaf fwmial geiriau'r proffwyd Amos, yn dawel i mi fy hun: "A gerdda dau gyda'i gilydd heb wneud cytundeb?" Oedd, roedd yn amlwg fod "cytundeb" rhwng Margaret a John.'[25]

Nid gwybod yn unig ond 'Adnabod'!

Merch i un o ddiaconiaid Bethesda, Llangennech oedd Margaret. Hi a'i brawd a'i chwaer hŷn, David a Joan, a Rhiannon ei chwaer fach, yn blant i Hubert a Katie Edwards. A'r teulu cyfan yn rhan annatod o fwrlwm bywyd 'teulu Duw' ym Methesda, lle bu'r tad yn ddiacon oddi ar 1949, ac yn gyfrifol am y cyhoeddiadau ymhob oedfa, '. . . a'i lais clochaidd', chwedl Maurice Loader, 'a'i eirio synhwyrol yn eglur i bawb a wrandawai.'[26]

Ar gyfnodau gwahanol bu Hubert Edwards yn löwr, yn docynnwr ar fysiau, ac yna, gyda chymorth ei briod Katie, yn cadw siop groser yn ystafell ffrynt eu cartref yn 27, Heol y Bont, ac yna'n ddiweddarach, siop dipyn yn fwy, yr ochr draw i'r stryd honno yn Rhif 54.

> '. . . Yn ogystal â masnach y siop byddai Hubert yn gwerthu cynnyrch darn o dir ffrwythlon yn Nhirgof, gerllaw ei gartref, yn llysiau a blodau, gan ddatblygu gardd-fasnach yn ychwanegiad at ei siop.'[27]

Roedd Hubert Edwards yn ŵr diwylliedig, a llenyddiaeth Gymraeg a cherddoriaeth yn wir bwysig iddo, fel y darlunia'i weinidog:

> '. . . Hoffai farddoni, gan lunio cerddi ac emynau. Ar ganol ei waith yn y siop 'doedd dim byd yn well ganddo, pan gâi gyfle i hoelio sylw cwsmer fyddai'n dangos diddordeb, na dyfynnu o rai o'i gerddi gan hoelio'i lygaid ar y cwsmer dethol er mwyn cael gweld ei ymateb. Ac roedd yn cyrraedd safon go uchel yn aml, gan ennill ambell wobr mewn eisteddfodau, a gweld ei waith yn cael

Côr Plant Hubert Edwards, fu'n cystadlu yn Eisteddfod Llangollen, 1949. Tynnwyd y llun yng Nghapel Bethesda.

Hubert Edwards fyfyrgar, ar ei aelwyd yn Llangennech.

ei gyhoeddi. Dyma enghraifft dda o gelfyddyd y 'bardd gwlad' ar waith.
'Roedd cerddoriaeth hefyd yn ei waed. Câi bleser, er enghraifft, o ganu ffidil . . .'[28]

A chanodd **i'w** ffidil hefyd, ac o dan bennawd awgrymog.

ADLAIS

Yng ngwyll y twll dan y grisiau,
Chwilmentan yr oeddwn ar siawns
'Mhlith pethau, anwylyn a lanwai
Yr aelwyd â miwsig a dawns.

Dan len o we'r pry' copyn,
Gorweddai'n llonydd fel arch,
Y cas, lle cadwai ei ffidil,
Mewn gwely o lwch, heb barch.

Am ennyd, caeais fy llygaid,
A chlywais, yn lleddf a llon,
Eco hen alaw beraidd
A ganwyd ar dannau hon.[29]

Côr Bethesda Llangennech, gyda'u harweinydd Luther O. Davies, y gweinidog, Maurice Loader, ac organydd yr eglwys, Gwynfor B. Thomas.

Ymhen blynyddoedd, byddai ei wyresau hoff a dawnus, Lisa a Naomi, yn cael gwersi ffidil, a Naomi hithau yn datblygu'n feiolinydd amlwg. Yn wir, 'arweinydd' un o adrannau'r ffidil yng Ngherddorfa Genedlaethol Cymru'r *BBC*. Am adlais! Ond nid bardd nac offerynnwr yn unig oedd tad-cu Naomi, fel yr eglura M.L. yn ei atgofion:

> '. . . Roedd yn aelod o gôr Bethesda a ganai oratorio yn ei chyngerdd blynyddol dan arweiniad Luther O. Davies. Ond ffurfiodd Hubert hefyd gôr – côr merched ifainc, ac roedd Margaret yn hoff o fwrw atgof am gystadlu ar lwyfan Eisteddfod Llangollen fel aelod o gôr ei thad.'[30]

Disgyblion yn Ysgol Ramadeg Llanelli oedd Margaret a Rhiannon, pan ddechreuodd Maurice Loader ei weinidogaeth yn Llangennech:

> '. . . Rhiannon newydd ddechrau, a Margaret ar fin ymadael. Yr oedd Margaret ar y pryd yn sefyll ei harholiad 'Lefel A' gyda golwg ar fynd i Goleg Prifysgol Caerdydd, gan arbenigo mewn Astudiaethau Semitaidd dan yr Athro hyfwyn Aubrey Johnson, gan fentro i feysydd toreithiog sawl iaith, gan gynnwys Groeg, Hebraeg, Aramaeg, a chyfarwyddo â nodweddion Syrieg ac Arabeg. Yr oedd wrth ei bodd â'i hastudiaethau, ac yn llawn brwdfrydedd. Nid un i ganu utgorn o'i blaen mohoni, ond yn foneddigaidd ei hosgo a dihymongar ei natur, un a wisgai ei ysgolheictod yn esmwyth. Cofiaf gyflwyno copi o'r Beibl Hebraeg yn rhodd iddi ac addawodd ei drysori. Ymhen blynyddoedd, pan ymwelais â'i haelwyd yng Ngholeg Peterhouse aeth i 'mofyn y Beibl Hebraeg o'i silffoedd llyfrau gan addef ei bod yn dal i'w drysori.'[31]

Yn ystod y gwyliau, pan oedd Margaret adref o'r Coleg yng Nghaerdydd a John Meurig yntau o Aldermaston, ger Reading, gwelai'r gweinidog:

> '. . . hwynt yn eistedd ar y galeri ochr yn ochr â'i gilydd yng nghwmni nifer go dda o bobl ifainc a fynychai oedfa Nos Sul. Nid sylwedyddion mud oedd addolwyr y cyfnod hwnnw . . .'[32]

*Priodas M. Wyn Roberts yng Ngharmel Gwaun Cae Gurwen, 1957.
John – y gwas priodas. Byddai Wyn felly, ym mhriodas John yn 1958.*

Gwrandäwr – mewn mwy nag un ystyr

A dyma gadarnhau hynny yn atgofion John yntau. Sylwodd, yn un peth, fod safon y canu ym Methesda yn:

> '. . . uchel dros ben; a phleser i'r eitha' oedd derbyn o ffrwyth yr arweinyddion canu; rhai fel Luther Davies, Hubert Edwards – fy nhad-yng-nghyfraith maes o law – ac Emrys Rees.'[33]

A mwy!

'... Ar ben hyn oll yr oedd 'na weinidog ifanc yno, un o'r pregethwyr gorau yr wyf wedi clywed erioed, y Parchedig Maurice Loader. Cymaint oedd ei effaith arnaf fi, ac ar fy nghariad Margaret Edwards – aelod o'r capel – yr oeddem ein dau yn cael blas wrth ddadansoddi ei neges o Sul i Sul.'[34]

A synhwyrai'r gweinidog yntau hyn. Ac un waith, o leia, cadarnhawyd hynny mewn modd pur gofiadwy! Dyma dystiolaeth y gweinidog ifanc hwnnw:

'Yn sicr byddai trafod ar y bregeth gan rai o aelodau'r gynulleidfa, ac yr oedd hynny'n rhywbeth amheuthun i weinidog ifanc. Er hynny, cefais beth syndod o dderbyn llythyr maith ym mis Mai 1958 yn ymateb yn go fanwl i bregeth a draddodwyd gennyf y nos Sul blaenorol. Awdur y llythyr oedd John, ac ynddo croniclodd ei ymateb ef i'r bregeth, gan gynnwys ei sylwadau fel gwyddonydd ifanc am y Bom-H a pheryglon ymbelydredd.'[35]

Y mae'r llythyr hwnnw yn parhau ym meddiant ei dderbynnydd, ac fe'i trysorir ganddo. Ond bu'n ddigon caredig, yn ôl ei hen arfer i rannu'i gynnwys â minnau – cynnwys, meddai Maurice:

'... sy'n mynegi gwewyr a phryderon gŵr ifanc meddylgar ynghylch y bygythiad i wareiddiad gan bwerau sydd y tu hwnt i'n dirnadaeth.'[36]

Dyma gopi o'r llythyr hwnnw o 17 Salcombe Drive, Eavley, Reading, Berks., dyddiedig 27. 5. 58:

"Annwyl Mr. Loader,

Yr wyf yn teimlo fel ysgrifennu ychydig eiriau i chi oherwydd fy mod i wedi clywed am y bregeth bwysig a osodoch gerbron yr aelodau nos Sul.

Yr oeddwn yn flin iawn nad oeddwn yno i dderbyn y neges yn uniongyrchol, ac hefyd i dderbyn gras yn ystod y gwasanaeth. Clywais oddi wrth David a Joyce beth oedd pwnc eich pregeth, ac yr wyf hefyd wedi clywed am rai o'r manylion fuoch yn eu trafod.

* * *

'I hope you will excuse me for writing the remainder of my letter in English because I feel that I can better express what I wish to say in the language I more frequently use to discuss these topics.

At the outset, I wish to say that I welcomed your sermon on such a vital and important issue as radiation hazards. It is my convinced opinion that increased radiation doses resulting from a spate of ever increasing nuclear bomb tests are bound to be harmful. Quite honestly, although you may think that this next statement is the product of abject hypocrisy, I am against using the H-bomb at all, and I strongly favour the line being taken at present by Bertrand Russell and his associates. I do not think that resigning my post as a scientist in the Atomic Weapons establishment in any way alleviates the evil of the situation. Although in certain directions moral responsibility rests fairly and squarely on the shoulders of the individual – in the case of a national scheme (such as H-bomb manufacture) and a national movement or establishment, the final responsibility rests with the government and with the people. Thus the fact that this country is manufacturing and testing the H-bomb means that the majority of the public approve of this. Naturally no disbeliever in the power (political) of the bomb is guilty, but the point I am getting at is that only by constitutional means can one reasonably arrive at a final decision to abandon the use (and the idea) of an H-bomb.

At present the unfortunate fact remains that H-bombs are being tested at a frequency which is both alarming and lunatic. Dr C. H. Waddington, F.R.S., Professor of Genetics at Edinburgh recently wrote an article on the danger of H-bomb testing to the world population in the M. Guardian. The gist of his case, which I fully support, embraces the following facts:

(a) Unquestionably, radiation adversely affects body and bone tissue and, more seriously, induces retrograde mutations in the genes which could ultimately result in a race of monsters, maniacs or imbeciles.
(b) The level of radiation required to effect these changes is unknown.
(c) In the absence of definite evidence, American and other, more optimistic scientists, have assumed that the harm done to humans is directly proportional to the dose of radiation received.

(d) It is better, and, although more genetically pessimistic, safer, to assume that a certain dose threshold exists, any dose in excess of this would be lethal.
(e) By taking the worst possible estimate of the damage that could be done due to Strontium 90, iodine, and caesium fallout, it is estimated that 16,000 people have already died due to leukaemia, toxaemia, septicaemia and other cancerous diseases resulting from radiation.
(f) Compared to the 2,000,000 people that die annually due to: (i) natural causes (ii) malnutrition, (iii) incurable diseases like tuberculosis, cancer and syphilus, the figure of 16,000 is not evident and cannot therefore be tested.

Of course a cardinal sin may be committed by saying that only 16,000 people compared to 2 million ("negligible in fact") die from radiation exposure. But each sensitive heart knows that every single, solitary life is precious, and the tragedy is heightened when a friend or relative may be among the unfortunate.

Here, however, we must be very careful, if we say that every single human being on this earth counts – and the idea of a personal God would be meaningless if this were not true – we must be quite certain that we, as people who are throwing the first stones, are doing our fullest to mitigate the illnesses, poverty, undernourishment, homelessness and mental illness that is filling our world. 95,000 people in this country alone die of cancer every year; there are over a million starving children still left after the Korean war; poverty persists in India, Africa and on a smaller scale in central Europe. Do we fully comprehend the significance of the remark that 16,000,000 people in the world are homeless? – refugees in a strange land – what is even more appalling is that two thirds of the human race are underfed!

Do you suffer from the same frustration as I do, Mr. Loader when, in our tranquil village, we continue to enjoy the casual comfortable tempo of life oblivious, or at least independent of our less fortunate fellow creatures? 10/- is sufficient to feed and clothe a Korean child for a week, yet I continue to save my money so that one day I shall be able to buy some furniture – a table, a bed, perhaps a house for a mere few hundred pounds! In desperation I feel it is fraudulent for me even to attempt to become a Christian if it means that I shall shirk my duties and worry about the inner comfort of **my** soul.

I hope you will look upon this outburst charitably and with understanding. I feel I want to confess some of my difficulties and views to a friend and to a person who has a fountain of moral judgement.

* * *

Rwy'n gobeithio, Mr. Loader, y parhewch i bregethu'r efengyl fel ych chi wedi gwneud eisoes, ac y parhaf i dderbyn gras a deall trwy wrando ar eich geiriau. Gras a deall fyddo yn gymorth ac yn arweiniad i mi ac i bawb arall.

Yn ddiffuant, John" [37]

A dyma'r Parchedig Maurice Loader yn datgan yn groyw:

'Does gen i ddim amheuaeth nad dyna'r union math o bynciau y byddai ef a Margaret yn eu trafod gyda'i gilydd fel dau Gristion meddylgar yn cychwyn allan ar bererindod bywyd. Pwy fyddai wedi rhagweld bryd hynny i ble y byddai llwybrau'r ddau ifanc yn arwain maes o law? 'Doedd dim angen imi fod yn llawer o broffwyd i ragweld un man y byddai'r llwybrau'n arwain iddo.' [38]

Nodiadau

1. Tystiolaeth mewn llythyr oddi wrth Dr Raymond Jones, Pontarddulais.
2. C. N. Hinshelwood: *'The Kinetics of Chemical Change'* (Oxford, 1926).
3. John mewn sgwrs mewn sgwrs â'r Prifathro Robin H. Williams ar raglen deledu Geraint Stanley Jones. HTV, 2003.
4. Ibid.
5. Ibid.
6. Ibid.
7. *The Independent*, Mehefin 18, 1997.
8. *'The Llandeilo Series'* (Williams, 1953).
9. Ibid.
10. John Meurig Thomas, *The Poetry of Science, Royal Institution Proceedings, Inaugural Lecture*, Nov. 7, 1986, t. 2.
11. Atgofion personol Rufus Adams, Y Rhyl, Gorff. 2012.
12. Ibid.

13. Atgofion personol gan yr Athro M.Wyn Roberts. Fe'u cyflwynwyd ar lafar ar Noson Lansio'r Llyfr: *'Turning Points in Solid State, Materials and Solid Science'*. Fe'u cyhoeddir yn y Gyfrol, yn ogystal. Tud. 479-480. Y Gymdeithas Gemeg Frenhinol, 2008.
14. Ibid.
15. Pennod 1.
16. Gerallt Lloyd Owen, *'CILMERI a cherddi eraill'*, Gwasg Gwynedd, 1991. t. 22.
17. *'The Poetry of Science'*, Royal Institution Proceedings . . .
18. Llythyr personol gan John Meurig Thomas.
19. Clwb Criced Llangennech, Canmlwyddiant 1981. *Centenary Brochure*, Eric M. Lewis a R. Charles Thomas.
20. Gweler: Llyfr gan Alwyn Charles ar Hanes Llangennech, Cyngor Cymuned Llangennech, 1997.
21. Bu Huw Thomas, o'r Bryn, ac Eric M. Lewis o'r Llan (Llangennech), ill dau yn hynaws â'u cymorth.
22. Llythyrau personol gan Dr Raymond Jones, Pontarddulais – un o fois Y Tymbl.
23. *'Turning Points in Solid State, Materials and Surface Science'*, RSC Publishing, 2008, tt. 797-798.
24. Llythyr sylweddol a phwysig gan Maurice Loader. Yn amgaeëdig yn ogystal, roedd llythyr arall o bwys yn cynnwys cyffes onest a datganiad di-amwys gan John Meurig Thomas – math ar gyffes-ffydd. Anfonodd gopi'n uniongyrchol i minnau hefyd. Y ffeithiau hyn yn llefaru cyfrolau am y ddau uchod.
25. Dyfyniad o Lythyr Maurice Loader.
26. Ibid.
27. Ibid.
28. Ibid.
29. Trwy garedigrwydd a chaniatâd hynaws Rhiannon Evans, Llangennech, chwaer y diweddar Fonesig Margaret Thomas.
30. O Lythyr Maurice Loader.
31. Ibid.
32. Ibid.
33. Atgofion John Meurig Thomas.
34. Ibid.
35. O Lythyr M.L.
36. Ibid.
37. Llythyr a Datganiad John Meurig Thomas.
38. Llythyr M.L.

Pennod 3

Bangor
(1958-1969)

Digwydd!
Cwbl allweddol ym mhererindod pob un yn addysgol a diwylliannol, yw'r athrawon y digwyddwn eu cael, y llyfrau y digwyddwn eu darllen, y cynadleddau y digwyddwn eu mynychu, y darlithwyr y digwyddwn eu gwrando, a'r personau y digwyddwn eu cyfarfod. Roedd cwrdd, yn Aldermaston o bobman, â'r myfyriwr hwnnw o Newcastle – fel y nodwyd yn y bennod flaenorol – a hwnnw wedyn yn ei gyflwyno i lyfr allweddol gan Alan Cottrel,[1] a hynny'n arwain i lyfr arall – llyfr eithriadol Linus Pauling, gwyddonydd o'r radd flaenaf a dyneiddiwr i'r carn, yn ddigwyddiadau arwyddocaol. Person braf oedd Pauling a dylanwad nid bychan ar John Meurig Thomas. Nid syndod felly fod John yn cyfeirio ato, ac at ei waith, mor fynych ac edmygus.

Dychwelyd i Gymru
Pan adawodd JMT Aldermaston, yn Haf 1958, i ddechrau ar ei swydd newydd fel Darlithydd Cynorthwyol mewn Cemeg Ffisegol ac Anorganig, yng Ngholeg Prifysgol Gogledd Cymru, Bangor ar Fedi 1af, roedd yn dawel argyhoeddedig mai ym maes canlyniadau cemegol – *'afleoliadau a diffygion eraill mewn soledau'* – y byddai prif ffrwd ei ymchwil creadigol. Robert Cahn oedd Athro Gwyddoniaeth 'Defnyddiau Crai' **('Materials')** yno, o 1962-1965, a thrwy eu trafodaethau ill dau, ynghyd â darllen ambell gyfrol allweddol, dyfnhawyd gafael y maes hwnnw yn John.

A chyfeirio at 'feysydd', yn bersonol, wrth ddarllen disgrifiad John o afleoliad fel ***'line defects'***, yn y cymal isod yn y gyfrol hardd a swmpus: *'Turning Points in Solid State, Materials and Surface Science'* a gyhoeddwyd yn 2008, i ddathlu ei Fywyd a'i Waith: '*. . . line defects are present in crystals for a variety of reasons . . .*',[2] fe'm hatgofir o'm ras gerdded gynta' dros Ysgol y Gwendraeth, ar faes Parc y Strade yn Llanelli yn Haf, 1951. John, y cerddwr llwyddiannus, geisiodd fy nysgu innau i 'gerdded' – mewn mwy nag un ystyr. Ond cefais fy niarddel o'r ras honno am imi roi un cam ar un o'r llinellau. Na, nid bod cam **yn** y lein – hyd y cofiaf; rhoi cam **ar** y lein oedd y drwg! Go brin fod hynny wedi digwydd yn hanes John, y pencampwr cenedlaethol yn rasus cerdded Gemau Athletau'r Ysgolion Uwchradd.

Gyda llaw, yn y gyfrol uchod eto, trawiadol a dweud y lleiaf, yw sylwadau'r Athro John D. Roberts, California. Gwahanol hefyd.[3] Dychmyga John Roberts berson arall yn gofyn cwestiwn iddo parthed John Thomas. A dyma JR, yn naturiol, yn clicio *Google*, teipio *John Thomas* ac ymchwilio. A'r canlyniad – '*239,000,000 o eitemau John Thomas!*' A'i gri: '*Beth yn y byd wna i nesaf?*' Ateb syml – ac allweddol: teipio '*Meurig*' rhwng *John* a *Thomas*. Nid rhyfedd o gwbl i JDR ganmol blaengarwch David John ac Edyth Thomas wrth enwi ei hail fab. Heb hynny, o bosib, ni fyddai llaweroedd erioed wedi clywed am fwyn o'r enw: **MEURIGITE-K**, yr un a enwyd er anrhydedd i JMT yn 1995. A, gyda llaw, un disgrifiad o liw'r mwyn hwnnw: '*Pale, canary yellow*' (gweler Pennod 8).

Bu John yn byw am y mis cyntaf yn 28, Ffordd y Coleg, Bangor, ac yn lletya gyda Mrs Enid Davies. Ac yna, ar Hydref 1, symudodd i fyw i Neuadd y Myfyrwyr – Neuadd Reichel – ar Ffordd y Ffriddoedd. Ie, deg ar hugain o is-raddedigion – bechgyn i gyd; a hwythau a'u Tiwtor yn cyd-fwyta swper yn nosweithiol yn y Neuadd fawr ym mhen ucha'r heol honno.

Mewn undeb, mae nerth

Ymhen llai na blwyddyn roedd ei gariad, Margaret Edwards o Langennech, wedi gorffen ei chwrs gradd mewn Ieithoedd Semitig

Margaret a John, Rhagfyr 28, 1958.

O'r chwith: Katie a Hubert Edwards, rhieni Margaret, M. Wyn Roberts, David Edwards, brawd Margaret, John, y Parchedig Maurice Loader, Margaret a'i chwaer Rhiannon, Alwyn Edwards, Edyth Thomas, mam John a Gerwyn, ei frawd a'r Parchedig F. H. Davies, eu gweinidog.

yn llwyddiannus yng Ngholeg y Brifysgol, Caerdydd, yn Haf 1958. Yn gwbl naturiol, penderfynodd hithau ddilyn ei chwrs blwyddyn ôl-radd ar gyfer ei Thystysgrif Addysg, ym Mangor. Bu'n lletya yng nghartref Mrs Lloyd Jones, yn 'Arfryn', Tregarth, am dri mis. Yn y cyfamser, roedd John yntau wedi'i ddyrchafu'n Ddarlithydd. Erbyn diwedd y tymor, fe'i dyrchafwyd yn ŵr priod.

Yn Rhagfyr 1959, ym Methesda, Llangennech, mam-eglwys Margaret, fe'i hunwyd hi a John mewn glân briodas mewn gwasanaeth o dan ofal Maurice Loader, y gweinidog, ac yntau'n cael ei gynorthwyo gan weinidog John a'i deulu, y Parchedig F. H. Davies, Bethania, Tymbl Uchaf. A byw ynghyd wedyn, ar aelwyd yr 'Arfryn' uchod, cyn symud, ym Medi 1960, i'w cartref cyntaf yn 'Hen Barc', Y Gerlan, ger Bethesda, Dyffryn Ogwen, ac oddi yno, i gartref o'r enw: 'Min Menai', yn Eithinog, Bangor. A Dr Gwyn Thomas a'i briod yn gymdogion da, a'u cyfeillgarwch fel pedwarawd yn blodeuo. A tybed a ddylid manylu hefyd, am bartneriaeth GT a JMT hwythau, ar y cae criced!

Nid nepell o'r 'Gerlan' uchod, yn Ysgol Dyffryn Ogwen, y bu Margaret hithau yn gwneud ei Hymarfer Dysgu, fel rhan o'i Chwrs Tystysgrif Addysg ym Mangor. Yna'n dilyn hynny, fe'i hapwyntiwyd yn Athrawes Astudiaethau Beiblaidd yno.

Mwynhaodd Margaret ei chyfnod yno, ac nid yn anfynych byddai'n dychwelyd adref o'i gwaith gyda mwy nag un hanesyn bach diddorol neu ddoniol i'w adrodd. Digwyddai, er enghraifft, ambell beth 'gwahanol' yng ngwaith cartre' disgybl neu ddau o bryd i'w gilydd. Dyma enghraifft.[4]

Roedd Margaret, un tro, wedi gofyn i'r plant ail-adrodd hanes y proffwyd Elias, ac i sylwi'n arbennig ar adnod 9, ym mhennod 17, yn Llyfr Cyntaf y Brenhinoedd. A dyma sgrifennwyd gan un disgybl:

> 'Cyfod, dos i Sareptah, yr hon sydd yn perthyn i Sidon. Ac aros yno: wele, gorchmynnais i wraig feddw dy borthi di.'

Gwreiddiol iawn! Ond nid ***dyna'r*** gwreiddiol, wrth gwrs.

*Dr Glenda Jones (née Hughes), o Fethesda'n wreiddiol.
Myfyriwr ymchwil cyntaf JMT. Llun diweddar!*

Byddai John, wrth ei fodd, yn adrodd y stori hon, ymhlith y storïau di-ddiwedd a gofia, gan ychwanegu'n ddireidus:

> *'Clywsom lawer tro fel deheuwyr fod yr **'w'** a'r **'f'** yn cyfnewid yn y Gymraeg, ond yr uchod yw'r enghraifft ore y gwn i amdani: 'Y wraig Weddw yn troi yn wraig Feddw'!*

John a'i ddisgyblion

Fel mae'n digwydd, cyn-ddisgybl o Ysgol Dyffryn Ogwen, Bethesda oedd myfyriwr ymchwil PhD cyntaf erioed John, ond yn sicr, nid ei chamgymeriad hi oedd yr un uchod! I'r fyfyrwraig hon – Dr Glenda Jones (*née* Hughes) o Knaresborough, Gogledd Swydd Efrog, bellach – un *JMT* oedd. A cheir mwy nag awgrym o hynny yn rhai o'i hatgofion.

Hi oedd yr unig ferch, ymhlith deuddeg o fechgyn yn y dosbarth a astudiai am Radd Anrhydedd mewn Cemeg pan ddechreuodd

John ei waith fel Darlithydd Cynorthwyol yng Ngholeg y Brifysgol, Bangor yn nhymor yr Hydref 1958. Mae'n amlwg, fel y tystia Glenda, fod ei ddyfodiad fel chwa o awyr iach i'r myfyrwyr hynny.

'Cyn hynny, meddai, *'doedd dim trefn diwtorial yno, lle y gellid trafod manylion dyrys gyda'r darlithydd. Os nad oeddech yn deall rhywbeth, rhaid oedd mynd i'r llyfrgell a chwilio yno am lyfr fuasai'n rhoi rhyw olau ar y mater. 'Doedd dim siawns i ofyn cwestiynau i'r darlithydd. Deuai ef neu hi i'r stafell i gyflwyno'r ddarlith, gan 'sgrifennu ar y bwrdd du rhyw fformiwláu, a hafaliadau ac ati. Ac yna, ar ddiwedd y ddarlith, allan ag ef neu hi yn union. A dyna ni! Ond ar fy ail flwyddyn, braint a phleser oedd cael darlithydd newydd, gwych. Un a esboniai'r pynciau amrywiol yn glir. A hynny yn Gymraeg. O'r dechrau roedd JMT yn llawn chwilfrydedd a brwdfrydedd, ac yn ennyn ynom ninnau nodweddion tebyg. 'Roedd ganddo, fel darlithydd, ystafell iddo ei hun, gyda desg a dwy gadair; un hefo cefn crwn iddi – cadair yr athro. [A, gyda llaw, roedd hi'n gwbl amlwg i ni y byddai JMT yn cael ei ddyrchafu'n Athro o fewn fawr o dro.] Ac un fechan i mi ochr arall i'r ddesg. Roedd ynddi hefyd gypyrddau, â meinciau trostynt i'n galluogi i wneud gwaith ymarferol. Pan oeddem yn cychwyn ein hymchwil byddai JMT weithiau'n dechrau trafodaeth ar ryw bwnc o ddiddordeb gwyddonol. Mor fuddiol oedd hyn, wrth gwrs, ac yn blesurus, yn ogystal. Ac adeg coffi yn y bore wedyn, neu amser te'r prynhawn, roedd hi'n hyfryd tu hwnt pan oedd JMT gyda ni. Ie, ffrind ynghyd â darlithydd!'*[5]

Roedd cyfanswm o tua wyth gant o fyfyrwyr yng Ngholeg y Brifysgol, Bangor yn y cyfnod hwnnw, a byddai John, yn arbennig y chwe mlynedd gyntaf, dyweder, yn cyflwyno darlithiau – tua chant a hanner ohonynt, ar gyfartaledd, mewn blwyddyn – a hynny i ryw gant, mwy neu lai, o fyfyrwyr. Nid rhyfedd i'r Athro Dewi Z. Phillips, darlithydd arall ym Mangor ar y pryd, ddweud wrth Dr Raymond Jones, Pontarddulais:

'Yn hwyr y nos, yr unig olau yn y Coleg oedd hwnnw a ddaethai o 'stafell John'.

Ond nid paratoi darlithiau yn unig wnâi John, fel yr awgryma'r ychwanegiad yma i sylw Dewi Z.:

> *'Yn yr Adroddiad Blynyddol roedd rhestr hir o'i Bapurau Ymchwil. Rhestr hirach na'r un arall yn yr Adroddiad.'*[6]

Teg nodi nad cyfnod heb ei gyffro gwyddonol oedd diwedd y Pum Degau a dechrau'r Chwe Degau, gyda chryn bwyslais ar ynni niwclear, a pholisi *'White Heat Technology'* y Llywodraeth Lafur, dan arweiniad Harold Wilson. Er i John gydnabod fod y baich darlithio'n bur drwm, câi wefr o sefyll o flaen ei ddisgyblion yn cyflwyno iddynt, ac yn trafod ganddynt, elfennau astrus Cemeg. A gwefr ychwanegol, wrth reswm, wrth weld ei fyfyrwyr yn deall y dyrys elfennau a'u dysgu.

JMT yng nghyfnod Bangor: 1958-1969.

Myfyriwr ddechreuodd ym Mangor yn 1961 oedd Eurwyn Lloyd Evans o Lanberis, myfyriwr a gafodd ei dderbyn yn dilyn:

> *'. . . cyfweliad gan Dr William Rogie Angus, un ag acen Albanaidd dwfn a fu'n rhan o'r Sefydliad Cemeg ym Mangor ers cyn cof.'*[7]

Synhwyrai Eurwyn na chawsai JMT hi'n rhwydd yn ei berthynas â'r Dr uchod.

> *'. . . Ar un achlysur, pan oedd W. R. Angus a John yn cyd-arolygu'r labordy ymarferol, gwaeddodd WRA ar draws y lle ar John: 'Come here laddie'. Ond anwybyddodd John y sarhâd, ac ni bu llawer o Gymraeg, Saesneg nac Albaneg rhwng y ddau ar ôl hynny!'*[8]

Cofia Eurwyn hefyd, pan ddechreuodd yntau fel myfyriwr ym Mangor yn 1961, y syndod un dydd yn y labordy, o gael ei gyfarch, a hynny yn Gymraeg. Credai'r myfyriwr mai Saesneg oedd iaith bob un o ddarlithwyr yr Adran Gemeg. Ac ie, John, er nad oedd yn darlithio i fyfyrwyr blwyddyn gyntaf, yn ei gyflwyno ei hun. Ond awgryma Eurwyn:

'. . . roedd mwy i hyn na bod yn gymdeithasol-gyfeillgar gan fod John hefyd yn rhyw bwyso a mesur a oedd deunydd myfyrwyr ymchwil y dyfodol yn y Cymry hynny oedd yn cychwyn eu hastudiaethau.'[9]

Roedd Glenda, wrth gwrs, a Brian Williams, Garndolbenmaen, eisoes yn yr harnais. Yn y man, dyna fyddai hanes Eurwyn hefyd, ac yntau fel ei ragflaenwyr, yn mwynhau'r profiad o fod o dan oruchwyliaeth a chyfarwyddyd JMT yn fawr.

'Roedd John yn hynod frwdfrydig, a phob amser yn awyddus i sicrhau canlyniadau, fel y gellid cyhoeddi'r darganfyddiadau mewn cylchgronau ymchwil gwyddonol. Llwyddwyd i gyhoeddi llu ohonynt gan yr holl fyfyrwyr ymchwil oedd o dan ei adain.'[10]

Edmygai'r myfyrwyr oll ddawn darlithio John, a'i ddefnydd o'r iaith Saesneg ar goedd, fel mewn print. Ac ambell air, na fyddai'n rhan o eirfa bob myfyriwr! Cofia Eurwyn, Dr John yn dod fewn i'r stafell a rannai ef â'r ymchwilydd-fyfyriwr disglair, Graham Renshaw, arbenigwr hefyd ar geffylau-rasus. Roedd Graham, wrth ymchwilio mewn un maes, wedi darganfod yr annisgwyl mewn maes arall – ac, yn awchus, rhannodd hyn â'i Athro-gyfarwyddwr. Ac mewn ymateb, meddai John: *'Well Graham – that is serendipity.'*

'Edrychodd Graham a minnau ar John mewn syndod', meddai Eurwyn, *'a dyma Graham, mewn ymateb bythgofiadwy'n dweud: "I thought that was the name of a horse. I backed it last week!'*[11]

Myfyriwr arall – ddechreuodd ym Mangor yn 1962 – a edmygai ddawn John fel darlithydd oedd y Parchg. Ddr. Noel A. Davies:

'I mi, ef oedd y darlithydd gorau a mwyaf bywiog ac effeithiol yn yr Adran Gemeg, a hynny mewn pwnc sy'n medru bod braidd yn astrus! Cemeg Ffisegol oedd ei faes ef – y modd y mae soledau, hylifau a nwyau yn adweithio'n gemegol o dan amgylchiadau pwysau, tymheredd ac ati gwahanol. Mae'n faes mathemategol mewn gwirionedd a llawer o'r prif egwyddorion yn cael eu mynegi drwy hafaliaid mathemategol, ond llwyddai John i wneud y cyfan yn ddealladwy a diddorol. Byddem yn edrych ymlaen at ei ddosbarth a byddai rhyw gyffro pan ddechreuai ddarlithio. Nid oedd mewn unrhyw ffordd yn gaeth i nodiadau, roedd ei lefaru yn rhugl a bywiog ac eglur a thra chyflym!'

'. . . Ac mor braf oedd cael un aelod o staff oedd yn Gymro Cymraeg, a chael cyfle o bryd i'w gilydd i gael sgwrs yn ein mamiaith.'[12]

Yn ychwanegol i'r darlithio, treuliai John rhyw naw awr yr wythnos, ar gyfartaledd, yn arolygu a threfnu cyrsiau ymarferol y labordy. Ond o ystyried adnoddau Adrannau Cemeg prifysgolion eraill, cymharol brin a chyfyng oedd rhai Bangor y pryd hwnnw.

Cyfarpar, Adnoddau ac Argyhoeddiadau

Gweithiai Dr Glenda ar risialau graffit, ac roedd angen meicrosgop arbennig arni i syllu'n fanylach ar wyneb y graffit, ac ati. A chofir prynu meicrosgop optegol ail-law mewn siop hen bethau yn Llandudno am wyth bunt, a Ken Syers y technegwr da, a John yntau, yn cyd-adeiladu system oleuo ail-law, yn cynnwys bwlb priflamp car. Bryd arall, roedd angen meicrosgop electron, a chofia Glenda dreulio mis, un Awst, ym Mhrifysgol Newcastle, gan fanteisio yno ar eu cyfleusterau amgenach hwy.

'Wedi imi gwblhau fy ngradd doethuriaeth dan gyfarwyddyd JMT,' ychwanega Glenda, *'euthum i weithio ym Mhrifysgol Copenhagen. Ac yn yr Adran Gemeg yno, roedd gen i feicrsgop electron i mi fy hun – drws nesa' i'r labordy!'*[13]

Ond yn y cyfamser, sicrhawyd adeilad Cemeg newydd ym Mangor, gyda chyfarpar mwy soffistigedig.

'Un o'r eitemau y medrais ei brynu', tystia eto, *'oedd meicrosgop electron pŵer-isel newydd. Delfrydol i'm dibenion i ar y pryd.'*[14]

A byddai ambell gymhorthdal, ar gyfer archwiliad a allai fod o bwys masnachol, yn hwb sylweddol. Fel yr un hwnnw gan wyddonwyr Awdurdod Ynni Atomig y Deyrnas Unedig (UKAEA) Harwell, er enghraifft.

> *'Roedd John Meurig Thomas'*, meddai Eurwyn Lloyd Evans eto, *'yn ŵr o ddaliadau cryf. Roedd yn erbyn y defnydd dinistriol o fomiau atomig, er enghraifft. Ond eto, ar yr un pryd, yn gredwr cryf yn y defnydd heddychol o ynni niwclear, ac wedi derbyn nawdd gan yr Awdurdod Ynni Atomig i ymchwilio i agweddau o gynhyrchu trydan mewn pwerdai niwlcear.'*[15]

Ond yn dilyn yr uchod, ymddangosodd cartŵn yn un o gyhoeddiadau dychan y myfyrwyr ar gyfer Yr Wythnos Rag. A'r cartŵn – John yn cario baner *'Ban the Bomb'* mewn un llaw, ac yn estyn allan y llaw arall at ŵr o'r Awdurdod Atomig oedd yn rhannu arian! Fel canlyniad, tystia ELE:

> *'. . . aeth John cyn belled a datgan yn gyhoeddus ei ddaliadau didwyll i'r myfyrwyr Cemeg ar gychwyn un o'i ddarlithoedd.'*[16]

Cadarnhau wnâi hyn, wrth gwrs, neges y llythyr sylweddol ac onest hwnnw a anfonodd Dr John at y Parchedig Maurice Loader ym mis Mai 1958[17] *(gweler Pennod 2)*. A mynych y bu John yn cyflwyno darlithiau, rhai ar y testun: *'Natur a Hanfod Ynni Atomig'*, ar noson waith yn rhai o drefi a phentrefi Gogledd Cymru. Bu'n flaenllaw, gyda rhai fel Dr R. Tudur Jones, er enghraifft, ym mudiad CND Cymru.

Yn yr atgofion a'r profiadau uchod synhwyrir fod John, yn bur gynnar yn ei yrfa wyddonol, wedi dechrau datblygu rhwydwaith o gysylltiadau allweddol. Ac eto, doedd neb yn bwysicach iddo nai'i fyfyrwyr; rhai fel Glenda Hughes o Fethesda, Brian Williams o Garndolbenmaen, Eurwyn Lloyd Evans o Lanberis, a J. O.

Williams o Borthmadog, er enghraifft. Myfyrwyr gwych, chwedl John, a rhai oedd yn sychedu am wybodaeth. Ac wrth reswm, 'haearn yn hogi haearn'.

> *'Ni fyddai John'*, ychwanega Eurwyn, *'y pryd hynny, yn trafod gwleidyddiaeth gyda ni'r myfyrwyr, ond gwyddem fod ganddo ddaliadau sosialaidd cryf, ac wedi ymddangos ar lwyfannau hefyd, yn ystod ymgyrchoedd etholiadol. Cefnogwyr Plaid Cymru oedd J.O. a minnau. Tra'r oedd pump ohonom, gan gynnwys John Meurig, yn Aberdeen mewn Cynhadledd Wyddonol Ryngwladol, daeth y newydd syfrdanol fod Gwynfor Evans wedi ennill is-etholiad yng Nghaerfyrddin. Ie, Aelod Seneddol cyntaf Plaid Cymru! Daeth John i lawr i frecwast y bore hwnnw'n dilyn y canlyniad, ac, er i Lafur golli'r sedd, yr oedd yn ymfalchïo mai Etholaeth Caerfyrddin (ei Sir ef, wrth gwrs), yn hytrach nag un o etholaethau'r Gogledd, oedd wedi dangos y ffordd i Gymru. Sosialydd Cymraeg yn ymfalchïo yn ei filltir sgwâr.'*[18]

Teg cofio, mai mewn car bach yr aethai'r myfyrwyr uchod, Graham Renshaw, Colin Roscoe, Eurwyn Lloyd Evans a John O. Williams a'u hathro, bob cam o Fangor i Aberdeen. Ac ni bu'n siwrne hawdd. Yn arbennig i JMT. Bob tri chwarter awr, rhaid oedd cymryd saib iddo gael ystwytho'i hun. A sawl saib felly, cyn cyrraedd yr Alban. Cerddai John am ryw ddau-can-llath, bob saib, cyn ymuno â'i gyd-deithwyr. Ond ar waethaf rhwystredigaethau o'r fath, wrth fynd a dychwelyd, fe'u clymwyd yn gwlwm cyfeillgar.

Partneriaethau Ffrwythlon
Dau a gynrychiolai, fel y gwelsom uchod, flynyddoedd cynharaf John ym Mangor, oedd Glenda Jones (*née* Hughes), ac Eurwyn Lloyd Evans. Ond dau fyddai'n cynrychioli'r cyfnod arall – blynyddoedd 1966-1969 – fyddai Dr Stanley V. Moore a'r diweddar Brifathro J. O. Williams, er enghraifft. Dyma'r cyntaf o'r ddau yn disgrifio mynd i un ddarlith ar fore pur anodd iddo:

> *'Wedi chwarae rygbi, cyrraedd adre yn oriau hwyr y nos. Yna'r bore, darlith gan y darlithydd Cemeg ar thermodynameg! Ond*

yna, dyma'r 'Teigr' yn neidio'i fewn yn ffres o'i labordy ymchwil, ac, yn llawn awch, yn dweud: "Drychwch ar y lluniau hyn". A gwrando'n astud. Ni allem beidio: y canlyniadau diweddara' o'i gylch ymchwil; a storïau am gemegwyr amlwg yn britho'r cyflwyniad heintus. Mynd ag anadl dyn.'[19]

Fel y nodwyd, un o Borthmadog oedd John Owen Williams, un a ragorai, nid yn unig ym myd gwyddoniaeth, ond hefyd ym myd chwaraeon. Bu'n chwaraewr pêl-droed o fri, gan gynrychioli tîmoedd cenedlaethol amatur ac ieuenctid Cymru. Fel myfyriwr Cemeg wedyn, enillodd radd anrhydedd ym Mangor, a hynny gyda chlod mawr. O dan gyfarwyddyd John Meurig Thomas wedyn, enillodd radd doethur am ei waith ymchwil ar nodweddion trydanol soledau organig. Ac fel y cawn weld, '. . . *ymestynnwyd y bartneriaeth gynhyrchiol . . .*',[20] chwedl Dr Glyn O. Phillips, rhwng y naill John a'r llall, a hynny er budd mawr i Gymru a'r byd.

O fewn y Coleg ym Mangor, ymledai dylanwad John Meurig, ei berson a'i waith, hyd yn oed i fyfyrwyr mewn adrannau eraill, yn ogystal. Myfyrwyr amlwg-abl yn yr adran Ffiseg, er enghraifft, oedd yr Athro Robin H. Williams, F.R.S., Dr Gari P. Owen a Dr Gareth Roberts. Tystia RHW fod ei bwnc ymchwil ar gyfer ei radd PhD yntau ym maes Ffiseg:

'. . . wedi profi'n haws i mi, am fod John yn yr Adran Gemeg! Bûm mor ffodus fod ei ddylanwad arnaf, fel ar eraill. Bu'r ymchwil y bu ef a'i fyfyrwyr yn ei chyflawni yn yr Adran Gemeg honno ym Mangor, nid yn unig yn waith arloesol ac yn torri tir newydd, ond yn hardd ('elegant') hefyd. A dyna nod amgen ei yrfa . . .'[21]

A GP wedyn, fod un ddarlith Gymraeg nodedig gan John wedi ei wir ysbrydoli.[22]

Croesi Ffiniau
Cofiaf, yn bersonol, pan yn sefyll arholiad *'English Lang. Senior'*, chwedl ninnau, yn Ysgol Ramadeg y Gwendraeth yn y Pum Degau, sylwi, ymhlith dewis bynciau ar gyfer ein traethawd, yr un

addawol: *'Travelling as a means of education'*. A bwrw ati'n frwd, er na fûm i bryd hynny, hyd yn oed dros Glawdd Offa. Ond am John Meurig Thomas . . .! Llawer haws nag yr awn i, y dyddiau hynny, ar fy meic neu mewn bws dros y ffin o Sir Gâr i Sir Forgannwg ym Mhontarddulais, byddai John yn hedfan ar awyren o wlad i wlad ar draws y cyfandiroedd. A mynych, y misoedd hyn – ac yntau ar drothwy'r pedwar ugain oed – y'i clywaf yn dweud ar y ffôn:

'Rwy'n mynd lawr i Rufain heno', neu *'Rwy'n rhoi darlith yn Canada nos 'fory'*, neu *'Ma' Cynhadledd 'da fi yn Cairo ddydd Gwener'!*

Do, bu cryn deithio yn hanes John, fel darlithydd ac athro, ers yn gynnar yn ei yrfa. O Fangor, yn 1959, aeth i Gynhadledd yn Buffalo, Efrog Newydd; i Pennsylvania wedyn, yn Haf 1963, gan dreulio tri mis yno yn *State College* yn cyflawni *in situ*; ac yna i Gynhadledd arall yn Tokyo ym 1964, er enghraifft.[23] Ie, *'Travelling as a means of education'*! A do, bu'n addysg bersonol i mi. Ond trwy deithiau bras a mynych John, addysg i eraill, yn ogystal. Eraill dirifedi, o bob lliw a llun, ac o bob oed hefyd. Gan gynnwys plant ysgol. Yn wir, byddai darlithio iddynt hwy o bawb, yn Gymraeg neu Saesneg, yn rhoi boddhad mawr iddo. Yn union fel y byddai'n foddhad pur i'w arwr a'i eilun, Michael Faraday. Do, bu poblogeiddio gwyddoniaeth yn rhan anatod o genhadaeth addysgol y naill a'r llall, o'r cychwyn.

Gwyddoniaeth a'r Gymraeg

Oddi ar 1959 – yn ychwanegol i'w waith swyddogol yn y Coleg – arwyddodd ar gyfer Cyrsiau o dan nawdd Adran Efrydiau Allanol Coleg Bangor, a Chymdeithas Addysg y Gweithwyr (CAG) yng Ngogledd Cymru. A bu'n darlithio llawer, gyda'r nos, yn siroedd Môn ac Arfon, ac ati. A hynny yn Gymraeg a Saesneg. Traddododd, er enghraifft, *'Y Darlithiau Cymraeg'* – tair ohonynt – ar y testun: *'Barddoniaeth Gwyddoniaeth'*, yng Ngholeg Prifysgol

> **Neuadd Lesiant, Tymbl**
>
> RHAGLEN Y 14eg
>
> # EISTEDDFOD
>
> FLYNYDDOL Y TYMBL UCHAF
>
> **Dydd Sadwrn, Medi 17, 1960**
>
> *Llywyddion*
> Iorwerth Griffiths, Ysw., Towyn.
> Dr. John M. Thomas, Bangor.
>
> *Arweinyddion*
> Joseph Thomas, Ysw; Sidney Evans, Ysw.
>
> *Beirniaid*
> Cerddoriaeth—Gwilym Gwalchmai, Ysw, Llanerfyl.
> Adrodd a Llen—Hywel D. Roberts, Ysw., B.A., Caerdydd.
>
> *Cyfeilyddes*
> Madam F. Holloway-Morgan, L.R.A.M., A.R.C.M.
>
> Yr Eisteddfod i ddechrau am 2.30 o'r gloch.
>
> Mynediad i mewn:
> Oriel, 3/0; Llawr, 2/6; Hen Bensinwyr a Phlant, 1/0.
>
> Rhaglenni—3c.   Trwy Llythyrdy—5c.
>
> Swyddogion yr Eisteddfod:
> Cadeirydd—S. Evans, Ysw. Is-Gadeirydd—J. Thomas, Ysw.
> Trysorydd—Mr. H. Griffiths, Lloyds Bank.
> Ysgrifennydd yr Eisteddfod—Ifor Jenkins, 11 Railway Terrace, Tymbl, Ger Llanelli.
>
> **Trefniadau yn ofal Pwyllgor Lesiant Tymbl Uchaf.**
>
> J. W. Thomas a'i Feibion, County Press, Llandeilo.

JMT yn un o Lywyddyddion yr Eisteddfod adre'n Y Tymbl. Sylwer ar enw'r Eisteddfod a'r nodyn hanesyddol!

Cymru, Bangor, gyda'r Athro Melville Richards yn Gadeirydd. Mynegwyd y diolch swyddogol gan Dr R. Tudur Jones, gan gynnwys y sylw:

> 'Dyma'r darlithiau cyntaf ar wyddoniaeth i mi eu clywed yn Gymraeg. Ac rwyf wedi'u mwynhau. Mae'n siŵr nad yw'n hawdd traddodi ar destunau arbenigol fel hyn yn ein hiaith.'

A Dr Tudur, nid yn unig yn mynegi gwerthfawrogiad cynnes, ond hefyd yn ceisio sbarduno trafodaeth bellach ar bwnc amserol a phwysig! Onid oedd llawer, ar y pryd, yn dadlau ei bod hi'n amhosib cyflwyno gwyddoniaeth trwy gyfrwng y Gymraeg?

Profodd John y noson honno, ac wedyn hefyd – *(gweler Crynodeb o'i Ddarlith Radio Gymraeg, 1978, er enghraifft, Pennod 5)* – nad dyna'r gwir.

Gyda'r hwyr, ac am ddwy flynedd, o Fedi 1961 i Mai, 1963 – gydag egwyl o Fehefin i Awst 1962 – bu John yn cyflwyno, yn Llangefni, er enghraifft, gwrs deg darlith ar hugain ar 'Hanes a Datblygiad Gwyddoniaeth o Oes yr Hen Eifftiaid ymlaen'. Byddai'n trafod seryddiaeth, mathemateg, electroneg, peirianaeth. Ac wrth gwrs, ffiseg a chemeg hefyd. Ond gan hepgor bywydeg! Yn wir, yng nghwmni aelodau'r dosbarth hwnnw, a llawer eraill, mewn sawl lle arall wedyn, argyhoeddwyd John bod dyfodol gobeithiol i Wyddoniaeth trwy gyfrwng y Gymraeg.

Gyda llaw, roedd y Parchedig W. T. Gruffydd, cyn weinidog Y Tabernacl Ffair-fach, Llandeilo lle bu John pan oedd yn 8 oed,[23] yn addoli am rai misoedd, Gwynfryn Evans, tad Hywel Gwynfryn ac un o blant Cwm Gwendraeth, Dewi Jones, Y Llyfrgellydd, ac Emrys Hughes, y cynghorydd, a'i briod, yn rhai o aelodau ffyddlon y dosbarth hwnnw.

Arwydd digamsyniol, wrth gwrs, o ddyfodol gobeithiol i'r Gymraeg ym maes gwyddoniaeth, oedd lansio'r Cylchgrawn Cymraeg newydd: *'Y Gwyddonydd'* yn 1963, a hynny o dan olygyddiaeth oleuedig Dr Glyn O. Phillips, ac ym Mangor sylwer, drwy awgrym Dr Llywelyn Chambers, a chydsyniad y Coleg yno, y tarddodd y syniad cyffrous am Gylchgrawn newydd felly. Yn ei *'Gyflwyniad'* i'r rhifyn cyntaf ym mis Mawrth 1963, nodir gan yr Is-Ganghellor, Dr Thomas Parry, fod *'pawb . . .'* gan gynnwys wyth gwyddonydd, dau o bob un o Golegau'r Brifysgol:

> '. . . *yn teimlo fod angen cyhoeddiad a fyddai'n boblogaidd, yn yr ystyr ei fod yn ddarllenadwy ac o ddiddordeb i Gymry deallus, ac ar yr un pryd yn gwbl safonol ac yn trafod datblygiadau gwyddonol diweddar.*'[25]

A chyfrannodd John i'r gyfrol gyntaf a ymddangosodd ym mis Mawrth 1963, gyda'r ysgrif: *'Tyfiant ac Adeiladwaith Crisialau'*.[26] Nid syndod gweld bron dwsin o ddiagramau ynddi. Dyfynnaf innau ohoni, frawddeg gynta'r trydydd paragraff, a'r frawddeg olaf. Lluniau mewn geiriau, yn ogystal!

> (i) *'Da fyddai i ni gofio bod dull Natur o adeiladu crisial rywbeth yn debyg i ddull saer maen o adeiladu mur.*
>
> (ii) *Carwn ddiolch i'm myfyrwyr ymchwil am eu diddordeb yn y gwaith hwn.*

A'r dyfyniadau'n dweud mwy nag un peth wrthym am eu lluniwr hefyd.

Gartre ac oddi cartre. Ar lafar ac ar bapur

Ie, y lluniwr llengar a gwyddonol a fu, ar y naill law, yn darlithio trwy gyfrwng y Gymraeg mewn neuaddau a festrïoedd yn Abersoch a'r Bala, Y Rhyl a Llansannan yng Ngogledd Cymru, er enghraifft, ac ar y llaw arall, a thrwy gyfrwng iaith arall, yn traddodi felly hefyd ym Mhrifysgol Fflorens yn yr Eidal, ac Eindhoven yn yr Iseldiroedd, Mainz yn yr Almaen, Kington yng Nghanada, ac yn Sefydliad Gwyddoniaeth Weizmann yn Rehoboth, Israel am dri mis!

Ymunodd Margaret ag ef am bythefnos yn Israel, a chawsant fwynhau dyddiau o wyliau haeddiannol yn ymweld â Chaersalem, Galilea, Cana a Chesarea, er enghraifft. Ie, enwau lleoedd cyfarwydd iddynt ill dau ers yn blant Ysgolion Sul Bethania, Tymbl a Bethesda, Llangennech.

A llunio a chyfrannu'n bersonol, ac ar y cyd â'i fyfyrwyr ymchwil a'i gyd-ysgolheigion, yn y gwledydd hyn ac ar draws byd, fu, yw, ac a fydd ei ran ni a hyderwn, am flynyddoedd lawer eto. Oni chlywsom John ei hun yn mynegi'r union ddyhead mewn sgwrs â Dewi Llwyd, Cyflwynydd a Llywiwr y Rhaglen Radio Fore Sul wythnosol, rai misoedd ôl? A Dewi y bore hwnnw, ar aelwyd Syr

John Meurig Thomas yng Nghaergrawnt, ar achlysur dathlu ei ben-blwydd yn 79 oed ar Ragfyr 15, 2011.

Ond *'Deuparth gwaith, ei ddechrau'*, a dechreuodd John gyhoeddi ei waith ar unwaith, gan gredu fod rhoi cyhoeddusrwydd i waith gwyddonol yn holl-bwysig. Yn bwysig, er mwyn rhannu ag eraill; er goleuo ac addysgu, ysbrydoli a hybu ymlaen. John, y rhannwr a'r addysgwr wrth reddf. A'i gyhoeddiad cynta' fel darlithydd: ysgrif i *'The School Science Review'* yn 1959.[27] A bu cynnydd cyson wedyn, o flwyddyn i flwyddyn yn ddi-dor, a charlamus ar dro, a thros 1,100 bellach. Maent yn cynnwys papurau ar gyfer athrawon ysgol a'i disgyblion, a chynulleidfaoedd lleyg; ac adolygiadau gwyddonol a dogfennau ymchwil. Yn ychwanegol, ceir llyfrau a chylchgronau, a thraethodau ymchwil a phatentau. O ydoedd, roedd y sylw hwnnw gan Dr Dewi Z. mewn sgwrs â Dr Raymond, ddyfynnwyd uchod, yn llygad ei le![28]

Cysylltiadau

Ym mis Tachwedd, 1967 sefydlwyd y Parchedig John Gwilym Jones, un o drindod athrylithgar Parc Nest, Castell Newydd Emlyn, a gweinidog mam-eglwys Dr John Meurig Thomas a'i deulu, ym Methania, Tymbl Uchaf, yn weinidog ym Mhendref, Eglwys yr Annibynwyr, Bangor. Ac nid dyna'r unig gysylltiadau.

Wedi i John a Margaret symud o'r Gerlan, i fyw ym 'Min Menai', Eithinog, Bangor daethant hwy a Dr Gwyn Thomas a'i briod, Jennifer, yn ffrindiau mawr. Ac yn y man, ni byddai ffrindiau cywirach 'chwaith na Gwyn a'i briod a John Gwilym ac Avril. A'r 'maes criced' yn clymu'r drindod wrywaidd. Dyma hoff gêm John Meurig, heb unrhyw amheuaeth. Yn wir, bu wrth ei fodd yn cyd-chwarae â chyd-ddarlithwyr, ac â myfyrwyr – nad oedd ond rhyw bum mlynedd yn iau na'u hathro. A byddai tîm Adran Bangor yn chwarae timoedd Adrannau eraill Colegau Prifysgol Cymru. A byddai'n aelod o dîm yr Ystafell Gyffredin, yn ogystal. Ond tanlinella Dr Alun Price, Aberystwyth: '. . . *byth ar draul gwaith addysgol ei Adran na'i Waith Ymchwil!'*[29] Roedd hyn yn nodweddiadol o John ers ei gyfnod fel myfyriwr cwbl ddisgybledig yng Ngholeg y Brifysgol, Abertawe.

Hanes ac Hanesion!
Teimlodd, ers yn gynnar, fod Hanes yn bwnc cyffrous a phwysig. A hyn ar waetha'r ffaith ei fod, yn grwt deuddeg oed yn Ysgol Ramadeg y Gwendraeth tua canol y Pedwar Degau, wedi gorfod dewis rhwng pynciau Hanes a Chemeg, ar gyfer ei Gwrs Tystysgrif Safon **'O'**! Eto tystia:

> *'Bûm dros y blynyddoedd yn dyheu a sychedu am fwy o bynciau hanesyddol i'w myfyrio a'u hystyried yn ddwys. Fel canlyniad, ychydig yn unig o berswâd, o du haneswyr ac ysgolheigion Staff Y Brifysgol ym Mangor, fu ei angen arnaf i ymuno â Chymdeithas Hanes Sir Gaernarfon.'*[30]

A dechreuodd John ddarllen *Trafodion Sir Gaernarfon*, ac yna'n ddiweddarach, *Trafodion y Cymrodorion*. A marciai, ar ei lyfrau, o bosib, ond ar ei gof – y cof rhyfeddol hwnnw – yn sicr, ambell frawddeg neu baragraff, sylw neu stori. Yna, ar yr adeg ac yn y lle priodol, mor hawdd – ac effeithiol hefyd – y llifai'r dyfyniadau hynny dros ei fin. Edmygai'n fawr adolygiadau hardd a chymesur R. T. Jenkins a C. L. Mowat, er enghraifft. *'Dau wahanol'*, meddai John, *'ond pobl wironeddol arbennig.'*[31] O bryd i'w gilydd, cyd-deithiai C. L. Mowat a John ar y bws Crosville o Dregarth i'r Coleg. Ac nid rhyfedd o gwbl i John – mewn sylwadau cyhoeddus un tro, ddyfynnu'r frawddeg isod o adolygiad Mowat o lyfryn am drenau:

> *'Only those ignorant of the passion of the lover of railways will be surprised at the care and devotion in this 136 page booklet.'*[32]

Cofiai erthyglau gafaelgar wedyn, a hynny mewn amrywiaeth o bynciau. Er enghraifft, *'. . . un trawiadol iawn gan Anthony Conran ar: 'The Redhead on the castle wall: Dafydd ap Gwilym's Yr Wylan'*:

> *'Latin, the culture and language of the Church, was available to clerics everywhere. It was always a learnt or second language; but that did not mean it wasn't spoken. In every parish in Wales there was at least one person who, at a pinch, could understand it – whose life, if he was convicted of a felony, might depend on his understanding it, because if you could read Latin you were not tried by the secular courts, and ecclesiastical ones never imposed the death penalty.'*[33]

Ie, syched dwfn John am wybodaeth newydd, a'r awydd cryf wedyn i'w rhannu ag eraill, a thrwy'r broses honno, ei chadarnhau yn ei gof yntau. *'Yr anadlu ma's mor bwysig a'r anadlu miwn'*, chwedl glowyr y Tymbl – bois oedd mor fynych '. . . *yn wmladd am eu hana'l'*. Ac i fenthyg ymadrodd Pennar gynt: mater o anadl yw'r gwahaniaeth rhwng anfod a hanfod.[34]

Ond nid stori ag ystyr – **historia** – yn unig a apeliai at John, ond stori dda yn ogystal. A dawn i'w hadrodd, a'i hail-adrodd ag afiaith.

> **'Amlygai'r hiwmor ei hun weithiau yn ymddygiad braidd yn swreal rhai o'r staff'**, meddai John. *'Darlithydd y Clasuron: Dr Tony Fitton Brown, er enghraifft. Roedd ef am ddysgu'r Gymraeg; ond doedd e ddim yn cael digon, a hynny'n ddigon cyflym, gan diwtor y Gymraeg i Ddysgwyr. Ceisiodd ddysgu'i hun mewn ffyrdd braidd yn anarferol. Ac un tro, aeth â lamp-llaw a geiriadur Saesneg-Cymraeg gydag e' i berfformiad gan y myfyrwyr o un o ddramâu John Gwilym Jones: 'Y Tad a'r Mab'. Ac ar draws y llwyfan, o bryd i'w gilydd, gwelid fflachiadau o lamp Tony Fitton Brown – a doedd gan y rhelyw fawr o amcan beth oedd yn mynd ymlaen. Ond roedd T.F.B. yn teimlo wrth ei fodd ei fod wedi meistroli'r treigliadau. Un bore, curodd wrth ddrws Caerwyn Williams, Athro'r Gymraeg. Pan agorodd Caerwyn y drws: datganodd T.F.B. yn glir: "Bore da, yr hen frân fawr ddu!"'*[35]

Stori am Cynan wedyn, mewn Ysgol Haf yng Nglynllifon, yn trafod y testun: *'Sut i fod yn fardd'*, ac yn un peth, yn nodi pwysigrwydd **'dawn'** i fod yn fardd llwyddiannus.

Y tri yn un: Margaret a John a Lisa fach – a'r fath gefndir.

'Cynan yn dweud: "Rwy'n cofio bod yn Lerpwl yn 1920, ac yr oedd 'na fachgen tua 15 oed yno, ar y tram, yn rhegi'n anweddus o ddrwg. 'Young man', medde fi wrtho, 'who taught you to swear like that?' **'Nobody did,'** *atebodd,* **'it's a bloody gift.'** *Rhaid cael y ddawn i fod yn fardd llwyddiannus!"'* [36]

Un gwir ddawnus, a llwyddiannus hefyd, oedd John Meurig Thomas yntau. Ond byddai galw am ddoniau ychwanegol o 1968 ymlaen!

Tri yn un – cyn mudo

Ym mis Gorffennaf y flwyddyn honno, rhoddodd Margaret enedigaeth i'w plentyn cyntaf, Lisa Marged, yn Ysbyty Dewi Sant. Ymhen deufis wedyn byddai'r drindod yn symud o 'Min Menai', Eithinog, Bangor i 148, Ffordd Penrhos, yno. Ac yn dilyn apwyntio

John yn Athro a Phennaeth Adran Gemeg Coleg y Brifysgol, Aberystwyth yn Ionawr 1969, symudodd y teulu i bentre' Rhydyfelin, nid nepell o'r dre honno.

Ychydig cyn iddo adael Bangor i ymgymryd â'i waith fe ysgrifennodd y paragraff canlynol; paragraff a'm denodd, gan ei fod yn cynnwys ambell sylw gogleisiol. I wyddonydd ac i bregethwr!

> *'For over 30 years physicists and metallurgists have interpreted the properties of solids in terms of well-defined deviation from a perfect structure, the so-called dislocation. But chemists have tended to show a reluctance to use this concept, possibly because they were charmed by X-ray crystallography into believing that the solid state is a paradise of faultless regularity.* **It is as well to remember that most crystals, like most human beings, are imperfect; and often the more subtle the imperfection, the more interesting the consequence.'**[37]

Ac nid anodd canfod cyswllt rhwng y dyfyniad yna o'r gyfrol swmpus a hardd: *'Turning Points in Solid-State, Materials and Surface Science'* a'r gyffes bersonol hon gan John Meurig ei hun:

> *'Gadewais Bangor pan ddaeth Athro newydd i'r Adran Gemeg yno. Roedd hi'n amlwg ei fod am f'amddifadu o'm myfyrwyr ymchwil. Roedd e' hyd yn oed am f'atal innau rhag parhau â'm hymchwil bersonol. Roedd ef eisiau'r myfyrwyr hynny ar gyfer ei ymchwil personol ef ei hun.'*[38]

Chwithig, a dweud y lleia, yw deall am y math yna o ysbryd. Ond, yn hytrach nag aros ar drywydd felly, gwell o lawer yw crynhoi, a nodi'n fras rhai o risiau 'ysgol' gyrfa John Meurig Thomas rhwng 1958 a 1969, ac ambell ddigwyddiad personol a theuluol holl-bwysig:

1. John: Dechrau ym Mangor yn 1958, fel Darlithydd Cynorthwyol.
2. Yn 1959, ei ddyrchafu'n Ddarlithydd. Priodi Margaret ym mis Rhagfyr.

3. Yn 1964, yn Uwch Ddarlithydd, gan ennill Gwobr Fedal Corday-Morgan am yr Ymchwil Gemeg orau gan berson o dan 36 oed o fewn y Gymanwlad.
4. Yn 1965, ei ddyrchafu'n Ddarllenydd Cemeg yng Ngholeg Prifysgol Cymru.
5. Enillodd y Wobr Pettinos Gyntaf – gwobr gynigiwyd gan Gymdeithas Garbon yr Amerig am waith eithriadol ei ansawdd gan unrhyw wyddonydd ar draws byd oedd o dan 40 oed.
6. Geni Lisa yng Ngorffennaf 1968.
7. 1969 wedyn, a'i apwyntiad i fod yn Athro yng Ngholeg Prifysgol Cymru, Aberystwyth.

Nodiadau

1. *'Turning Points in Solid State, Materials and Surface Science'*, RSC Publishing, 2008, tt.7 97-798.
2. Ibid.
3. Ibid., tt. 856-857.
4. Atgofion personol Dr Glenda (Hughes) Jones. Neges e-bost: 13. 3. 2012.
5. Hanesyn personol!
6. Llythyrau personol gan Dr Raymond Jones, Pontarddulais, ond Tymbl gynt.
7. Atgofion personol Dr Eurwyn Lloyd Evans, Ebrill 2012.
8. Ibid.
9. Ibid.
10. Ibid.
11. Ibid.
12. Atgofion personol y Parchedig Ddr Noel A. Davies, Abertawe, Awst 2012.
13. Atgofion personol Dr Glenda, Mawrth 2012.
14. Ibid.
15. Atgofion personol Dr Eurwyn, Ebrill 2012.
16. Ibid.
17. Llythyr sylweddol a phwysig gan Maurice Loader. Yn amgaeëdig yn ogystal, roedd llythyr arall o bwys yn cynnwys cyffes onest a datganiad di-amwys gan John Meurig Thomas – math ar gyffes-ffydd. Anfonodd gopi yn uniongyrchol i minnau hefyd. Y ffeithiau hyn yn llefaru cyfrolau am y ddau uchod.
18. Atgofion personol Dr Eurwyn, Ebrill 2012.

19. *'Turning Points in Solid State, Materials and Surface Science'*, RSC Publishing, 2008, tt. 866-867.
20. Cyflwyniad i Ysgrif JMT yn *Y Gwyddonydd*, Cyfrol 1, 1963. Golygydd: Dr Glyn O. Phillips.
21. Trafodion Anrhydeddus Gymdeithas y Cymrodorion, 2003 a Rhaglenni Teledu Geraint Stanley Jones a Patrick Hannan.
22. *'Turning Points in Solid State, Materials and Surface Science'*, RSC Publishing, 2008, tt. 868-871.
23. *'Turning Points in Solid State, Materials and Surface Science'*, RSC Publishing, 2008, tt. 797-798.
24. Mewn llythyr personol oddi wrth JMT, Ebrill 8, 2012.
25. Cyflwyniad gan Dr Thomas Parry, *Y Gwyddonydd* (Gol. Glyn O. Phillps), Mawrth 1963, t. 1.
26. Ibid., tt. 134-138.
27. John Meurig Thomas, *'Publications'*, Awst 2010. Tud 2 (Rhif 1).
28. Llythyron personol Dr Raymond Jones, Pontarddulais.
29. Llythyron personol Dr Alun Price, Aberystwyth,
30. Trafodion Anrhydeddus Gymdeithas y Cymrodorion 2003.
31. Ibid.
32. Ibid.
33. Ibid.
34. *'Yr Etifeddiaeth* Deg' (Gol. D. Arthur Thomas), Tŷ John Penri, 1985.
35. Trafodion Hanes Sir Gaernarfon.
36. Ibid.
37. *'Turning Points'*, t. 798.
38. Tystiolaeth bersonol, gyhoeddus JMT mewn cyfweliad gan Alan Macfarlane, Tachwedd 29 a Rhagfyr 5, 2007 (Ffilm).

Pennod 4

Aberystwyth
(1969-1978)

Mansel Davies

Braint yw darllen teyrngedau John Meurig Thomas i'w gydwyddonwyr, gan gynnwys, wrth reswm, nifer o'i gyfeillion. Mae'r fath enw iddo fel 'Teyrngedwr', fel bod ambell gyfaill agos, fel Ahmed H. Zewail (California), er enghraifft, eisoes yn cael ei demtio i ofyn i John lunio teyrnged goffa iddo, *'ymlaen llaw'*![1] Dyma ddau baragraff, yr un agoriadol a'r un clo, o'i deyrnged goffa i'w ragflaenydd yng Nghadair Cemeg, Coleg Prifysgol Cymru Aberystwyth, yr Athro Mansel Davies (1913-1995), yn y cylchgrawn *'Chemistry in Britain'*, Ebrill 1995:

> *'Mansel Davies was a scientist of the highest quality, a formidable historian and philosopher of science, a brilliantly efficient teacher, a passionate crusader for social and political justice, a lifelong militant pacifist, a Pugwash participant, and a committed humanist with strong Buddhist leanings, blessed with a gift of friendship. A classless democrat always true to himself, he mingled freely with US presidential and British prime ministers as he did with the farmers, railway workers and shop assistants of Dyfed and Gwynedd.'*[2]

* * *

> *'Davies was a man of extraordinary vitality, never afraid to speak his mind on matters of principle. If style is defined as doing things in memorable ways, he certainly had style. Those who knew him will never forget him.'*[3]

Yr Adran Gemeg, Aberystwyth, 1970. O flaen Labordai Cemeg Edward Davies.

1. A. J. S. Williams; 2. Alun Price; 3. S. H. Graham; 4. George Morrison; 5. Athro Mansel Davies; 6. JMT, Pennaeth yr Adran; 7. John Bowen; 8. Graham Williams; 9. Colin Young; 10. Phil Cadman, 11. J. O. Williams; 12. Eurwyn Lloyd Evans; 13. Dick Griffiths; 14. Ian Adams; 15. Stan Moore; 16. Barry Edwards; 17. Nick Evans; 18. Gareth Tilseley; 18a. ??; 18b. Gerry Gibbons; 19. Leslie Jones / Technegwr; 20. P. A. Davies / Llyfrgellydd; 21. Val Phipps; 22. Gŵr o Dde'r Affrig; 23. David Watts; 24. Jim Morgan; 25. John Llewellyn; 26. Phil Theaker; 27. Peter Defy; 28. Christine Hinton; 29. Peter Davies 30. Rob Smethurst; 31. ??; 32. Tom / (Technegwr); 33. ??; 34. Hazel / Technegwr; 35. Anne Watkins, Ysgrifenyddes JMT; 36. D. Thomas; 37. ??; 38. John Phipps; 39. Eirie Jones, Technegwr; 40. Dave Charles; 41. ??; 42. Doug Townsley; 43. Mark Szewczyk; 44. Terrry Davies; 45. Nigel Davies; 46. Tom, y glanhäwr; 47. Gŵr o Yugoslavia; 48. ??; 49. ??; 50. Kim Kettle; 51. Bill Picton; 52. Harry Heller; 53. ??; 54. ??; 55. Colin Thwaites (Y 'Storfa); 56. ??.

Ie *'style'*, chwedl John. A beth am *'steil'* John yntau, ei steil brawddegu. Ysgrifenna, a llefara hefyd, mewn ffordd gofiadwy.

Bu un o gyfarfyddiadau Mansel Davies â John yn gofiadwy, yn ogystal. Y tro hwnnw pan dd'wedodd y naill wrth y llall:

> *'Ond i chi gynnig am swydd Athro yn Aberystwyth, bydd siawns dda gyda chi i'w chael hi'.*

Ac felly y bu. Fe'i hapwyntiwyd gan y Prifathro, Dr Thomas Parry, ond erbyn dechrau blwyddyn golegol 1969-1970, roedd Tom Parry wedi ymddeol a'i olynydd, Syr Goronwy Daniel yn yr harnes. Dechreuodd Syr Goronwy a JMT ar eu cyfrifoldebau yng Ngholeg Prifysgol Cymru, Aberystwyth felly 'ar y cyd' yn Hydref 1969. Ac 'ar y cyd' fuont, mewn amryw ystyron, ar hyd y blynyddoedd. A John Meurig Thomas fyddai'n traddodi teyrnged i'w arwr yn y gwasanaeth i ddathlu ei fywyd a'i waith yng Nghapel Minny St., Caerdydd ar Fai 16, 2003 – dydd ei arwyl.

Ie, cawr oedd Is-Ganghellor newydd Prifysgol Aberystwyth. Cawr mewn amryw ystyron. Ond cawr gwylaidd.

Canrif o Gemeg

Mewn ysgrif gyfoethog yn *Y Gwyddonydd* o dan y pennawd: *'Canrif o Gemeg yn Aberystwyth'*, mae'i hawdur, John Bowen, yn nodi fod '. . . *cemeg yn bwnc yn Aberystwyth am yn agos i ddegawd dros ganrif!*'[4] Ac o un garreg filltir arwyddocaol i un arall, olrheinir yn ddiddorol hanes pwysig dysgu'r pwnc yno hyd 1987, blwyddyn cau'r adran. Gan ychwanegu:

> *'Yn ôl yr Arglwydd Dainton – yntau'n gemegydd o fri – bu'r adran farw o'r clefyd "maint"; hynny yw, yr oedd yn rhy fach yn ôl ffasiwn y cyfnod . . . Diweddglo trist i bennod fawr o hanes gwyddonol.'*[5]

Cerrig milltir eraill, yn fras, oedd agoriad swyddogol Adeilad Labordai Cemeg Edward Davies (Llandinam) yn 1907, penodi Dr Mansel Davies yn 1947 a thrwy ei flaengarwch yntau, a oedd, chwedl John Bowen eto: '... *yn llawn mor effeithlon mewn gweinyddiaeth ag a fu mewn ymchwil*',[6] penodiad ei olynydd, Dr John Meurig Thomas.

Ond nid Dr John, Margaret ei briod, a Lisa eu merch fach flwydd oed yn unig symudodd o Arfon i Geredigion, ond Dr John arall hefyd. Ie, John Owen Williams, myfyriwr ymchwil disglair John Meurig ym Mangor. Daethai yntau i Aberystwyth fel Cymrawd Ymchwil. Ac fel canlyniad, fel y dywed Dr Glyn O. Phillips, Golygydd *Y Gwyddonydd,* y Cylchgrawn Gwyddonol Cymraeg, a lansiwyd ym mis Mawrth 1963: '... *ymestynnwyd y bartneriaeth gynhyrchiol* ...' rhyngddynt. Gan ychwanegu:

> '*Nid yw'n ormodol dweud bod y bartneriaeth yma wedi atgyfodi astudiaeth y cyflwr solet mewn cemeg. Yn fy nyddiau colegol i, yr adran yma oedd y* **sinderela** *a'r fwyaf anniddorol o'r adrannau: cemeg organig, ffisegol ac anorganig (sef y cyflwr solet bryd hynny). Drwy waith John Thomas a John Williams daethpwyd â'r maes anffasiynol yma i'r blaen unwaith eto, gan bontio'r cyflwr solet mewn ffurfiau organig, anorganig a chyfuniad o'r ddau.*'[7]

Cydnabu John Bowen yntau fod gallu gwyddonol John Meurig Thomas yn amlwg yn rhyngwladol yn dilyn cyhoeddi 76 o gyhoeddiadau ymchwil sylweddol a thua 11 o gyhoeddiadau llai. Gan gydnabod hefyd mai:

> '*Cynhaeaf deng mlynedd yn unig oedd y rhain.*' [Ei ddeng mlynedd cyntaf fel darlithydd, sylwer.] '*Cemeg y cyflwr solet oedd ei arbenigrwydd a dechreuodd pennod gyffrous yn hanes yr adran* ...'[8]

Goronwy Daniel

Bu perthynas dda rhwng y Prifathro Goronwy Daniel a'r Athrawon yng Ngholeg Prifysgol Cymru, Aberystwyth, ac, fel y nodwyd, un agos rhyngddo a'i Athro Cemeg, er enghraifft. Disgrifiai JMT ef fel dyn naturiol, diymhongar ei natur, gwreiddiol ei ffordd, '*a'i sgwrs mor syml-gartrefol â rhywun yn rhedeg sioe ym mhentre'r Tymbl!*'[9] Ie, un uniongyrchol ei ddull a rhwydd yn ei berthynas â

*Syr Goronwy Daniel, Dr William Thomas, T. H. Parry-Williams,
W. F. K. Wynne Jones (Balliol, Princeton, Athro Cemeg Prifysgol
Newcastle-on-Tyne), a'r Athro John Meurig.*

phobl. Un diwrnod, yn blwmp ac yn blaen, dyma Goronwy yn gofyn i John: *'Beth i chi eisiau?'*. A nododd John eitem neu ddwy go bwysig.

> *'O!'*, meddai Goronwy,*"dyw hi ddim yn rhwydd i ni neud 'na. Ond 'na fe, os yw e' mor bwysig â hynny – wel ma'n rhaid i ga'l e!'* [10]

A sicrhawyd, yn un peth i'r Adran, Gyfrifiadur Wang gwerth £2,000. Enghraifft, ar y naill law, o flaengarwch yr Athro, gan i'r cyfarpar hwnnw, chwedl Gari P. Owen, Caint, '. . . *fod yn gyfrwng i chwyldroi pethau yr adeg honno'*;[11] ac ar y llaw arall, o uniongyrchedd di-ffws y Prifathro.

Un tro, aeth y ddau – Y Prifathro a'r Athro John – ynghyd â'r Athro Wareing i Lundain, ac i'r Gymdeithas Frenhinol yno i wrando Syr Kenneth Berrow o Gyngor Grantiau'r Brifysgol yn cyflwyno darlith ar: *'Addysg Uwch ym Mhrydain Heddiw'*.

Er mai darlith i geisio hyrwyddo polisi newydd ydoedd, ac er ei fod yn defnyddio sleidiau i geisio cadarnhau ei sylwadau, tueddai, chwedl John, i gyflwyno'i fater mewn modd poenus o bruddglwyfus:

> 'He concluded, dolefully, and with mandarin omniscience, that the trends were now ineluctable – the weak would get weaker, the strong stronger.'[12]

Wrth i Berrow ddangos i'w gynulleidfa – cynulleidfa'n cynnwys Is-Ganghellor Caergrawnt a Rhydychen, a Phrifathrawon o bob Prifysgol ym Mhrydain – sleidiau rhif 3 a 4 a gynhwysai ystadegau o bwys, yn sydyn, dyma Goronwy Daniel ar ei draed, ac yn dweud, yn ei Saesneg gorau ond yn hynod Gymreigaidd ei acen:

> 'Excuse me, but one of the figures you have kindly shown to us is fatally flawed!'[13]

A'r gwrandawyr yn gegrwth. Rhai'n edrych ar ei gilydd, ac eraill, mae'n siŵr, yn meddwl – os nad yn dweud o dan eu hanadl – 'Pwy yw'r twpsyn yna?' Ond, dyma Syr Goronwy yn gofyn yn gwrtais i'r siaradwr:

> 'May I come to the front to continue with a remark or two?'

Yna'n nodi:

> 'I remember encountering a problem like this – a problem which also misled the public at that time – when I was Chief Statistician for the Ministry of Power...'

Y gynulleidfa gyfan bellach, wrth gwrs, yn stwmp gan syndod a'r siaradwr yntau – Syr Kenneth Berrow – yn gorfod cydnabod:

> 'Goronwy Daniel has indeed identified a strange and inexplicable anomaly in Slide 3.'[14]

Dychwelodd Goronwy yn ddiffwdan i'w sedd heb arwydd ymorchestu o fath yn y byd, ond yr Athro John Meurig Thomas, wrth reswm, yn ymhyfrydu ei fod yn cael y fraint o fod mor agos at y fath gawr – meddyliol a chorfforol, ac yn ymfalchïo fod ganddynt yn Aberystwyth Brifathro o'r fath galibr i'w harwain. Ie, Syr Goronwy Daniel, ynghyd â'r ddau weinyddwr galluog: y Cofrestrydd Tom Arfon Jones a'i Ddirprwy yntau, Emrys Wynn Jones, yn gwneud tîm gyda'r effeithiola' posib, ac yn ddylanwad treiddiol er lles. Lles a hwylustod yr Adran Gemeg, er enghraifft. Ni bu John Meurig yn hir yn Aberystwyth, 'chwaith, cyn i Syr Goronwy yntau synied yn dda, a dweud y lleia', am yr Athro Cemeg Ffisegol! Yn wir, yn ôl Dr Alun Price, yr ymadrodd ddefnyddiodd i'w ddisgrifio ydoedd: *'The Jewel in the Crown'*![15]

Yr Athro Arglwydd W. F. K. Wynne-Jones, Yr Athro T. H. P-Williams, a JMT.
Dathlu Can-Mlwyddiant Coleg y Brifysgol Aberystwyth, 1972

JMT yn croesawu pobl i'r Adran Gemeg yn Aberystwyth, Gwanwyn 1972.

Trobwynt Allweddol

Bu symud i Aberystwyth yn drobwynt pwysig arall yng ngyrfa wyddonol John ac fel olynydd i Mansel Davies, etifeddodd Adran â threfn arbennig iddi. Teimlai'n wir gyffrous parthed y posibiliadau, wrth iddo bellach, gyda'r rhyddid i arwain ei Adran ei hun, barhau â'r gwaith yr oedd ond wedi dechrau arno ychydig amser cyn gadael Bangor. Medrodd ymestyn, felly, ei astudiaethau electron microsgopic, er mwyn egluro natur diffygion mewn amryw fathau o folecylau crisialau, hefyd agor llwybrau newydd o ymchwil.

Aberystwyth (1969-1978)

*Yr Adran Gemeg, Abeystwyth 1973. Y fath gynnydd!
Yr Athro Mansel Davies a'r Athro John Meurig Thomas yng nghanol y rhes flaen.*

*Yr Arglwydd Elwyn-Jones (cyn Arglwydd Ganghellor),
Dr G. R. (Bob) Millward (Ymchwilydd cyswllt) a JMT. Lluniau a dynnwyd
gan GRM o ddarnau o lô wedi'u poethi i dymheredd uchel.*

Cadarnhau hyn wna John Bowen:

'Denodd ei enw grantiau mawr o'r Cyngor Ymchwil a chafwyd offer modern drudfawr megis microsgop-electron spectromedr-electron i hwyluso'i ymchwil. . . . Yr oedd John Meurig Thomas yn weithiwr caled a chyson a chanddo'r ddawn i ysbrydoli ei fyfyrwyr. Denodd ffrwd o ymchwilwyr allanol o Brydain, Ewrop, y Dwyrain Canol, Japan a'r U.D. i gydweithio ag ef yn Aberystwyth. Mae'r ffaith iddo gyhoeddi dros drigain o bapurau yn ystod ei dair blynedd cyntaf yn fesur amlwg o wreiddioldeb a dylanwad yr athro newydd.'[16]

A'r myfyrwyr a'r ymchwilwyr hwythau – gan gynnwys J. S. Anderson ('J.S.'), Pennaeth Labordy Cemeg yn Rhydychen, a oedd newydd ymddeol – ynghyd â'r siaradwyr gwâdd rhagorol a ddaethai bob cam i Aberystwyth o bob rhan o'r byd, yn ddieithriad yn ategu'r un argraffiadau cadarnhaol. Ymunodd Stanley Moore, a raddiodd mewn Cemeg ym Mangor yn 1969, a Gari P. Owen, a raddiodd mewn Ffiseg ym Mangor 1970, yng nghylch ymchwil cyffrous Dr John a Dr J. O. Willams yn Aberystwyth, y blynyddoedd hynny. Teimlent fod brwdfrydedd JMT yn heintus, ond wedyn, pan na fyddai'r canlyniadau fel yr hyn a ragdybiwyd, byddai John, ar adegau anodd felly, yn llawn cydymdeimlad. A bu'r ddau gyngor dilynol ganddo, yn help parhaol iddynt hwythau hefyd fel gwyddonwyr: sef y pwysigrwydd, ar y naill law, o ddiffinio problemau cyn eu datrys; ac ar y llaw arall, o sicrhau data digonol.

Cyfnod y datblygiad cyfrifiadurol carlamus oedd hwn, wrth gwrs, ond ynghanol y bwrlwm i gyd, cawsant hwythau brofi dynoliaeth braf a chyfeillgar eu Hathro. Roedd digon o amser ganddo i bwyso a mesur, i adlewyrchu a chalonogi, am mai un cyfeillgar a charedig ei anian ydyw, ac un parod ei gyngor bugeiliol. A hawdd dychmygu gwên ddireidus John, wrth glywed cyffes onest Dr Stanley Moore:

'Ymhob rhan o'm gyrfa defnyddiais y gwersi a ddysgais gan John ym Mangor ac Aberystwyth.' [17]

Gonestrwydd o'r fath fu nodwedd John yntau, a hynny ar hyd ei bererindod addysgol, gan fod **'dysgu'** yn golygu *'to learn'* a *'to teach'*. Ac fel y mae tystiolaeth unfryd i ddyled ysgolheigion i John, cydnebydd yntau'n gyson ei ddyled i'w gyd-ysgolheigion o bob oed. Er enghraifft:

'Yn San Jose cwrdd ag ymfudwr o'r Alban, Colin Fyfe (o Dundee) a oedd ar Sabothol o Brifysgol Guelph, **a dysgais lawer ganddo** *...'* [18]

Mynych y darllenir yr ymadroddion: *'I was taught by . . .'* ac *'I taught . . .'* yng ngwaith John, a hynny ar hyd ei bererindod. Mewn un cyfnod wrth gwrs, John y 'disgybl-athro'; ond ymhob

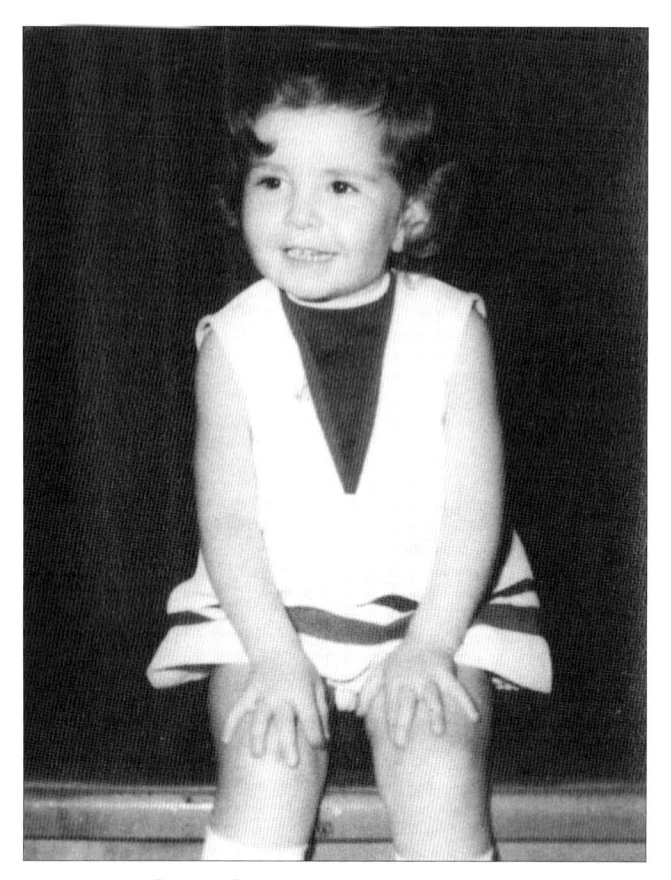

Lisa, plentyn Margaret a John.

cyfnod, 'yr athro-ddisgybl' John. A 'haearn yn hogi haearn', o'r naill du a'r llall. Mewn gair: cyd-ddibyniaeth – ar hyd y daith 'addysgol' anorffen.

Hau

O grybwyll 'dysg', megis ym Mangor, felly yn Aberystwyth, nid aros yn ei Labordy yn y Coleg, nac yn ei stydi gartref yn unig, wnaeth John. Bu poblogeiddio gwyddoniaeth yn rhan anatod o'i genhadaeth – (a gyda llaw, yn rhannol gyfrifol am ei urddo'n Farchog gan y Frenhines yn ddiweddarach yn ei yrfa) – a dysgu pobl – ie, pobl ag awch am addysg, ond heb fod o angenrheidrwydd yn gwbl wyddonol eu hanian a'u tueddfryd. Rhyw unwaith y mis, ar gyfartaledd, cyflwynodd ddarlithiau poblogaidd ar wyddoniaeth – yn Gymraeg fynychaf – mewn pentrefi a threfi ar draws gwlad. Yna, mewn dosbarthiadau gaeaf, dan nawdd Cymdeithas Addysg y Gweithwyr, un o'r llyfrau a fu'n sail i'w ddarlithiau oedd llyfr clasurol Herbert Butterfield: *'Hanes a Gwreiddiau Gwyddoniaeth yr Ugeinfed Ganrif'*; ac ar yr un thema'n gyffredinol, gem Gymraeg Mansel a Rhiannon Davies – *'Hanes a Datblygiad Gwyddoniaeth'* (1948), a gyfieithwyd i amryw ieithoedd.

Parhau yn Aberystwyth felly, batrymau Bangor a wnaethai, gan gyflwyno, yn ogystal, ddarlithiau ac arddangosiadau i blant ysgol, ac i'r cyhoedd yn gyffredinol. Un tro, cynhwysai'r cyfarpar a baratowyd ganddo, sbectromedr más, gyda niferoedd o beli *ping-pong* wedi eu paentio'n bob lliw. Afraid ychwanegu, byddai ei ddawn llefaru a'i feistrolaeth ar eiriau yr un mor lliwgar.

Cysylltiadau

Yn gynnar wedyn, wedi cychwyn ei gyfrifoldebau yn Aberystwyth, dechreuodd John ar waith a ddiffiniwyd ganddo fel Peirianneg Crisialau, pwnc, erbyn hyn, sydd o bwys mawr yn rhyngwladol. Ond sbardunwyd ymdrechion John ar ddamwain bron! Deallodd, fod llawer o'r rhai a gyflogwyd yng Nghanolfan Ymchwil Unilever, Port Sunlight, Lerpwl, yn gyn-fyfyrwyr o'r Adran Gemeg yn Aberystwyth. Myfyrwyr ddewiswyd, wrth reswm, oherwydd eu cymhwysterau yn dilyn yr hyfforddiant arbenigol a gawsant yno. A gwahoddwyd John Meurig Thomas yntau gan Gyfarwyddwr Ymchwil Port Sunlight, i ysgrifennu adroddiad dwy-ddalen ar bwnc perthnasol-bwysig. Cyflawnodd John eu dymuniad, ac ar sail hynny, rhoddodd Unilever £5,000 y flwyddyn, am bum mlynedd, i Apêl Canmlwyddiant Coleg y Brifysgol, Aberystwyth yn 1972, ar yr amod ychwanegol fod John yn cyflwyno un neu ddwy o areithiau/darlithiau ymchwil yn flynyddol yn Port Sunlight. A gyda llaw, o blith y siaradwyr rhyngwladol, amlwg a niferus, wahoddwyd – gan yr Adran Gemeg er enghraifft – i annerch a darlithio yn Aberystwyth yn ystod blynyddoedd 1969-1978, tystia John fod darlith Roald Hoffman, y bardd-wyddonydd, fel Darlithydd gwâdd Canmlwyddiant yr Adran Gemeg, yn un fyth-gofiadwy! Fyth oddi ar hynny bu edmygedd y naill o waith ysgrifenedig a llafar y llall yn un cywir.

Crwydro

Yn unol â'i arfer, gan ymateb i lif o wahoddiadau cyson, crwydrai John y gwledydd i ddarlithio. Mynd i Philadelphia yn 1970, er enghraifft, ynghyd â Santa Barbara, California. Cwrdd ag Ahmed Zewail, Mostafa El Sayed, Jan van der Waaals a Gil Sloan. A Gil Sloan yntau, wedyn, yn cymryd sabothol yn Aberystwyth yn 1973.

Yna'r Sabothol tri mis hwnnw gafodd John ei hun yn Labordai Ymchwil yr IBM yn San Jose, California, trwy gyd-weithrediad Don Burland. Yno, fel y nodwyd eisoes, cyfarfu â Colin Fyfe (*ex* Dundee), a chyd-weithio ar arbrawf parthed y mwyn *'hectorite'*. Arbrawf buddiol.

Yn 1973 hefyd, gwahoddwyd John gan Adli Bishay, o Brifysgol America yng Nghairo, i fynd yno fel Athro Gwâdd ac i gyflwyno un ar hugain o ddarlithiau. A'r amserlen: tair darlith yr wythnos am saith wythnos, a hynny'n gyfnewid am wythnos gyfan o wyliau ar long! Ie, ar long ar yr Afon Nîl yn yr Aifft Ucha'. Onid yn y Tymbl Ucha' y'i cyfareddwyd gyntaf gan hanes yr Aifft a'r Nîl, a hynny gan Bessie Jenkins, Llwyngwern – perthynas agos i'r Parchedigion Idris, Emlyn, a Howell Jenkins – athrawes Ysgol Sul nodedig John yn festri Capel Bethania. Bu Margaret, a'r merched – Lisa a Naomi – a John yn byw am y saith wythnos yn Mahdi ar y ffin â dinas enfawr Cairo. Bu'r trefniant hynod uchod yn brofiad diwylliannol i'w gofio iddynt fel teulu cyfan.

Ond yn wyddonol, yn ogystal, bu'n werthfawr gan i John, nid yn unig gael cyfle i gymdeithasu a rhannu syniadau gyda phobl ifanc abl – Jehane Ragai, Darlithyddd Cynorthwyol mewn Cemeg ym Mhrifysgol Cairo, yn arbennig felly – ond hefyd i feithrin ei ddiddordeb awchus yng nghemeg a ffiseg gwydrau, a hanes cyffrous yr hen Aifft.

Cymdeithas Rhydyfelin ac Aberystwyth

Pa mor gyffrous bynnag oedd yr Aifft a mannau amlwg eraill, a pha mor bell bynnag, a pha mor fynych hefyd y crwydrai John, doedd *'unman yn debyg i gartre'*. A hynny, yng nghwmni ei deulu hoff, ei gymdogion a'i gyfeillion da, a thre Aberystwyth hithau â'i chwmpasoedd dengar.

A bod yn fanwl, ym mhentre' gwledig Rhydyfelin, milltir neu ddwy tu fa's i'r dre' y lleolid cartre'r drindod ddedwydd – Margaret, Lisa fach flwydd oed, ac yntau. Yn 1971, ganwyd

Naomi a'i thad.

Margaret, Lisa a Naomi (yn y canol) – ar siwrne drên.

Y Parchedig Jonathan Thomas, Seion (Stryd y Popty), Aberystwyth, a theulu'r Ysgol Sul. Margaret, un o'r athrawon, sy' tu cefn iddo gyda phriod Jonathan i'r chwith iddi. Dan Lyn (James) ac Elisabeth, ei briod ymhlith y caredigion brwd. Lisa yw'r 7fed o'r chwith yn y rhes flaen.

Elen Naomi Fflur. Nid syndod, 'chwaith, y dewis o'r enw canol i'w hail blentyn! Bu'r iaith Hebraeg, ymhlith ieithoedd Semitaidd eraill, yn gwbl ganolog yng ngyrfa addysgol lwyddiannus Margaret, a Llyfr Ruth yn yr Hen Destament Hebraeg, mae'n siŵr, oedd un o'i meysydd llafur cyntaf. A hanes Naomi hithau, fel ei henw a'i arwyddocâd – *'melyster'* – yn denu. Yr oedd gan John a Margaret, bellach ddwy ferch, a'r pedwarawd mewn cynghanedd. Nid rhyfedd i John ddisgrifio'r blynyddoedd hynny, fel: '. . . *rhai hapus odiaeth'*. Nid syndod, 'chwaith, yw deall iddo wrthod gwahoddiadau i gymryd swydd fel Athro yn Lerpwl, Birmingham, Manceinion, Caeredin a Llundain. Na, roedd dedwyddwch a llawnder y bywyd teuluol a chymdeithasol, ynghyd â hyfrydwch yr amgylchoedd dengar yn gafael. 'A gwylio adar', chwedl yntau, 'yn ogoneddus'.[19]

'Roedd lleoliad y Coleg ei hun wedyn, ac arfordir Ceredigion a'i golygfeydd amrywiol, mae'n siŵr, yn wefr ysbrydoledig. Yn gymaint felly fel bod y bardd ynddo, mae'n siŵr, yn seinio'n barhaus yn y cof rhyfeddol hwnnw linellau T. Rowland Hughes:

> 'Pe bawn i yn artist, mi dynnwn lun
> Ryfeddod y machlud dros Benrhyn Llŷn . . .'[20]

Ie, bu cymwynasgarwch heulog cynifer o garedigion Rhydyfelin ac Aberystwyth, ynghyd â'r cwmpasoedd hyfryd, yn allweddol i'w dedwyddwch fel teulu. Fel trindod i ddechrau, wrth gwrs. Felly'n union oedd profiad deuawd arall – nid un cwbl ddieithr i John, 'chwaith. Dyma atgofion y cyd-ysgolheigion Walford Davies, o Bontyberem a'i briod, Hazel, o Fancffosfelen, 'drws nesa', fel petai:

> *'Wedi i ni symud i Aberystwyth o Rydychen gwahoddwyd ni i de yn Hydref 1969 gan ein cymdogion newydd, yr Athro Mansel Davies – cydweithiwr John yn yr Adran Gemeg yr oedd John newydd ddod yn bennaeth arni – a'i wraig Rhiannon. Y gwesteion eraill oedd John a Margaret a'u merch fach Lisa. Dros y te hwnnw seliwyd ein cyfeillgarwch. Roedd yno eisoes sawl dolen gyswllt – Cwm Gwendraeth, Ysgol y Gwendraeth, hiwmor y De, Capel Annibynwyr Baker Street yn y dre, a diddordeb y gwyddonydd disglair hwn mewn llenyddiaeth, a barddoniaeth yn arbennig.*
>
> *Difyr o'r cychwyn oedd ei ddawn i ddenu diddordeb cwmni ar draws y ffin rhwng y Gwyddorau a'r Celfyddydau. Wedi'r te, i gyfeiliant telyn Rhiannon, canodd John 'Myfanwy' yn y ffordd fwyaf ogleisiol-operatig. Cofiwn yn dda ymateb Margaret: "Gadewch eich nonsens, John!"'*[21]

* * *

'Cofiwn hefyd barti yn 'Rhos-y-Corn' gyferbyn â'n cartref ni yn Ffordd Ddewi yn Aberystwyth – un o bartïon Nadolig blynyddol Athro Emeritws y Gyfraith, Llywelfryn Davies a'i wraig Mary.

Roedd Syr T. H. Parry-Williams yn frawd-yng-nghyfraith i Mary (a godwyd, fel ei chwaer, y Fonesig Amy, ym Mhontyberem), ac yn westai cyson. Rhyfedd meddwl nawr fod y bardd a'r ysgolhaig mawr yn ddyn bach o gorff, ac eto'n llond y lle bob tro. John yn sôn wrtho am y llwynogod ar gaeau Rhydyfelin, a Walford yn holi'r bardd o Ryd-ddu ynghylch ei farddoniaeth. Ac wedyn yn sydyn John (yn croesi ffin unwaith eto) yn gofyn i'r bardd adrodd llinellau cyntaf cerdd ei gefnder R. Williams Parry i'r llwynog, a T. H. Parry-Williams yn gwneud mwy na'r gofyn ac yn adrodd y

Y Parchedig Jonathan Thomas yng nghanol plant a phobl ifanc ei eglwys ar Achlysur Dathlu'r Canmlwyddiant. (1978) Lisa, i'r chwith eitha' yn rhes y Bugail. Naomi – chwith eitha yn yr ail res o'r blaen. Yn y llun hefyd – pump o ferched Dr Glyn a Dr Ann Rhys – sef Rhian, Catrin, Mared, Ceril a Ffion. A Jason a Damian Walford Davies. Enwyd plant oedd yn ffrindiau agos i Lisa a Naomi.

Ysbaid fach i Helen a Dafydd, Lisa a Naomi ar fryn uwchlaw Rhydyfelin. Cartre'r Tomosiaid, 'Bron-y-Glyn', yw'r tŷ gwyn ym mlaen canol y llun.

soned yn ei chrynswth – a John yn dweud mai dyna'r wledd orau a gafodd erioed.'

*   *   *

'Yr un yw'r deyrnged sydd i'w thalu i John ei hun. Mae'n berson sy'n ymateb i bobun a phopeth – yn awdurdodol ond yn urddasol, heb ystyried neb na dim yn ddiddim.'[22]

Nid oedd rhai tebyg i Hazel a Walford, yn eu hanian a'u hwyl, yn brin yn Aber a'r cylch, 'chwaith, fel y nodwyd. Roedd gan Margaret a John hwythau, ym mhentref Rhydyfelin, gymdogion ardderchog. Pauline a James (Hamish) Munro, er enghraifft. Y naill o Aberhosan, ym Maldwyn fwyn, a'r llall o'r Alban. A'u plant hwythau – Helen, Stuart, a Dafydd. Cymdogion ddaethai'n gyfeillion mynwesol o fewn fawr o dro.

Gydag amser, byddai Pauline a Margaret yn mynd â'r plant i'r Ysgol Gymraeg yn Aberystwyth bob bore, ond ambell dro, John fyddai'n eu cludo yn ei gar. Ac am siwrne, ac am hwyl. Canu bob cam. Dangoseg eto o anian a dawn John, a hynny ers yn gynnar iawn, i feithrin perthynas gyfeillgar â phlant, er mwyn eu dysgu. D'wedaf innau hynny – o brofiad.

Tystio i hyn yn union wna Walford a Hazel hwythau eto:

'Wedi inni, gydag efeilliaid wyth mis oed, ddychwelyd i Rydychen yn Hydref 1971, bu John yn ymwelydd cyson â'n cartref yn Park Town yn Rhydychen. Ymhen ychydig, amhosib oedd cael ein bechgyn, Jason a Damian, i'r gwely pan fyddai 'Wncwl John' yn ymweld ar ôl treulio diwrnod yn cynadledda neu yn ymweld â labordai Cemegol y Brifysgol. Rhaid oedd i'r bechgyn gael stori ar ôl stori ganddo am anifeiliad gwyllt, adar a nythod. Eu hoff stori oedd yr un a adroddai John gydag arddeliad am yr eryr enfawr oedd yn nythu uwch y bryn ger ei gartref yn Rhydyfelin ger Aberystwyth. Byddai'r stori'n gorffen bob tro gyda'r addewid y

O'r chwith: Dafydd, Stuart, Naomi a Lisa. Helen yn y cefn.

Lisa, Dafydd, Naomi a Helen.

byddai 'Wncwl John yn mynd â chi i weld y nyth – ond rhaid i chi beidio â sôn am hyn wrth neb!'[23]

Na, nid *'rhyfeddod y machlud dros Benrhyn Llŷn'* draw ymhell, yn unig bellach, ond rhyfeddodau Rhydyfelin wrth law bob dydd. A hawdd dychmygu'r pump, wedi gwersi canu siwrneiau'r ysgol, yn canu wrth chwarae'n yr ardd gefn, neu i lawr wrth yr afon, ac yn hedfan eu barcudau ar Ben Dinas, neu'n mynd ar eu beiciau i bobman. Yna'r mwynhad i'r deg namyn un wrth gael picnic yng Nghoed Allt-Fedw'r Trawsgoed.[24]

Os oedd lleoliad eu cartref yn Rhydyfelin yn ogoneddus, a lleoliad y Coleg felly hefyd, nid anghyfleus o gwbl, a dweud y lleiaf, ydoedd yr Adran Gemeg ar y Buarth, 'chwaith. A theulu arall, cyfeillgar eu hanian, oedd yn byw 'drws nesa' fel petai, i'r Adran, sef teulu John ac Ina Tudno Williams a'u plant, Haf a Tomos.

Meddai John Tudno:

> '. . . yn wir, drwy'r plant y daethom i adnabod ein gilydd. Roedd Lisa a Haf yn yr un dosbarth yn yr Ysgol Gymraeg yn Aberystwyth, ac yn fuan wedyn tynnwyd Naomi a Tomos i mewn i greu pedwarawd hapus. Dyma ni'r rhieni yn dod i ymuno yn y gwmnïaeth deuluol hwyliog, a daeth ein cartref ni gerllaw'r Adran Gemeg yn fan aros hwylus i droi i mewn iddo ar derfyn gorchwylion dydd. Felly y datblygodd y cwlwm clos rhyngom fel teuluoedd a barhaodd dros y blynyddoedd, hyd yn oed wedi i'r teulu ymadael am Gaergrawnt. Yn Aberystwyth hefyd y dechreuodd y mynych seiadu ar bob pwnc dan haul a'r sgwrsio afieithus o bob tu.'[25]

Mae'n gwbl sicr fod mwy nag un o'r *'pedwarawd hapus'* hwnnw y cyfeiria Dr John Tudno ato uchod, ymhlith y rhai yr oedd Margaret wedi siarsio'i phriod i'w casglu yn ei gar, yn dilyn oriau ysgol, un diwrnod, a hynny ar gyfer parti pen-blwydd eu merch, Lisa, yn saith oed yn 1975. Mae'n ddigon posib, meddai Naomi, fod ei thad ychydig funudau'n hwyr, ac ar frys, ac yn awyddus i'w cael adre' gynted â bo modd, gan y byddai Margaret, eu mam, â gwledd yn eu disgwyl. Ond yn y rhuthr, anghofiodd John gasglu Naomi, ac wedi cyrraedd adref â'r llwyth plant, mewn braw, a chydag awgrym o gerydd yn ei llais, o bosib, holodd Margaret: *'Ble ma' Naomi?'* *'Mae'n dda,'* eglurodd Naomi'n ddireidus wedyn, *'nad oedd yr ysgol a'n cartre mor bell a hynny oddi wrth ei gilydd.'*[26] Mewn chwinciad megis, roedd hithau hefyd wedi ymuno yn hwyl parti'i chwaer fawr.

Anfynych, os o gwbl y cysylltwn John, o bawb, ag anghofrwydd! I'r gwrthwyneb yn llwyr – fel y tystia John D. Roberts ac Ahmed H. Zewail, dau o'i ffrindiau da yntau, er enghraifft. Meddai'r naill:

'Gwyddoniadurwr ar ddwy goes yw John.'[27]

A'r llall:

"*Mae John yn Feistr fel gwyddonydd, fel ffrind, ac fel cyfathrebwr; ond y mae ganddo bedwerydd deimensiwn: cof anhygoel; ac . . . [heb gyfieithu ei eiriau clo] . . .* **'a mental hard disk with unlimited storage capacity! In his presence one feels a brain memory of kilobytes while his is gigabytes, and more'**."[28]

Ac mae'r dystiolaeth yn unfrydol.

Ym 1977: Anrhydeddu John yn Gymrawd o'r Gymdeithas Frenhinol (FRS). Yn llawen i hyn ddigwydd fel canlyniad i'w waith arloesol ym Mhrifysgol Cymru.

Doniau Margaret

Yn ystod eu cyfnod fel teulu yn Aberystwyth, mynnodd Margaret drosglwyddo'r hyn a dderbyniodd hi gan ei rhieni yn Llangennech, i'w phlant Lisa a Naomi. Yn gerddorol, er enghraifft; a hwythau'n cofio'n fyw eu hathrawes biano, *'Yr egsotig Mrs Watkins'*,[29] chwedl hwythau. Ond yng nghanol ei holl ofalon amrywiol, mynnodd Margaret yn bersonol barhau â'i hastudiaethau academaidd, yn ogystal, gan ddechrau ar Faes Ymchwil o dan gyfarwyddyd golau yr Athro Cyril G. Williams, arbenigwr ar Grefyddau'r Byd. Gŵr o

Bont-iets oedd Cyril, a chyn-ddisgybl, fel John Meurig, yn Ysgol y Gwendraeth. Yn wir, dechreuodd ei yrfa yn yr un flwyddyn ag y ganwyd John yn y pentre drws nesa' – Pont-henri, sef 1932. Edrydd Cyril amdanynt – ef a'i ffrindiau 11 oed – yn mynd ar drên bach Cwm-mawr i Ysgol Ramadeg y Gwendraeth:

> *'Wrth ddringo'r cwm a mynd heibio'r glofeydd o un i un, syllem ninnau ar y lluniau ar y pared gyferbyn â ni: Weston-Super-Mare, Torquay, Paignton. Ond perthyn i fyd hud a lledrith a wnâi'r mannau hynny, nid oeddynt ar yr un ddaear â phentrefi'r Pontydd – Pont-iets, Pont-henri, Pontyberem.*
>
> *Weithiau daliem drên cynnar adre', a byddai coliers arno. Ninne'n rhai prowd o fod yn yr Ysgol Ramadeg, a hwythe'n tynnu co's ac yn rhoi'r ebolion yn eu lle ar yr un pryd.*
>
> *"Beth ddysgest ti sha'r ysgol 'na heddi?" "Ateb gwestiwn bach syml i fi nawr te – beth yw 'brown' yn Gwmrag?" "Wyt ti ddim yn gwbod? – fachan, a tithe yn Ysgol Fowr Cwm-mowr!"'*[29]

Doedd dim llawer na wyddai Cyril amdano yn ei faes eang, a buan y datblygodd perthynas glos, nid yn unig rhwng Margaret a'i Chyfarwyddwr – a hynny yn dwyn ffrwyth pan lwyddodd hi i gyflwyno'i gwaith gorffenedig ar gyfer gradd M.A., a'i hennill hefyd yn 1984 *(gweler Pennod 5)* – ond rhyngddynt hefyd fel dau deulu. Un o gyn-ddisgyblion Ysgol y Gwendraeth oedd Irene, priod Cyril.

Yn Seion, Stryd y Popty – neu *'Capel Baker St.'*, fel yr adwaenid ef yn gyffredin bryd hynny, achos yr Annibynwyr Cymraeg yn nhref Aberystwyth yr addolai'r teulu, ac mae gan Lisa a Naomi atgofion hyfryd o'u cyswllt clos â'r capel yno. Cofio'r arfer o 'ddweud adnod', er enghraifft, ac ambell un yn ryfeddach na'i gilydd. *'Trên bach y Rheidol'* gafwyd un bore; a wir, ar fore arall, wedi prynu *'polo mints'*, lluniodd Lisa fach linell drawiadol: *'Bobo bolo i bobl y byd'*. Ond ni chofia iddi gael cymeradwyaeth fawr gan ei thad amdani! Ie, cysylltiadau. Ac â neb yn fwy na'r gweinidog cyfeillgar, y Parchedig Jonathan Thomas a'i briod, ac â phlant yr Ysgol Sul – yn arbennig plant Dr Glyn a Dr Ann Rhys, a meibion Dr Walford a Dr Hazel Davies, ac â'r athrawon.

Yn y Saith-Degau Golygydd cyfres o Werslyfrau'r Ysgol Sul – rhai i'r athrawon a'r disgyblion – oedd Dan Lyn James, un o ffyddloniaid brwd Seion. Cynorthwywyd Eirlys Jones, Caerfyrddin ac Elisabeth James,[30] Aberystwyth, priod y golygydd, awduron yr ail gyfrol yn y gyfres, gan Margaret Thomas, Rhydyfelin. Hi luniodd: *Thema 3: 'Rheolau'*, a chydnabuwyd ei chymwynas a llawer 'awgrym gwerthfawr' o'i heiddo gan y Golygydd yn ei Ragair.

I ddechrau ceir rhagarweiniad i'r Athrawon Ysgol Sul o dan dri phenawd: *Cyflwyno'r thema, Seiliau Beiblaidd ac Addoliad byr*. Yna rhennir y thema'n bedair rhan: *(i) Rheolau Chwarae a Rheolau Diogelwch ar y Stryd; (ii) Rheolau'r Cartref; (iii) Rheolau yn yr Ysgol; (iv) Y Rheol Aur*, gydag arweiniad llawn ac amrywiol i'r Athro yn ogystal ag i'r Plant. A'r cyfan yn fywiog, yn llawn dychymyg a dyfeisgarwch. Yn ddiamau, gwersi i'w dysgu a'u cofio.

A Margaret hefyd oedd cyd-awdur (gydag Elisabeth James) *Llyfr Gwaith (2) i blant 5-8 oed: Tyfu yn yr Eglwys, Llyfr Gweithgarwch (2)*, ym Medi 1977, a'r *Llyfr i'r Athro*, yn ogystal. Nid syndod o gwbl deall am weithgarwch a ffyddlondeb Margaret. Cafodd hithau ei thrwytho'n ifanc gan rieni gweithgar a ffyddlon, ynghyd â charedigion y Ffydd, yn weinidogion a diaconiaid ac athrawon Ysgol Sul, pan oedd hithau'n ferch fach, ac yn ferch ifanc ym Methesda, Llangennech.

A chadarnhau hyn wna atgof fyw arall gan Dr Walford Davies:

> '*Daethom yn ôl* (o Rydychen) *i Aberystwyth yn 1976, a bu Margaret a Hazel yn aelodau ffyddlon o ddosbarth Ysgol Sul yr hynaws Lyndon Lloyd, yn Seion. Addysg Grefyddol oedd pwnc Margaret fel Athrawes, a byddai hi a Hazel yn paratoi'n lled fanwl at y dosbarth. Bob prynhawn Sul, wrth i Margaret ollwng John o'r car wrth Adran Gemeg y Brifysgol ar y Buarth, byddai John yn mentro dweud yn dawel wrth y 'merched': "Peidiwch â dadlau â Lyndon heddi, **plîs**!"*
>
> *Un Sul penderfynodd y ddwy i beidio ag yngan gair yn y Dosbarth, ond rhyw esgus gytuno â phob dim dd'wedai Lyndon. Ond y syndod oedd gweld siom Lyndon o golli gwefr dadl. Credwn i John ac ef rhyngddynt 'setlo'r mater' y Sul canlynol, a chafodd*

Margaret a Hazel rwydd hynt, wedi hynny, i wrthsefyll y tueddiad i gymryd y Beibl yn 'llythrennol wir'.'[31]

John, Y Cymrawd!

O wythnos i wythnos, tra oedd y merched – iau a hŷn – yn yr Ysgol Sul, roedd John yn ôl ei arfer, wrth ei waith – naill ai yn Aberystwyth neu ar draws y cyfandiroedd. A ffrwyth swmpus y llafur naill ai'n cael ei gyflwyno ar lafar mewn darlithiau, neu'n ysgrifenedig mewn ysgrifau lluosog i bapurau neu gylchgronau, llyfrynnau neu lyfrau. A bu hynny'n ddisgyblaeth oes – ac mae'n parhau'n hirfaith a ffrwythlon i'w ryfeddu.

Roedd pedwar Cymrawd o'r Sefydliad Brenhinol yng Ngholeg y Brifysgol, Aberystwyth yng nghyfnod John yno. Rhif arbennig i Goleg o'i faint. Ac ychwanegwyd at y rhif hwnnw ym mis Mawrth, 1977, pan anrhydeddwyd John Meurig Thomas â'r *FRS*. Nid yn unig balchder i'r Coleg ei hun, a'n cenedl, ac i lu o gydweithwyr a chyfeillion, ond yn arbennig i John. A John yntau mor llawen iddo dderbyn yr anrhydedd ar sail ei waith ym Mhrifysgol Cymru.

Ond bu sibrydion yn y gwynt ers peth amser fod Prifysgol arall – sef Caergrawnt â'i llygad arno ers peth amser. Ac yn

Margaret, Lisa, Naomi a John cyn symud i wlad arall!

union wedi derbyn yr *FRS*, cyrhaeddodd y gwahoddiad iddo fod yn Athro Cemeg Ffisegol yn Nwyrain Lloegr.

Am newid! Yn naturiol, bu gwewyr – o sawl tu. Ac *mewn* sawl tŷ hefyd. Ond, er gwrthod gwahoddiadau niferus i symud o Aberystwyth i Brifysgolion eraill, yn Lloegr a'r Alban, ni allai, er yr holl oblygiadau – a'r rhai teuluol, yn arbennig – ddweud *'NA'* y tro hwn!

Nodiadau

1. *'Turning Points in Solid State, Materials and Surface Science'*, RSC Publishing, 2008, Pen. 1, t. 6.
2. Gweler hefyd: Teyrnged Goffa: *The Independent*, Ionawr 17, 1995.
3. Ibid.
4. *Y Gwyddonydd* (Gol. Glyn O. Phillips), Cyf. 29. Rhif 3, Gwanwyn 1992.
5. Ibid.
6. Ibid.
7. *Y Gwyddonydd* (Gol. Glyn O. Phillips), Cyf. 30, Gwanwyn 1993, t. 58.
8. *Y Gwyddonydd*, Cyf. 29, Gwanwyn 1992.
9. Rhaglen Deledu, HTV, Geraint Stanley Jones.
10. Atgofion JMT.
11. *'Turning Points . . .' RSC*, t.t. 368-371.
12. Teyrnged JMT i Syr Goronwy Daniel, Mai 16, 2003.
13. Ibid.
14. Ibid.
15. Atgof gan Dr Alun Price, Aberystwyth.
16. *Y Gwyddonydd*, Cyf. 29, Rhif 3, Gwanwyn 1992 17. 'T.P'. t. 866.
18. Ibid. tt. 802-810.
19. Atgofion personol – mewn cyfweliadau i Bapurau Newydd ac ar y Cyfryngau.*
20. T. Rowland Hughes, *'Cân neu Ddwy'* (1948).
21. Atgofion Dr Walford a Dr Hazel Walford Davies, Mehefin 2012.
22. Ibid.
23. Atgofion Dr Hamish a Pauline Monroe.
24. Atgofion Dr John Tudno Williams.
25. Atgofion Lisa a Naomi, plant Margaret a John.
26. 'Turning Points', t. 8.
27. Ibid. tt. 856-857.
28. Atgofion Lisa a Naomi.
29. *Atgof Dr Cyril G. Williams: Gwendraeth 1925-75,* Christopher Davies, Abertawe, 1975 (Golygydd: T. W. Pearce).
30. Trwy gymwynasau grasol (gyda'r troad) Elisabeth Lloyd James.
31. Atgof Dr Walford Davies.

Pennod 5

Caergrawnt
(1978-1986)

Am Newid!
Cyfnod llawn a llawen, ac un llwyddiannus hefyd fel y gwelsom, fu cyfnod John Meurig Thomas yn Aberystwyth. Ac Adran Gemeg Coleg y Brifysgol yno, o dan ei arweiniad, yn ennyn sylw ac edmygedd, ac yn denu gwyddonwyr o bob rhan o'r byd. Nodwyd eisoes hefyd i lawer Prifysgol mewn gweledydd eraill geisio'i ddenu yntau iddynt fel Athro. Ond roedd cael gwahoddiad o Gaergrawnt, o bobman, yn wahanol! Nid John, sylwer, geisiodd am y swydd fel olynydd i Jack Linnett fel Pennaeth yr Adran Gemeg Ffisegol yno, ac ni bu'n hawdd ildio i dderbyn yr anrhydedd. Oni ddeuai arwyddair Ysgol y Gwendraeth: *'Ymhob braint y mae dyletswydd'* i'w feddwl yn fynych? Yn wir, cyffesai'n ddidwyll i'w wewyr personol. Ofnai y byddai'n 'boddi' yng nghanol cynifer o bobl eithriadol eu gallu, ac yn y môr hwnnw o Seisnigrwydd fyddai'n eu hamgylchu mewn dinas o'r fath. A fyddent fel teulu, a'r plant yn arbennig felly, yn medru ymgartrefu yno? Wedi'r cwbl, naw oed oedd Lisa, a Naomi ond yn saith. Ond i ail-adrodd, ni allai John ddweud 'na' y tro hwn, a theimlai Margaret hithau reidrwydd, ie rheidrwydd cariad, i'w gefnogi ymhob modd, ac yn y fenter hon yn arbennig. Dyma drobwynt trawiadol yn eu pererindod deuluol. Yng ngyrfa John, yn neilltuol felly.

Ar Ebrill 1 – dyna'r union ddyddiad – yn y flwyddyn 1978, dechreuodd John ei waith yn Nwyrain Lloegr. A byddai ef, o bawb, yn gwbl hysbys yn hanes a thraddodiadau cyfoethog Dinas

Caergrawnt (1978-1986)

Caergrawnt.

Caergrawnt, ynghyd â'i Phrifysgol a'i Cholegau amrywiol. Ie, dinas hynafol a gwahanol, a cholegau felly hefyd. Fel y cysylltwn Goleg hynaf Caergrawnt, Peterhouse, â John Penri, y Cymro o Gefn Brith, Sir Frycheiniog, a'r cyntaf o Annibynwyr Cymru, felly y cysylltwn ninnau yr un Peterhouse bellach, â John Meurig Thomas, o Gwm Gwendraeth, Sir Gaerfyrddin ac o Eglwys Bethania'r Annibynwyr yn y Tymbl. Ond cyn y cyswllt uniongyrchol a chreadigol hwnnw â Choleg Peterhouse – o 1993 hyd heddiw – roedd her cerrig milltir pwysig eraill i'w hwynebu.

Nid dinas cwbl ddieithr ydoedd Caergrawnt iddo, wrth reswm. Bu, er enghraifft, yn darlithio yn Adran Feteleg y Brifysgol ym mis Mawrth 1974. Cofiai rai o argraffiadau'r diwrnod hwnnw, yn arbennig y rhai wrth gerdded i fyny o'r *'Backs'* tuag at Goleg y Brenin; a'r fath harddwch yn ei syfrdanu. Ond o fod bellach yn byw yng Nghaergrawnt o bobman, a'r fraint o fod yng Nghadair Cemeg Ffisegol ei Phrifysgol, gan ddilyn yno rai fel Rutherford a

Newton ac ati, sut yn y byd oedd bod yn deilwng o'r fath olyniaeth a'i safonau?

Cofiai'n fyw wedyn, siwrne drên i Gaergrawnt ryw ddiwrnod, ac yntau'n lled-ddyfalu'n freuddwydiol beth fedrai ef ei gyflawni yno. Rhyw bethau, d'weder, fyddai o les i fywyd ac o fudd i'r ddynolryw. Ambell beth fyddai'n ennyn chwilfrydedd eraill, ac o bosib, yn tynnu sylw byd-eang. Neu, o leiaf, gyflawni rhyw bethau na fyddai'n hawdd eu llwyr anwybyddu.

'Deuparth gwaith, ei ddechrau'

Cyffesa i'r pum mlynedd cynta' fel Pennaeth Cemeg Ffisegol yno fod y rhai prysuraf yn ei fywyd. Ni bu'r misoedd cyntaf hwythau 'chwaith, heb eu prysurdeb.

Wynebodd ofynion niferus am nad oedd yr Adran Gemeg Ffisegol mae'n debyg, wedi'i harwain mor effeithiol â hynny. Roedd Jack Linett, a ddaethai'n Bennaeth Coleg Sydney Sussex yng Nghaergrawnt yn ŵr-bonheddig ardderchog, meddai John, ond yn tueddu i gael ei gaethiwo gan alwadau gweinyddol.

Yna'r gofynion arnynt fel teulu, wrth reswm, a hwythau 'ymhell o dre'. Cyd-destun newydd sbon i Margaret a'r plant, Lisa a Naomi. Cartref newydd mewn cymdogaeth ddieithr. Roedd gofyn gwneud gwaith go fawr hefyd ar y tŷ y symudwyd iddo, tu fewn iddo, a'r tu fas lle roedd gardd enfawr. Ond bu cymorth ffrindiau, ynghyd â'u diwydrwydd hwy fel teulu – a chwaeth Margaret yn arbennig felly – yn fodd i weddnewid pethau. A Lisa a Naomi hyd heddi yn ymhyfrydu yn eu cartref hardd.

Ond beth am yr ysgol? Byd arall, wrth gwrs, o'i gymharu ag un Ysgol Gymraeg Aberystwyth. Llawer mwy ffurfiol gyda rheolau o bob math. Roedd angen dau bâr o sgidie – rhai tu fewn a tu fa's, er enghraifft; a dim tamed o Gymraeg!

Meddai Naomi:

'Ni siaradwn air o Saesneg pan gyrhaeddais Caergrawnt, a bu'n rhaid imi sefyll arholiad mynediad i Ysgol Perse, Caergrawnt, yn y Gymraeg. Ond daethpwyd o hyd i gyfieithydd. Ac ni bu problem!' [1]

Ond wrth gwrs, bu'n rhaid i Naomi hithau ddysgu Saesneg yn bur gyflym er mwyn ymdoddi ymhlith ffrindiau mewn ysgol a bywyd bob dydd. A pharthed iaith, fe gafodd Lisa hithau brofiad nid annhebyg i un ei thad yn Ysgol Llechyfedach gynt. Yn ddeg oed gofynnwyd iddi ddarllen un o gerddi Thomas Hardy yn gyhoeddus, a chofia hyd heddiw holl blant eu dosbarth yn chwerthin yn wawdlyd wrth iddi fethu yngan yn gywir y ddeuair *'trough'* a *'bough'*.[2]

Cymdeithas Cymry Cymraeg

Yn ddiau, bu'r 'ynys' o Gymreictod oedd eisoes yng Nghaergrawnt yn allweddol. Ac yn naturiol, yn yr Oedfa Gymraeg wythnosol ar y Sul, a'r Gymdeithas Gymraeg fisol – Cymdeithas y Mabinogi – y meithrinwyd yr 'ynys' honno. Yn y naill a'r llall, ymhlith eraill, roedd eneidiau hoff cytûn fel George Guest, y cerddor, a Dyfrig Jones, y gwyddonydd, a'i briod yntau, Elenid, nith yr ysgolhaig mawr Griffith John Williams, yn gwbl allweddol.[3] A chylch felly o Gymry-Cymraeg gloyw yn hybu cyfnod newydd teulu'r Tomosiaid. Ac, yn eu tro, hwythau â'u doniau a'u daioni fel pedwarawd yn hybu'r oedfeuon Cymraeg a'r Gymdeithas Gymraeg hithau. Ie, Margaret a John, gartre' fel oddi cartre', yn driw i'r graig y'u naddwyd ohoni.

Un fu'n aelod ffyddlon o'r Gymdeithas Gymraeg a sefydlwyd yn y Tri Degau, oedd y gwyddonydd goleuedig, Emyr Alun Moelwyn-Hughes o Aberteifi, mab y gweinidog a'r emynydd, y Parchedig Ddr J. G. Moelwyn-Hughes. Bu farw ar Fedi 10, 1978 ac ysgrifennwyd teyrnged arbennig iddo gan John yn y cylchgrawn safonol *Nature*.[4] Mae John yn deyrngedwr heb ei ail, ac ysgrifenna, fel y llefara, mewn modd hudol. Ac nid annhebyg oedd doniau E.A. M-H. yntau fel y tanlinella John:

> *'Moelwyn-Hughes wrote about his chemistry with the consummate skill of the accomplished creative artist. He had the innate feeling for the right turn of phrase. On listening to him, or reading his work, one was impressed by the freshness of his metaphors,*

which were invariably newly minted. And he obviously relished the act of regulating the rhythm of his sentences. His physical chemistry was described with the right words in the right order. Some of the gems that consitute part of his legacy trip off the tongue:

> *"Energy among molecules is like money among men; the rich are few, the poor numerous."*
>
> *"Belief in the essential simplicity of things is one of the chemist's articles of faith."*

And consider his discussion of the self-evident fact that the liquid state of matter is intermediate between the solid and gaseous states:

> *"Like a central party in politics, or a moderate denomination in religion, the liquid state is less rigorously defined and more difficult to understand than either of the extremes that flank it."*

His coruscating, if sometimes caustic, wit was much enjoyed (and occasionally feared) as was his superb storytelling gift ...

His illness was prolonged: for many years he was struck with immobility and incapacity. During that time he uttered not a syllable of complaint; and throughout he was nursed with profound care and affection by his devoted wife Mair, who, along with his twin sons Edmwnd and Rolant, survive him.'

'Cledd â min yw colli mam'

O fewn pum diwrnod i farwolaeth y gwyddonydd uchod, ar Fedi 15, Medi 1978 bu farw, Edyth Thomas, 'Frondeg', 33, Llwynifan, mam John Meurig Thomas, a'i frawd Gerwyn, a'i chwiorydd Jean, Christine a'r ddiweddar Margaret, yn 84 mlwydd oed. Bu cariad a gofal y drindod hoff – Jean, Alwyn a Cenwyn (Edwards) – ohoni, am yn agos i chwarter canrif, yn

Jean (chwaer John) a'i phriod, Alwyn Edwards.

rhyfeddol. Rhyfeddol ras. Cynhaliwyd ei harwyl ar Fedi 19, ym Methania, Tymbl Ucha', a'r gwasanaeth yng ngofal y Parchedigion Kenneth S. Morgan, D. J. Thomas a Maurice Loader.

Darlith Radio / Crynodeb llawn[5]
Ymhen deufis i'r diwrnod trist uchod cyflwynodd John Meurig Thomas yntau Ddarlith Radio Flynyddol BBC Cymru. Tachwedd 21, 1978 oedd y dyddiad – union ddeugain mlynedd ers traddodi'r gyntaf yn y gyfres nodedig hon yn 1938. John gyflwynodd y degfed ddarlith ar hugain! (Gyda llaw, ni fu darlithiau ym mlynyddoedd 1940-1950). Yn naturiol, teimlai John hi'n fraint aruthrol i olynu rhestr o ddarlithwyr nodedig, yn

"Yr hyn a allodd hon, hi a'i gwnaeth"

✝

ER COF ANNWYL
AM
Edyth Thomas
"Frondeg", 33, Llwynifan, Llangennech

Bu farw Medi 15, 1978
yn 84 mlwydd oed

Cleddir ym mynwent Bethania,
Tymbl Uchaf
Dydd Mawrth Medi 19, 1978

Y Gwasanaeth yng ngofal y Parchedigion
Kenneth S. Morgan, D. J. Thomas
Maurice Loader

Wyneb-Ddalen y Daflen Angladd.

Carreg Fedd rhieni John a'i chwaer fach, Margaret.

cynnwys, er enghraifft, rhai fel Dr W. J. Gruffydd, Syr D. Emrys Evans, Syr Ifor Williams, Syr T. H. Parry-Williams, Griffith John Williams, Merfyn Turner, Aneirin Talfan Davies a Glanmor Williams. Ac, wrth gwrs, y ddarlith amlyca' ei dylanwad, o bosib, yn 1962 – *'Tynged yr Iaith'* – gan Saunders Lewis.

Cymal o'r Ysgrythur – o'r drydedd adnod yn yr wythfed Salm: *'Pan edrychwyf ar y nefoedd . . .'*, ddewisodd John yn deitl i'w ddarlith.

Dyma grynodeb llawn ohoni.

Dechreuodd drwy nodi ymatebion amrywiol unigolion a phobloedd dros y canrifoedd i'r **'*edrych*'** yna a wnaethai'r Salmydd gynt, a dyfynnu, er enghraifft, T. H. Parry-Williams, ffrind da iddo yng nghyfnod Aberystwyth:

'PAN EDRYCHWYF AR Y NEFOEDD...'

gan

J. M. Thomas

Darlith Radio Flynyddol BBC Cymru

Wyneb-Ddalen y Ddarlith Radio, Tachwedd, 1978.

> *'Fe wŷr yr hwn a wnaeth bob nefol rod,*
> *Eithaf ehangder y nifylau tân;*
> *A gŵyr a wnaeth bob distadl beth sy'n bod*
> *Eithaf bychander yr electronau mân.*
> *Gŵyr hefyd na all neb o gwbl ond ef,*
> *Y pensaer pell, â'i fesuroniaeth rydd*
> *Rychwantu'r bwlch rhwng cylch anfertha'r nef*
> *A throell y gronyn trydan lleiaf sydd.'*

Cyfeirir, o bryd i'w gilydd yn y ddarlith, at *'effaith seryddiaeth ar ddiwylliant'*, ond edrychir yn bennaf ar astudiaeth wyddonol o'r sêr, gan olrhain i ddechrau ddatblygiad seryddiaeth o'r Oesoedd Canol. O **Dante** gyda'i ddarlun daear-ganolog, yn union fel Aristotlys a Ptolemy ganrifoedd o'i flaen, a **Copernicus** yn 1543, gyda'i ddamcaniaeth 'haul-ganolog' chwyldroadol. Brahe wedyn, a – heb anwybyddu Linneaus ac Edward Lhuyd – Kepler a Galileo. Dyma ran o ddisgrifiad John o orchestion **Galileo**:

'... gwelodd ddengwaith mwy o sêr nag a welsai neb erioed cyn hynny ... Adeiladodd ei delesgop – y cyntaf erioed i wneud hynny – gwnaeth ei arbrofion, cyhoeddodd ei waith, y cyfan i gyd o fewn chwe mis rhwng Medi 1609 a Mawrth 1610. Dyma enghraifft wych o ddwyster angerddol sy'n cydio fel twymyn yn y gwyddonydd pan yw'n ymroi'n llwyr i'w waith ac yng nghanol y broses o greu.'

Yn ddiamau, mae John, yn y frawddeg olaf uchod, yn tystio i'w brofiad yn bersonol fel gwyddonydd, yn ogystal.

Ac yna **Newton**: *'un o'r cewri mwyaf yn hanes gwyddoniaeth'.* Eto'n berson hynod mewn mwy nag un ystyr. Cyhoeddodd ei lyfr enwog, wedi'i sgrifennu yn Lladin, sef *Principia Mathematica*, ugain mlynedd wedi iddo gyflawni'r gwaith a ddisgrifir ynddo! Nid dehongli'n unig a wnaeth; esboniodd, yn ogystal. Dangosodd fod y ffurfafen yn cynnig math o labordy na ellir ei gynllunio ar y ddaear – (lle mae gwrthrychau, er enghraifft, yn symud heb i ffrithiant amharu arnynt) – a dyna un rheswm am y diddordeb mawr mewn astroffiseg ac astrogemeg yn ystod 1968-1978. *'Ei waith'*, ychwanega'r darlithydd: *'yn odidog a gosgeiddig o safbwynt cywirdeb ac ehangder.'* Er mai cyfraniad mwyaf Newton oedd ei ddeddf yn disgrifio disgyrchiant, *'mae'n bwysig cofio'*, meddai John, *'nad disgyrchedd sy'n dal pob atom neu foleciwl at ei gilydd.'*

Yna, hola'r cwestiynau: Beth sy'n digwydd tu fewn i sêr? Beth sy'n gyfrifol am wres a goleuni'r seren arbennig honno, ein haul ni? A datgan fod daearegwyr, ar sail amcangyfrif oes creigiau'r ddaear a'r organebau di-rif sydd wedi caregu ynddynt, o'r farn fod oed y ddaear yn agos at fil-miliwn o flynyddoedd. A'r haul, wrth reswm, yn hŷn eto. Profodd **Einstein** fod ynni a mater yn gallu cyfnewid.

Esboniwyd wedyn, gan Eddington oddeutu 1928, a Hans Bethe tua 1948, ei bod hi'n bosibl yng ngwres anhygoel yr haul (dros bymtheg miliwn o raddau Celsius yn y cnewyllyn) uno pedair atom o hydrogen a ffurfio un atom o heliwm. Yn yr uniad collir rhan o'r mater, a rhyddheir y mater hwnnw fel ynni, a dyna, fel canlyniad i'r ymgyfnewid, sy'n gyfrifol am y gwres a'r goleuni. Fe all y llosgi niwclear yma barhau am filoedd o filiynau o flynyddoedd eto, cyn i'r haul farw ac oeri.

Achosodd **Einstein** chwyldro o effeithiau rhyfeddol; ac nid ym maes seryddiaeth yn unig, ond ym maes ynni atomig, a rhannau pwysig o electroneg, er enghraifft, ynghyd â chynhyrchu trydan o belydrau'r haul. Gwyddoniaeth bur un oes, chwedl John, yn arwain i wyddoniaeth gymwysedig oesoedd diweddarach. Pwysleisir wedyn mai un o'r campau mwyaf trawiadol a thyngedfennol a wnaeth Einstein oedd ei ddychmygu ei hun yn symud trwy'r gofod ar gyflymder goleuni, hynny yw, yn symud tua 300 mil o gilomedrau bob eiliad. Pe symudid ar gyflymder felly, eglura John, buasai:

'. . . wedi ei osod ei hun uwchlaw "cymylau amser". Amser a gofod yn un, fel y mae ynni a mater yn un.'

Yna cyfeiria at ddau William – **Herschel** a **Wollaston**. Y naill yn gerddor proffesiynol hyd ei ben-blwydd yn 35, ond yn ei awr hamdden yn 1781, yn syllu ar y sêr a gweld y blaned Wranws. Ac fel canlyniad, yn rhoi'r gorau i gerddoriaeth a bwrw ati i adeiladu telesgopau, ac yng ngwaelod ei ardd yn Slough, yn canfod fframwaith y bydysawd, a sylweddoli, medd JMT:

'. . . yn gliriach na neb o'i flaen fod ein haul megis un seren fach ymhlith mil miliynau o sêr ein galaeth ni.'

Ond yn **1978**, cyhoedda'r darlithydd, fod dros gan mil miliwn ynddi, ac y mae '*. . . cannoedd o alaethau eraill yn y bydysawd*'! (Herschell yntau, gyda llaw, sylwodd ar y pelydrau is-goch, sy' bellach, drwy lun cymwys, yn lleoli afiechydon fel tyfiannau malignant.)

A'r llall – Wollaston – yn Llundain, oddeutu 1812, yn edrych ar olau'r haul trwy brism gwydr a sylwi fod llinellau du yno ymhlith lliwiau'r enfys. Ond yn 1814, yr Almaenwr **Fraunhofer** o Munich, drwy ddefnyddio prism arbennig – **y sbectrosgop**, yn canfod 500 o linellau. A gwyddonwyr eraill o'r Almaen, **Kirchhoff a Bunsen**, yn ddiweddarach yn profi mai atomau ac elfennau cemegol fel hydrogen, nitrogen, a charbon oedd yn gyfrifol amdanynt. Ac meddai JMT:

'Profodd Kirchhoff yn ddiamheuol fod haearn ar yr haul, a gwyddom erbyn hyn, diolch i'r dechneg sbectrosgopig yma, fod dros ddwsin o elfennau cyffredin daearol yn treiglo ar arwyneb yr haul.'

Gan ychwanegu:

'Bu'r gwaith syml optegol hwn yn chwyldroadol, nid yn unig oherwydd profi unwaith eto fod cyfansoddiad mater y tu draw i'r lleuad yr un fath â mater daearol, ond oherwydd rhoi bod i fethodoleg a thechneg hollol newydd, sef y gallu i ddadansoddi fframwaith cemegol (hynny yw, adnabod a chyfri elfennau) yr haul a holl sêr y nen, wrth syllu arnynt drwy'r sbectrosgop.'

Trwy'r dechneg spectrosgopig, yn 1929:

*'. . . fe brofodd y gwyddonydd enwog o'r Unol Daleithiau, **H. N. Russell**, ei fod ef ei hun wedi adnabod **56** o elfennau cemegol gwahanol yn dawnsio yn ffwrneisi'r haul.'*

Cemegwyr, medd JMT, yn mesur cyfansoddiad gwrthrychau wybrennol, a ffisegwyr yn darllen tymheredd y sêr yn ôl eu lliw.

*'Wrth fesur maint tymheredd y sêr', eglura, 'mae'n bosibl hefyd dod o hyd i'w **dwysedd**. Dwysedd yn peri syndod – aruthrol fawr: dwy lwyaid o gawl yn pwyso tunnell! A dyma ni yn darganfod ffurf ar fater yn y labordy gofodol na ellir ei gynhyrchu ar ein daear ni.'*

'Mwy arwyddocaol efallai na'r gallu i fesur gwres, maint a dwysedd y sêr,' meddai wedyn, *'oedd y darganfyddiadau rhyfeddol a ddaeth i'r amlwg yn gynnar yn y ganrif hon o brif arsyllfeydd gorllewin yr Unol Daleithiau – o Lick, Palomar a Wilson, yn fwyaf arbennig. Am y tro cyntaf, sylweddolwyd beth oedd y pellter dychrynllyd rhyngom yn ein galaeth fach ni a'r nifwl Andromeda (galaeth sy'n cynnwys mil miliynau o sêr). Mesurodd* **Edwin Hubble**, *un o brif seryddwyr yr ugeinfed ganrif, fod Andromeda tua 900,000 o flynyddoedd goleuni oddi wrthym. (Y mae un flwyddyn goleuni tua deng miliwn, miliwn cilomedr.)'*

Eglurir wedyn fod **Hubble** a'i gyd-seryddwyr yn y Dau Ddegau wedi profi fod dros gan miliwn o alaethau yn y bydysawd. Ond ei gyfraniad mwyaf oedd y darganfyddiad fod y galaethau yn symud oddi wrthym i'r gofod. Y bydysawd ymledol! A gwawrio **radio-seryddiaeth** yn dangos fod hynny'n wir. Ac o **1963-1978** dyweder, bu cynnwrf aruthrol a datblygiadau hudol ymhlith radio-seryddwyr, astroffisegwyr, a chosmolegwyr:

'Yn y lle cyntaf, daeth gwybodaeth yn **1965** *i'n hargyhoeddi fod adlais ar gael o'r ffrwydriad tyngedfennol cyntaf a barodd greu'r bydysawd – fel yr adwaenom ef yn awr – rywdro tua pymtheng mil o filiynau o flynyddoedd yn ôl. Chwythwyd y galaethau a'u sêr di-ri i gyd, ynghyd â'u systemau solar, allan o un cwmwl dwys o ynni pur. Ar ôl deng eiliad, yr oedd tymheredd y pelydrau'n agos i fil miliwn o raddau, a'r ynni i gyd ynghlwm wrth y pelydrau. Ar ôl mil o flynyddoedd, pan oedd mater yn cynyddu a'r pelydrau'n raddol ddiflannu, disgynnodd y tymheredd i tua chan mil o raddau Celsiws. Ymhen can miliwn o flynyddoedd ar ôl y ffrwydriad cyntaf, credir fod tymheredd y gofod wedi disgyn yn is na thymheredd dŵr oer, ond yn y cyfamser yr oedd y galaethau wedi eu ffurfio a'r nifylau tân yn llosgi'n wyllt.*
Yn ôl yr wybodaeth hon mae rhai bydoedd fel ein daear ni yn ymffurfio yn rhywle nawr. Eraill yn marw – eraill yn ffynnu.'

A'r cam nesaf? **Hewish** yn darganfod ***pylserau***, ac eto'i gyd negeseuau radio sy'n datgelu eu genedigaeth! Yna eglurir fod ffordd arall i sêr farw wrth iddynt droi'n sêr niwtron; a chanlyniad hynny – y dwysedd yn codi'n anhygoel. Un o 'luniau' trawiadol y darlithydd parthed y sêr yw: llond dwy lwy gawl yn pwyso tua thunnell. Ond, meddai, yr un faint o sêr niwtron yn pwyso tua mil, miliwn tunnell! Mae **pylseren** yn gorfod cylchdroi rhyw unwaith pob eiliad mewn maes magnetig anghyffredin o arddwys. Dyna'i hanfod. A'r gwrthrych newydd hwnnw, **gwesar**, yn pelydru mwy o ynni fel goleuni, ynghyd â thonnau X i'r amgylchedd mewn munud, nag y mae'r haul yn ei wneud mewn miliwn o flynyddoedd.

Mae'r paragraff nesaf, yn y ddarlith, yn un gwirioneddol hardd, a hynny mewn amryw o ystyron:

'Pe bai llygaid dyn yn ymateb i donfeddi radio is-goch, uwch-fioled, a phelydrau X, yn hytrach nag ymateb i oleuni gwyn yn unig, yna buasai'r wledd wybrennol, y caleidoscop cosmig, yn anghyffredin o dlws. Buasai'r holl banorama yn gyfnewidiol ei arddwysedd a'i amledd, rhai sêr yn goleuo mewn llai nag eiliad, eraill mewn munudau, rhai yn blodeuo dros fis neu ddau, rhannau eraill o'r ffurfafen yn arwyddo geni poenus neu dyfiant cryf neu farwolaeth ffrwydrol.'

Yna – **ac y mae hyn wedi bod yn gyson bwysig yn athroniaeth John Meurig Thomas** – fel yr arweiniodd darganfyddiadau mewn labordai cemegol at **well** nwyddau a gwrtaith amaethyddol, anesthetig ac antibiotig – ystyria'r darlithydd y buddiannau posib i ddyn fel canlyniad i astudiaethau seryddol. Nodwyd eisoes yr hwb i ddiwydiant, er enghraifft, drwy waith Einstein. Ond wedyn, *'darganfyddiad digon diniwed'*, chwedl John, yn 1929, yn arwain gydag amser, i astudiaethau o gemeg yr ymennydd, a darganfyddiadau mwy ym maes daeareg. Yna canlyniadau annisgwyl yn tarddu o arbrofion a gynlluniwyd er mwyn ateb problem wyddonol bur, fel darganfod y laser yn 1960, ac yna'r campau dilynol, gan law-feddygon y llygad, er enghraifft. Ie, y corff dynol a'i gywreinrwydd rhyfeddol, a *'phensaernïaeth llygad, calon ac ymennydd yn gwbl syfrdanol.'* A chofier, tanlinella John, os oes myrdd myrddiannau o sêr yn y ffurfafen, mae *'mwy o lawer o folecylau o hemoglobin yng nghorff pob un ohonom.'*!

Yng nghyd-destun molecylau (ac organebau) noda'r darlithydd rai darganfyddiadau a wnaed rhwng 1972 a blwyddyn traddodi'r ddarlith – 1978. Enwn ddau.

(a) Molecylau adeiladol bywyd yn ffynnu yn y ffurfafen ymhell **cyn** ein daear a'n haul ni.

(b) Bywyd, fel y gwyddom ni amdano, wedi cychwyn yn rhywle arall tu allan i'n system solar ni. A bod trawsblannu wedi digwydd.

Cred John yn gryf fod perthynas agos rhwng y gwyddonydd, y bardd a'r cerddor, a bod lle'r dychymyg . . .

'. . . a'r syniad o harddwch a gosgeiddrwydd yn llywodraethol iddynt.' 'A phwy all wadu', ychwanega, *'fod y pensaer, y cerflunydd, y crochennydd, a'r ffotograffydd yn perthyn i'r un teulu . . . ?'*

Diddorol yw'r modd y disgrifia'r tebygrwydd dwfn, a hynny ar lawer ystyr, oedd rhwng y cefnderwyr: Gowland Hopkins, y gwyddonydd a Gerard Manley Hopkins, y bardd. Y naill a'r llall, er enghraifft, yn gorfoleddu yn yr un math o olygfa, sef blodyn syrthiedig y gastanwydden, adenydd adar mân a lliw wyau bronfraith. A John yntau, heb unrhyw amheuaeth, yn uniaethu ei hun â serchiadau'r ddau. (Ac, os caf ddweud, minnau hefyd – trwy ddylanwad John arnaf ers yn blentyn [*gweler Pennod 1 a 6*]). Nid syndod o gwbl 'chwaith, yw i John, fel y gwnaeth ar ddechrau'i ddarlith, gyfeirio at feirdd wrth ei chloi. Os mai soned gan T. H. Parry-Williams ddyfynnodd yn y naill ran, soned gan gefnder hwnnw, R. Williams Parry ddyfynnodd yn y llall, gyda'i llinell agoriadol: *'Y mae tri math o feirdd i'm meddwl i.'* A John yntau wedyn, yn nodi fod tri math o wyddonwyr hefyd! Enwa Keats, yn ogystal, cyn cloi'r ddarlith â geiriau trawiadol Coleridge yn ei Lyfr Nodiadau:

'Edrychodd ar ei Enaid ei hun trwy Delesgop. Yr hyn a ymddangosai'n afreolaidd drwyddo, fe'i gwelodd, a dangos mai Cytser prydferth oedd: ac ychwanegodd at ein Hymwybyddiaeth fydoedd cuddiedig oddi mewn i fydoedd.'

* * *

'Undeb Y Tymbl', 1980. Dau o'r Cyfarfodydd[6]

> **Undeb yr Annibynwyr Cymraeg**
>
> **Adroddiad Cyfarfodydd**
> **Y Tymbl a'r Cylch**
> **Mehefin 16-18, 1980**

Ym Mehefin 1980 cynhaliwyd Cyfarfodydd Blynyddol Undeb yr Annibynwyr Cymraeg yn Y Tymbl a'r Cylch a gwahoddwyd tri o blant y pentref i gymryd rhan amlwg mewn dau o'r cyfarfodydd pwysig, sef Dr Isaac Thomas, Bangor, a bregethodd yng nghyfarfod ola'r Undeb, a Leslie Jones, Caerdydd a Dr John Meurig Thomas, Caergrawnt. Y ddau'n annerch yn y Cyfarfod Cyhoeddus. A'r tri yn ddiolchgar am ddylanwadau da'r fro a'i phobl arnynt – ac yn falch o'r cyfle i fynegi hynny. Yn arbennig felly, eu dyled i eglwysi Bethania a Bethesda.

Nid yn anfynych y clywir John yn cydnabod â balchder diolchgar ei ddyled i'w fam-eglwys Bethania.[7] I'w gweinidog, a'i hathrawon Ysgol Sul a ffyddloniaid Gobeithlu a Chymdeithas Ddiwylliadol.

Ac i'w chôr a'i chymanfa hefyd. A byth oddi ar y dyddiau cynnar hynny, bu cerddoriaeth – a barddoniaeth hefyd – yn holl-bwysig iddo. A Margaret hithau yr un modd.

Y Catalydd!

Fel y nodwyd, a dim ond ei nodi'n unig, pwysleisiodd John i'r pum mlynedd cyntaf ym Mhrifysgol Caergrawnt fod y rhai prysuraf yn ei fywyd. Dymunai, y pryd hwnnw, newid agweddau'r byd gwyddonol parthed catalyddion solet, gan roi pwyslais ar ymchwiliadau iddynt, oddi mewn i'w priod le *('in situ')*, ac *'ex situ'*.

Gosododd ei fryd hefyd ar lunio catalyddion newydd, a'u profi â dulliau o'r pwer mwya' posib.

Dyma ddau baragraff byr Roald Hoffmann parthed perthynas JMT â byd catalyddiaeth, paragraffau ganddo o dan y pennawd *'Getting things to go'*:

> '. . . that sounds really Newtonian, but, of course, I refer here to John's love affair with catalysts. And his 'green' (or shall we call it 'oil-stained') thumb for designing catalysts. One of the few words to enter common parlance, catalysts remain a wonder, a metaphor, a bridge twixt science and magic. For thermodynamics just dryly delimits speculation, and by and large chemistry is the science of transformations that refuse to go.
>
> Catalysts are adventitious, catalysts are the heroines of serendipity tales. And catalysts are designed. John M. Thomas is the reigning ringmaster of a catalytic circus, in which various active particles jump, at his command, into tailored nooks and crannies in lattice-works out of his imagination. And there do their handsome, desired breaking and making of bonds. What fun!'[8]

Ac yna, John ei hun, mewn ymateb i gais cynta' Michael Berkley iddo yn y rhaglen *'Private Passions'* recordiwyd gan y *BBC* ar grynoddisg yn 2004. A'r cais:

> '. . . explain your particular area of Chemistry which is your speciality.'

A John yn ymateb:

> '*I'm working on a phenomenon called catalysis – which everybody knows – speeding up Chemical reaction. Very important that one can design catalysts. So I'm a kind of Molecular Architect. I play with atoms and molecules, assemble them in a certain way – such that they may have catalytic purity. Without catalysts modern civilized life is impossible. Fuel, fabrics, fertilizers, pharmaceuticals – the lot – they all depend for their production on catalysts. And it is most important to prepare these materials in a benign way, and in an environmentally benign fashion. So the thrust of my present work is to do just that. To use the agents – air, for example, and oxygen, instead of nitric acid and fuming sulphuric acid – that is the activity which I am deeply immersed in at present.*'[9]

Nawdd a Nwyf

I lwyddo yn yr amcanion hyn rhaid oedd ceisio sicrhau'r cyfarpar priodol gorau. A llwyddodd John yn bur fuan, er enghraifft, i gael grant i sicrhau'r meicrosgop electron mwya' pwerus mewn bod bryd hynny, ynghyd â llawer peth arall angenrheidiol. A phwysleisia fod cefnogaeth ariannol gan BP Sunbury, Du Pont, AERE (Harwell), N.C.B., ac Unilever; gwobrau lawer gan y Gymdeithas Frenhinol, ynghyd â rhai eraill trwy gystadleuaeth, a pheth help hefyd gan y Brifysgol ei hun, wedi profi'n gaffaeliad mawr. Yn ogystal, wrth gwrs, bu'r llu o'i gyd-weithwyr abl a theyrngar – rhai o Aberystwyth, llawer o dramor, a nifer ar gyfnodau Sabothol, ynghyd â myfyrwyr ymchwil o fannau amrywiol, ac wrth reswm, myfyrwyr Prifysgol Caergrawnt ei hun – yn hwb eithriadol.

Yng nghwmni, '... *y fyddin uchod o gyd-weithwyr triw ac ysbrydoledig'*, chwedl yntau, profodd ef ei hun lawer o **drobwyntiau** yn ei ymchwil yn gynnar yn yr Wyth Degau. Tystia hefyd i gyd-weithio ychwanegol ddigwydd gyda grwpiau eraill o dan arweiniad eu hathrawon hwythau yn Abertawe, Rhydychen, Llundain a Canada, er enghraifft. A hefyd, a hynny mewn modd neilltuol felly, medd John, gan grŵp nodedig Peter P. Edwards yng Nghaergrawnt ei hun.

Llun o John a'i Grŵp, Nadolig 1981.

Nid yn rhwydd yr anghofia pobl eu cyfarfyddiadau â John Meurig Thomas.

J. Michael McBride, o Brifysgol Yale yn yr Unol Daleithiau, er enghraifft, yn cofio'n fyw y ddeudro cyntaf! Y naill yn Efrog Newydd, a'r llall mewn Cynhadledd arbennig yn gynnar yn 1978, cyn i John ddechrau ym Mhrifysgol Caergrawnt. A John, gyda'i ddawn berswâd daer yn llwyddo i ddenu McBride i dreulio Sabothol yng Nghaergrawnt yn 1979. A chroeso John a'i gydweithwyr, ynghyd ag ysgogiad y Pennaeth yn gosod yr ymwelydd ar lwybr ffrwythlon. Ie 'llwybr'. Dyma ddisgrifiad manwl Mcbride, nid yn unig o rai o'r pynciau cyffrous drafodwyd ganddynt ill dau un bore, ond o 'lwybr' y troedio hwnnw tuag at Goleg y Brenin, yn ogystal:

'Cerdded o Heol Lensfield i fyny Heol y Cwrt Tennis, a thrafod y posibilrwydd o ddefnyddio spectroscopi IR i arolygu adwaith pwysedd lleol ar grisialau diactyl peroxides. Troi i fewn i Stryd Penfro a chynigiodd imi fenthyciad o gyfieithiad o gerdd gan Dafydd ap Gwilym, bardd Cymraeg o'r Bedwaredd Ganrif ar Ddeg – a phamffledyn yn awgrymu fod y Tywysog, Madoc ap Owain Gwynedd, wedi sefydlu Llwyth o Indiaid Cochion yn yr Amerig yn y ddeuddegfed ganrif. Yn Lôn Ysgol Râd, wrth fyned-

iad Labordy'r 'Old Cavendish', cafwyd saib i dalu teyrnged i James Clerk Maxwell, J. J. Thomson, William Lawrence Bragg, ac eraill a wnaethai'r Labordy hwnnw'n ffynnon-darddiad Ffiseg, Cemeg a Bywydeg am dros ganrif.

Felly y dysgais am ddiddordeb ysgolheigaidd John yng ngwreiddiau ein gwyddoniaeth, ac am ei barch i gyflawniadau ac i ddynoliaeth ein cyndadau gwyddonol, parch a ddaethai mor amlwg wedyn yn narlithiau a dogfennau cyhoeddedig John ar Michael Faraday, a'i waith ar ei gyfeillion a'i arwyr niferus eraill.

Yna, dyma fe'n ein harwain, trwy gerdded yn union ar draws y lawnt, i Goleg y Brenin. Yn dilyn yr ymgom ymenyddol fu rhyngom ceisiais adolygu'r pynciau drafodwyd gennym!' [10]

Andrew B. Holmes wedyn, sydd bellach ym Mhrifysgol Melbourne, eisoes mewn un Adran Gemeg yng Nghaergrawnt cyn i John ddod yn bennaeth Adran arall yn 1978, gyda nifer o gydweithwyr a chyd-ymchwilwyr i'w ganlyn. Ond, yn fuan iawn, daeth Holmes a hwythau, a John yntau wrth gwrs, yn ffrindiau

Dug Caeredin (Canghellor Prifysgol Caergrawnt) yn ymweld â'r Adran Gemeg tua 1984. Rhyngddo a JMT – Dr Wen Shu Lin o Shanghai. Ar y dde: Allan Pring, myfyriwr ymchwil. Bellach Is-Bennaeth (Dr) Amgueddfa Adelaide, De Awstralia.

JMT yn dangos microsgop electronig i'r Athro Lu Tiaxi a'i ysgrifennydd yn yr Adran Gemeg Ffisegol, yng Nghaergrawnt.

da, a phriodola hyn i agweddau holl-gynhwysol JMT – agweddau a amlygir yn gyson yn ei ymchwil; yn wir, ymhob peth a wna.[11] Chwedl Markham: '...*We drew a circle that took him in.*'!

Yna Peter P. Edwards o'r Labordy Anorganaidd ym Mhrifysgol Rhydychen. Cofia yntau gwrdd â John am y waith gyntaf.

Cyrhaeddodd PPE Caergrawnt ar Orffennaf 4, 1979 ac i'w safle cychwynnol fel Arddangoswr Cemeg Anorganaidd yn Labordai Cemegol Prifysgol y ddinas. A John yntau, yn gwbl nodweddiadol ohono, yn cyfleu ar unwaith iddo ei edmygedd o weithgareddau ymchwil Edwards yn Cornell. Ond parodd y fath glod, i PPE feddwl fod JMT wedi'i gamgymryd am Edwards amlwg arall – yr Athro Sam F. Edwards, y Ffisegydd mawr, o Labordy Cavendish. Ond na, 'Edwards Cem.' oedd ganddo mewn golwg, reit i wala! (Gyda llaw, 'Edwards Cem.' oedd Athro Safon 'A' John yntau yn Ysgol Ramadeg y Gwendraeth gynt.) Ond Peter P. oedd enwau cynta'r 'Edwards Cem' hwn nid William neu Bil. A daethai'n amlwg, yn bur fuan, fod yr Edwards iawn ganddo mewn golwg wrth i John fanylu ar ei waith. Mae'n amlwg hefyd nad eithriad oedd y math yna o gymeradwyaeth i'w gyd-wyddonwyr gan John.

> *'Un o'i ddoniau mwyaf deniadol', ychwanega PPE, 'yw ei allu eithriadol i beri i ddyn deimlo'n gwbl hapus a balch o'i waith. Fel tase fe y gwaith gorau yn y maes hwnnw – er ei fod ef ei hun hwyrach yn rhan o'r union waith hwnnw! Ond nid hynny'n unig – hyn ynghyd â'i gof anhygoel a'i feistrolaeth eang o lenyddiaeth wyddonol. Ond adlewyrcha hefyd ei wir a'i ddilys awydd, i gefnogi eraill, a'u hybu'n gynorthwyol.'*[12]

Un o fyfyrwyr John yng Nghaergrawnt oedd yr Athro Angus Kirkland, o Brifysgol Rhydychen. Mae ef bellach yn cyd-weithio â John. (John yntau, wrth gwrs, yn Feistr Preswyl Coleg Peterhouse ers ei ymddeoliad fel Meistr yn 2002.) Pan ar ei ail flwyddyn fel myfyriwr yng Nghaergrawnt roedd AK yn un o ryw 150 yn cael eu hyfforddi gan John. Dychmyger y dasg o ennill sylw ac ennyn diddordeb cynifer, gan geisio, yn ogystal, eu hysbrydoli. Ond, tystia Kirkland, fod eu Hathro yn paratoi ei ddarlithau'n drefnus eithriadol, ac, yn unol â'r dystiolaeth unfrydol, yn eu cyflwyno'n ddeheuig. Ie: *'Darlithydd ysbrydoledig, cynghorydd a chyfarwyddwr doeth ydoedd.'*

Cyfieithiad o Gyffes Cyfaill
Pleser digymysg yw darllen teyrnged arbennig Kenneth D. M. Harris, brodor o St. Andrews, Yr Alban, a Phennaeth Adran Gemeg Prifysgol Caerdydd, i ddylanwad ac ysgogiad JMT. Dyma gyfieithiad ohoni:[13]

> *'Trobwynt mwyaf arwyddocaol fy ngyrfa wyddonol heb amheuaeth oedd y cyfle* **(yn 1985)** *a gefais i fod yn rhan o grŵp ymchwil John ym Mhrifysgol Caergrawnt ac astudio dan ei gyfarwyddyd ar gyfer gradd Ph.D. Cyfle nid yn unig i droi breuddwydion plentyn yn realiti, ond cyfle i fod o dan arolygyddiaeth un mor ddysgedig, brwd a chefnogol wrth ddechrau ymchwil gwyddonol.*

*Yr Athro Ymchwil Hyglod
Dr Kenneth D. M. Harris, Caerdydd.*

Yn y cyfnod hwnnw byddai pob cyfarfod ag e' – boed yn ei swyddfa, ar drên, neu ymuno ag ef am rai munudau wrth gerdded i bostio llythyr, yn ffynhonell syniadau newydd ac ysbrydiaeth, a theimlai dyn wedi ei gyfoethogi'n wyddonol gan y profiad. Mae ei frwdfrydedd diddiwedd dros wyddoniaeth yn ysbrydoledig.

Llenwid pob un a weithiai yn ei grŵp ymchwil ag optimistiaeth a chyffro parthed yr ymchwil honno yn sgîl ei allu i roi cyfarwyddyd doeth a chefnogaeth barhaol iddynt. A'r trafodaethau ymchwil hynny nid yn unig yn gyfle i ddysgu o'i grebwyll a'i allu cawraidd ond hefyd i barhau â'n hymchwil drwy ddirnadaeth ddofn a thrafodaeth eang.

Roeddynt hefyd yn sesiynau diddorol (ac weithiau'n wir adloniadaol). Clywid mwy nag un stori berthnasol – a gogwydd wresog Geltaidd iddi – ac ambell **'aside'** hanesyddol. Ac yn nodweddiadol ohono – medrai'n ddieithriad blethu difrifoldeb a hiwmor.

Yr un mor drawiadol oedd dyfnder ei wybodaeth o'i faes arbenigol ei hun, ynghyd ac ehangder ei wybodaeth ar draws holl spectrwm y gwyddorau. Yng nghwrs ein trafodaeth ar fy ngwaith ymchwil personol i, llwyddodd i'm cyflwyno i feysydd mor wahanol ac

*Adran Gemeg Ffisegol, Prifysgol Caergrawnt, 1986.
(Kenneth D. M. Harris yw'r un canol yn y rhes gefn).*

amrywiol â geometreg, electroneg, bywydeg, a gwaith arloesol **Ahmed Zewail**. Ynghyd â'i ddiddordeb anhygoel yn ein gwaith ymchwil a'i ddawn fawr i'n cymell a'n cefnogi i gasglu gwybodaeth newydd a dealltwriaeth ddyfnach yn ein hymchwil, roedd ganddo wir ddiddordeb ac ymwybod o gyfrifoldeb drosom, a thros ein haddysg a'i datblygiad. Ymhob cyfarfod ag ef byddai'n dygyfor o syniadau newydd yn barhaus. Ond hefyd, fe'n hybai i feithrin ein meddwl gwyddonol personol a'n barn unigol.

Yn y modd hwn, cynhyrchai, yn y cylch ymchwil, dir ffrwythlon lle y gallai syniadau newydd egino, a rhoddai i ni gefnogaeth a chymeradwyaeth, ynghyd ag adnoddau, fel y medrai'r syniadau hyn ddatblygu i'w ffrwythlonder llawn. Teimlem ein bod yn aelodau o dîm ymchwil oedd ar flaen y gad o fewn y maes. Braint ac anrhydedd wirioneddol fu treulio peth amser o fewn amgylchfyd ac awyrgylch felly. A hyfrydwch ychwanegol yw fy mod innau yn cael parhau fy ngwaith gwyddonol mewn cyd-weithrediad ag ef – a gobeithio bydd hynny'n parhau yn hir i'r dyfodol. Ychydig fisoedd wedi imi ddechrau f'ymchwil, yn 1985, awgrymodd Syr John y dylwn wneud ychydig o ymchwil ychwanegol ar 'sructural properties of urea inclusion compounds'. Daeth hyn â fi i gysylltiad â Mark Hollingworth, a buom ni'n dau'n cyd-weithio ynghyd wedyn mewn partneriaeth fuddiol a ffrwythlon. A John wedi'i hysgogi!'

Does dim dwywaith fod John Meurig Thomas yn weithiwr disgybledig di-arbed, a bu hyn yn wir amdano ymhob cyfnod a phob lle. Ac, o reidrwydd felly, cyn y gallasai gynhyrchu'r fath gynhaeaf o gyhoeddiadau safonol a swmpus yn ddi-dor dros flwyddi lawer – a'r gwaith yn parhau . . .! Ond eto, ar y llaw arall, mae'n berson hynod gyfeillgar a chymdeithasgar ei anian a'i arfer, ac amser ganddo i rannu mewn sgwrs a hwyl. Ac y mae hynny'n wir nid yn unig ar lefel leol a mwy personol, ac ar lefel gymdeithasol – mewn ciniawau a dathliadau, er enghraifft, ond hefyd ar lefel ryng-genedlaethol ymhlith cyd-wyddonwyr a chyd-academyddion mewn meysydd arbenigol amrywiol, ynghyd â chylch eang o gyfeillion o bob oed, lliw a llun.

Yng Nghaergrawnt, er enghraifft, tystia iddo ymserchu'n fawr yn y bobl hŷn cyfeillgar hynny fyddai'n eistedd yn y 'Combination Room', a bod cymdeithasu gyda hwynt cyn cinio yn brofiad amheuthun. Yn nodweddiadol ohono eto, fe'u henwir ganddo – un ac un. Meyer, Fortes, Clifford Derby, Kendall Dixon, Braithwaite, Christopher Morris, Patrick Wilkinson, a Michael Jaffe. Cydnebydd mai Dan Brown a'i perswadiodd – a doedd dim eisiau llawer o berswâd ar John o bawb – i ymuno â'r cwmni hwnnw. A thystio:

> '. . . gan na wyddwn lawer am Gaergrawnt ar y pryd, bu'n brofiad buddiol a phleserus.'

Edrydd hefyd, a hynny'n ddadlennol, i bartïon Nadolig un o'r enw Hal Dixon, a'i briod, fod yn achlysuron cymdeithasol nodedig:

> 'Derbyniodd Charlie Loke, Tom White, Bernhard Williams, Sidney Brenner, Gabriel Horn a minnau'r gwahoddiad i ymuno yr un noson – a Patrick Bateson. Cefais yr argraff ar y dechrau fod rhai o'r cwmni iau, gyda daliadau asgell-chwith, yn rhai fyddwn i'n eu disgrifio fel sosialwyr-partïon. Fe'm codwyd i yng nghwmni gwir sosialwyr! Eto, bu cymdeithasu â phobl a arbenigai mewn pynciau amrywiol – a gwahanol – yn fuddiol dros ben.'[14]

Campau Margaret
Nodwyd eisoes i Margaret Thomas, cyn iddynt fel teulu symud o Aberystwyth i Loegr, gofrestru ar gyfer Gradd Uwch, gan ddech-

rau ei gwaith ymchwil ar y testun: 'A *Study of the Avatâra Doctrine in the Indian Tradition with Special Reference to Krishna.*' Cyflwynodd y gwaith manwl – o dros 75,000 o eiriau – i Brifysgol Cymru am radd M.A., yn 1984, gan gydnabod mewn sylwadau hael ei dyled fawr a'i diolch i'w Chyfarwyddwr yr Athro Dr Cyril G. Williams, Aberystwyth a Llanbedr-Pont-Steffan, a hefyd i Dr Julius Lipner, o'r Ysgol Ddiwinyddol ym Mhrifysgol Caergrawnt, am ei ddiddordeb a'i awgrymiadau cynorthwyol. Cyflwynodd gopi hardd: '*I Cyril, gyda diolch mawr am bob caredigrwydd*', yn Awst 1984. A mawr fu'r llawenydd o bob tu yn dilyn ei champ[15] – camp yng nghanol campau.

Campau Margaret ar y tri thŷ fu'n gartrefi iddynt yn Lloegr. Dau ohonynt – Fflat Cyfarwyddwr y Sefydliad Brenhinol yn Stryd Albemarle, Llundain a Llety'r Meistr, yng Ngholeg Peterhouse – yn rhai dros dro, a'u gwir gartref dedwydd – 37, Heol Sedley Taylor, Caergrawnt, hyd heddiw.

Ei champ wedyn fel athrawes Addysg Grefyddol yn Ysgol y Merched, Perse, Caergrawnt, ysgol sefydlwyd gan Dr Stephen Perse mor bell yn ôl â 1615.

> '*Roedd hi'n llawer gwell athrawes*,' meddai Lisa â balchder naturiol, '*na phennaeth yr Adran, ac roedd hi wrth ei bodd yn dysgu. Ond doedd hi ddim yn rhy gyfforddus â thueddiadau de gwleidyddol yr ystafell athrawon!*'[16]

A'i champ yn hybu doniau cerddorol Lisa a Naomi. Bu cerddoriaeth yn bwysig i Margaret ers yn ifanc, a mynnodd hithau drosglwyddo'r hyn dderbyniwyd ganddi oddi wrth ei thad, Hubert Edwards, i'w merched, gan hybu eu doniau yn y maes hwnnw. A chydnebydd hwythau, yn eu tro, darddiad cadwyn y dylanwadau. Dywed Naomi:

> '*Bu Lisa, fy chwaer a minnau'n canu'r ffidil, ac mae'n bosib inni gael ein hysbrydoli gan ein tad-cu a oedd yn feiolinydd amatur. Glöwr yn Ne Cymru ydoedd, ac yn ddyn deallus a diwylliedig iawn, a sgrifennai farddoniaeth yn ei amser sbâr. Treuliasom y*

rhan fwyaf o'n gwyliau ysgol yn Llangennech yng nghwmni ein tad-cu a'n mam-gu, a'n hewythrod, modrabedd a chefnderwyr. Gofalwn innau fynd â'm ffidil gen i yno. Byddai'n nhad-cu yn awyddus i'm gwrando'n canu fy ffidil, ac fe'm helpodd i y pryd hwnnw yn llawer iawn mwy nag a sylweddolais i ar y pryd.' [17]

Cadarnhau'r uchod wna tystiolaeth Lisa:

'Un o uchafbwyntiau'n cyfnod yn Ysgol Perse oedd byd cerdd, ac roedd Naomi'n bianydd a feiolinydd eithriadol, ac un o'n huchafbwyntiau teuluol oedd hwnnw pan berfformiodd Naomi Gonsierto Piano Gyntaf Beethoven, a minnau'n arwain y Gerddorfa. Buom ynghyd fel dwy chwaer yn cyflwyno llawer o Gerddoriaeth Siambr yng Ngherddorfeydd y Ddinas a'r Sir.' [18]

Ie, holl gampau Margaret – y canol llonydd, cadarn yn hybu bywyd a gyrfaoedd ei phlant, ac yn gefn doeth i John ymhob dim posib. Ond hyn i gyd cofier, ynghyd â phryder parthed yr awgrym cyntaf un, yn 1982, o'r afiechyd hwnnw y byddai hi, yn gynyddol gydag amser, yn gorfod ymgodymu ag ef. Byddai Margaret, fel John yntau, yn cydnabod, wrth gwrs, nad oedd dim llawer lle fel Caergrawnt, 'chwaith, i barhau i ymarfer, gwerthfawrogi a dathlu cerddoriaeth. A hynny, yn ei arweddau amrywiol i'w ryfeddu. Cerddoriaeth Coleg Sant Ioan, er enghraifft, a rhan allweddol y Cymro, George Guest yn ei amlygrwydd a'i safon. Ac wrth gwrs, Coleg y Brenin, gydag olyniaeth nodedig o Gyfarwyddwyr Cerdd, ac ers 1982, yr arweinydd a'r organydd athrylithgar, Stephen Cleobury. Ymhyfrydai'r 'pedwarawd' – Margaret, a fu'n Llywydd Cerddorfa Prifysgol Caergrawnt, a Lisa a Naomi, y feiolinwyr ifanc, a John, ac a fyddai'n Is-Lywydd Cymdeithas Gerddorol y ddinas – yn y gwleddoedd cerddorol, blynyddol ddarparwyd gan Cleobury yn *King's*. Mae John yn Gymrawd y Coleg hwnnw.

Ond nid 'clychau' Colegau niferus dinas Caergrawnt, na chlychau ei heglwysi, yn unig glywsai John yn 'galw' yn 1986. Ac yn dilyn y galw hwnnw, byddai symud eto'n digwydd. I ddinas fwy, a'r Sefydliad Brenhinol yno. Ie, i *'Grud yr Arloesi'* – a gysylltir yn

Caergrawnt (1978-1986)

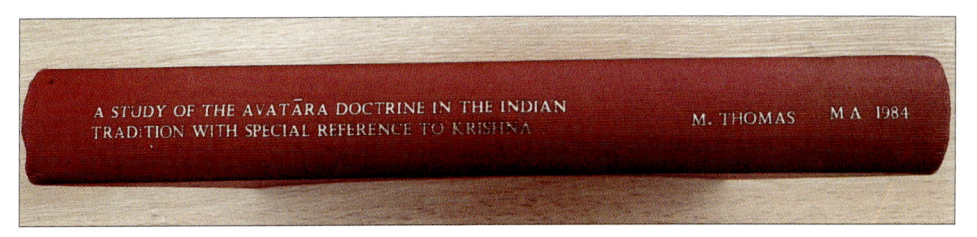

Llun Cyfrol Ymchwil (M.A.) Margaret Thomas.

anatod â'r cewri: Humphry Davy a Michael Faraday. Ymhen y rhawg hefyd, mynych i'w ryfeddu y byddai'r 'doethion' – Davy, Faraday a John Meurig – 'ar daith ynghyd' ar draws byd. Ie – y tri hyn!

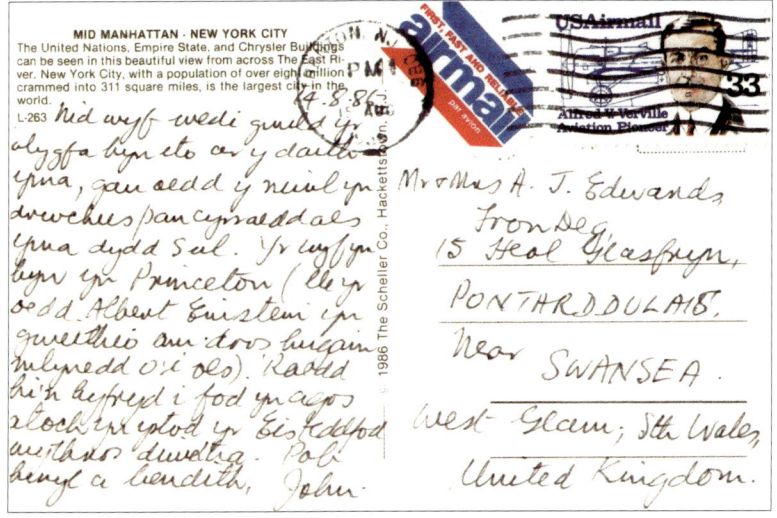

John yn cofio – cofio eraill, fel arfer. Cerdyn i Jean (ei chwaer) ac Alwyn yn 1986.

Nodiadau

1. Neges e-bost oddi wrth Naomi, merch JMT, 9. 6. 2012.
2. Neges e-bost oddi wrth Lisa, merch JMT, Awst, 2012.
3. Neges e-bost oddi wrth Elenid Jones, 18. 4. 2012.
4. *Nature 277*, Rhif 5694, 334, 25. 1. 1979.
5. Darlith Radio BBC Cymru, 1978: Argraffwyd: Qualitex Cyfyng., Caerdydd.
6. Undeb Yr Annibynwyr, Y Tymbl, 1980. Gwasg Tŷ John Penri.
7. 'Fy Nyled i Ddiwylliant Crefyddol Y Tymbl a'r Cylch', Ionawr 2005, t. 2, Tŷ John Penri.
8. *'Turning Points'*, Gol. Kenneth D. M Harris a Peter P. Edwards, 2008, tt. v-vi.
9. *Private Passions with Michael Berkeley, BBC Classic,* PLN34/033B1049.
10. *'Turning Points'*, t. 365. RSC Publishing, 2008.
11. Neges e-bost hynaws gan Andrew Holmes o Melbourne.
12. 'T.P.' t. 51.
13. Ibid., tt. vii-xii 14.
15. Ymddiriedwyd Cyfrol orffenedig Margaret i mi trwy garedigrwydd ei chwaer Rhiannon Evans, Llangennech.
16. Neges e-bost Lisa, Awst 2012.
17. Neges e-bost gan Naomi 9. 6. 2012.
18. Neges e-bost Lisa, Awst 2012.

Pennod 6

Y Sefydliad Brenhinol yn Llundain (1986-1991)

'Y dyn iawn yn y lle iawn'

Yn 1986 gwahoddwyd John Meurig Thomas, gan Syr George Porter, Cyfarwyddwr y Sefydliad Brenhinol yn Llundain (R.I.), i gyflwyno un o'r *'Darlithiau Nos Wener'* yno. Achlysur o gryn bwys, wrth gwrs. Testun darlith John y noson honno oedd: *'Anturiaethau yn y Deyrnas Fwynau'/'Adventures in the Mineral Kingdom'*. A gadawodd y cyflwyniad hwnnw gryn argraff a dylanwad ar George Porter, y Cyfarwyddwr, yn gymaint felly nes iddo yntau wasgu ar Gyngor y Sefydliad Brenhinol i apwyntio'r darlithydd hwnnw yn olynydd iddo. Roedd Porter ei hun yn ymddeol y flwyddyn honno.

Gyda llaw, mewn sgwrs deledu gyda'i gyfaill yr Athro Robin H. Williams flynyddoedd yn ddiweddarach, cofiwn John yn cydnabod yn ddireidus:

> '. . . fe wn i nad wy'n gwbl dwp, ond mae llawer yn ceisio 'mherswadio i gredu mod i'n rhywun spesial. Ac os yw hynny'n cael ei ddweud wrthych yn bur aml – wel, i chi'n dueddol o ddechrau'u credu nhw! **You know I'm amenable to flattery!** Ond, wedi'r cwbl, **rhaid** i chi gredu eich bod chi o **rhyw werth**, a cheisio'ch gorau i wneud gwaith o safon parhaol. **Ie, gwneud rhywbeth bach i wneud y byd yma'n well**.'[1]

Un o'r pethau glywsai John Meurig nid yn anfynych yn 1986 oedd:

> 'Wel, chi John yw'r unig un all ddilyn George Porter yn Y Sefydliad Brenhinol.'

'Doedd penderfynu derbyn yr anrhydedd newydd yma – ynghyd â'i her a'i gyfrifoldebau – ddim yn rhwydd am amryw resymau. Nid hawdd, fel pennaeth, oedd torri cyswllt ag Adran Cemeg Ffisegol, Prifysgol Caergrawnt a Labordai Cavendish. Roedd y naill mor llewyrchus a'r llall mor enwog. A beth am ei dîm o gyd-weithredwyr abl ac amryddawn, tîm yn cynnwys myfyrwyr gradd a chydymchwilwyr Ôl-Ddoethuriaeth galluog, ynghyd ag aelodau'r staff ac ymwelwyr Sabothol. Ac wedyn, Grŵp Cemeg y Stad Solet fyddai'n cyd-gyfarfod yn rheolaidd amser cinio bob dydd Llun. Nid hawdd gadael hyn i gyd, ynghyd â'r cyfarpar a'r adnoddau o'r radd flaenaf oedd yno.

Cwbl naturiol felly oedd iddo gryn ddyfalu sut lewyrch fyddai i'w waith a'i yrfa y blynyddoedd dilynol hynny, gyda'r cyd-destun, er yr un mor amlwg, eto'n un pur wahanol.

Eto, ildio i'r her newydd yn Llundain a wnaeth, ac o fewn ychydig wedyn, nid yn anfynych y clywyd sibrydion, ynghyd â datganiadau cyhoeddus – fel un croyw neb llai na Roald Hoffmann, (mab i deulu Iddewig a enwyd 'Roald' o barch i'r anturiaethwr Norwyaidd, Roald Amunsden, ac a enillodd Wobr Nobel mewn Cemeg yn 1981): *'Y dyn iawn, yn y lle iawn'!*

Ie, yn raddol, ond yn sicr, trwy gyd-weithrediad hynaws pobl, rhai cymharol leol o Brifysgolion y gwledydd hyn, a rhai hefyd o bob rhan o'r byd, a chefnogaeth hael cwmnïau a sefydliadau amrywiol, bu datblygiadau ffrwythlon hefyd yn 21, Stryd Albemarle, W1. Rhai pell-gyrhaeddol eu canlyniadau, er lles a budd.

Y Teulu

Nid cam hawdd, wrth gwrs, ydoedd i Margaret a'r plant symud eto o Gaergrawnt i Mayfair yng Nghanol Llundain, lle y byddai'r fath brysurdeb lliwgar yn eu hamgylchynu ymhob man. Ond roedd Margaret am gefnogi gyrfa flaengar John gant y cant, gan fod yn bopeth i Lisa a Naomi hwythau.

Roedd y ddwy yn gerddorol eu hanian, yn treulio rhai o'u gwyliau ysgol ar gyrsiau cerdd, ac yn cael hwyl i'w ryfeddu hefyd. Ond, gyda'r galwadau mynych ar eu tad i ddarlithio mewn

Y Sefydliad Brenhinol yn Llundain (1986-1991)

Margaret, John, Lisa a Naomi ar wyliau yn Venice, 1988.

amryw wledydd ar fwy nag un cyfandir, a'r cynadledda hwnt ac yma, ac ambell i Sabothol fan hyn a fan draw, manteisiodd Margaret, Lisa a Naomi hwythau ar y cyfle i deithio a gweld y byd. Ond ble bynnag y lletyent, mynnai John fwrdd y gegin ar gyfer ei waith. Ni bu erioed ysgolhaig mor gwbl ddisgybledig. Nid syndod felly ei gynnyrch anhygoel – a safon y cynnyrch hwnnw. Dyna'r farn unfryd, fyd-eang.

> 'Do,' ychwanega Lisa, *'cawsom fynd i'r Aifft a New England, i'r Eidal a Disneyland, ac i ddinasoedd Amsterdam a Paris. Nid rhyfedd i ieithoedd apelio ataf!'* [2]

Yn wir, astudiodd bum iaith ar gyfer ei Safon 'O' – Lladin, Ffrangeg, Eidaleg, Saesneg a Chymraeg; ac arbenigo mewn Ffrangeg ac Eidaleg, ynghyd â Hanes ar gyfer y Safon 'A'.

Cafodd athro Eidaleg eithriadol a bu mewn cystadlaethau llefaru yn yr iaith honno. Cafodd fynediad i Goleg yr Iesu ym Mhrifysgol Rhydychen ym Medi 1986 ac, ar ganol ei chwrs yno ac fel rhan bwysig ohono treuliodd y flwyddyn golegol 1988-89 yn Brescia yn yr Eidal. Bu'n dysgu Saesneg i bobl fusnes – unigolion fynychaf, ond weithiau i ddosbarthiadau. Cynhelid y rhain yn aml yn ystod y dydd, ond gyda'r hwyr bryd arall; a hynny mewn Ysgolion neu yn swyddfeydd rhai o'r cwmnïau lleol. Ymunodd Margaret, ei mam, â hi am ychydig o wyliau: *'A chael amser bythgofiadwy'*, meddai Lisa. Graddiodd yn Rhydychen yn Haf 1990.

Breuddwyd gyson Naomi oedd bod yn gerddor. Cwblhaodd hithau ei chwrs Safon 'O' yn Ysgol Perse, yng Nghaergrawnt, yna, wedi symud i ferw'r Brifddinas, parhau â'i hastudiaethau yn Ysgol y Merched St. Paul's, yng Ngorllewin Llundain, mewn ysgol o'r radd flaenaf, gydag Adran Gerdd rhagorol. Yn dilyn ei llwyddiant yno, treuliodd bum mlynedd yn y Coleg Cerdd Brenhinol yn y Brifddinas.[3]

Bwriadai Naomi astudio'r piano a'r ffidil, ond, ar ddiwedd ei blwyddyn gyntaf, synhwyrai y dylai ganolbwyntio ar y ffidil. Ac fe dalodd iddi ar ei ganfed.

Yn anffodus, 'doedd rhan o'r cartre' newydd yn Stryd Albemarle ddim ar ei orau, fel y tystia Naomi:

'The apartment was in desperate need of some updating and my mother did a fantastic job of renovating it and redesigning the interior. She had impeccable taste and an eye for colours – many of the important visitors and lecturers that had been invited to the RI appreciated the care that had been taken in restoring these buildings and we as a family enjoyed the time we spent in our new home.'[4]

Yma, yn y cartref ym Mayfair, y dathlodd Lisa ei phen-blwydd yn un-ar-hugain.

Catalyddion, cyfeillion a chyd-weithwyr glew

Beth, tybed, oedd cynlluniau ymchwil John yn y cyfnod hwnnw? Yn gryno, roedd iddynt ddwy brif haen:

(a) Astudio catalyddion solet o dan amgylchiadau arbennig.
(b) Dyfeisio ffyrdd newydd i'w alluogi i lunio catalyddion newydd o fath arbennig.

Mae'r cyfeiriadau at gatalyddion yn ein hatgoffa o berthynas fuddiol John ag un o'i ffrindiau agos o Rwsia bell. Digwyddai John, yn dilyn ei ddarlith yn sesiwn boreol Yr Wythfed Gynhadledd Rhyngwladol ar Gatalyddion yn Berlin ym Mehefin, 1984, eistedd adeg cinio yn ymyl Kirill Zamaraev o Rwsia – un dierth iddo. Dechreuodd eu hymgom drwy i K.Z. gyfeirio at ddarlith John. Bu'n gyfarfyddiad 'rhagluniaethol'. (Fy newis ansoddair i yw hwnnw, cofier. A gytunai'r gwyddonwyr ill dau?)

Cyfarwyddwr Labordy Catalyddion yn Novosibirsk, Siberia, Rwsia ydoedd Zamaraev. Ac nid yn unig bu'r sgwrs rhyngddynt yn gaffaeliad nid bychan i'r ddau, ond, yn ôl ei addefiad, i JMT yn arbennig felly. Bu cydweithio clos wedyn rhwng Grwpiau'r naill yn Sefydliad Boreskov yn Novosibirsk, a'r llall yn y Sefydliad Brenhinol, yn Lludain. A daethant yn ffrindiau da, a bu K.Z. a'i briod, Mila, yn ymweld â John a Margaret. Yn Peterhouse, Caergrawnt, yn Haf 1993, er enghraifft.

Cofiai John – mor nodweddiadol ohono – i'w gyd-wyddonydd disglair ddyfynnu llinellau trawiadol o waith Pushkin, ei hoff fardd, yn ystod eu harhosiad. A phan fu farw Kirill Zamaraev wedyn, yn 1996, cyhoeddodd John deyrnged nodedig i'w ffrind ym mhapur dyddiol yr *Independent* yn Haf 1996, ac ynddi cynhwysodd y dyfyniad o waith Pushkin:

> *'How many and marvellous are the discoveries prepared for us by the spirit of enlightenment, by experiment, the child of error and effort, by genius, the friend of paradox, and by the divine inventor, Chance.'*[5]

John yntau, wedyn, yn cydio yng ngair ola' Pushkin i gloi ei deyrnged i'w gyfaill hoff:

> *'It was as a result of chance that he and I met, at the 8th Congress on Catalysis in Berlin, in July 1984.'*

Ond sylwer: nid siawns gyda llythyren fawr (fel Pushkin) sy' ym mrawddeg glo John!

Dau – gan enwi dau yn unig – o'r nifer yn y gwledydd hyn fu'n cyd-weithio'n agos â John yn y Sefydliad Brenhinol, oedd Anthony Cheetham, Athro yn Rhydychen, a Richard Catlow, darlithydd mewn Cemeg ym Mhrifysgol Llundain. Apwyntiwyd y naill yn Athro rhan-amser yng nghadair Cemeg y Stad Solet yn y Sefydliad Brenhinol yn 1986, a'r llall i Gadair Wolfson mewn Athroniaeth Naturiol yn Labordy Ymchwil Davy-Faraday. Ond bu'r ddau yn cyd-weithio â John ers rhai blynyddoedd cyn hynny, a byddai'r cyswllt yn parhau, yn ogystal, am gyfnod sylweddol.

Ar y naill law, tystia Cheetham yn ddidwyll i ddylanwad sylweddol John arno. Dysgodd ganddo, er enghraifft, y pwysigrwydd o nabod y gwahaniaeth rhwng problemau diddorol, a phroblemau pwysig. A thystia fod dawn eithriadol gan John i nabod y rhai pwysig! Bu'n ddylanwad ar ei ddiddordebau gwyddonol a'i uchelgeisiau, ac ar gwmpas ac ehangrwydd ei waith ymchwil, er enghraifft. Yn wir, teimlai ei fod wedi newid gêr, parthed ei waith ymchwil, wedi dod i gysylltiad â John. Buont yn cyd-weithio'n ddiwyd gan gynhyrchu, er enghraifft, 30 o bapurau gwyddonol ar y cyd.

Ar y llaw arall wedyn, John ei hun sy'n cydnabod ei ddyled i Richard Catlow. Cyd-weithient yng Nghaergrawnt. Deuai Catlow yn fynych, er enghraifft, i annerch y Grwpiau amser-cinio yno. Roedd yn berson o ddynoliaeth braf, yn weithiwr diwyd i'w ryfeddu, ac yn arbenigwr ar gyfrifiadureg. A byddai'r cyfan yna, ynghyd â'i awch didwyll i boblogeiddio gwyddoniaeth, a'i ddawn i ddenu myfyrwyr gradd a rhai Ôl-Ddoethuriaeth, yn gaffaeliad enfawr.

Cheetham yn ddyledus i John, a John yn ddyledus i Catlow – a chydnabyddiaeth agored-onest i hynny. A'r math yna o ysbryd yn sicr o arwain i lewyrch a llwyddiant. Enghraifft loyw o ymarfer yr anogaeth honno sydd yng nghymal Paul ym mhennod 12 o'i Lythyr at y Rhufeiniad – pennod, gyda llaw, ddarllenwyd gennyf, ar ddymuniad John, yn arwyl ei briod, Margaret ym Methesda, Llangennech, ei chartref ysbrydol, yn 2002 – *'cynganeddwch â'ch gilydd.'*[6] (Arall-eiriad ysbrydoledig y Parchg. Athro W. B. Griffiths).

Darlith a her
Ar Nos Wener, Tachwedd 7, 1986, cyflwynodd John Meurig Thomas y 'Ddarlith Agoriadol' yn Y Sefydliad Brenhinol. A'i destun: *'Barddoniaeth Gwyddoniaeth'* – testun hardd a gwahanol. Ond, nid un annisgwyl 'chwaith, o gofio'r darlithydd. Carodd farddoniaeth fel y carodd wyddoniaeth, gan weld y naill a'r llall mewn harmoni dwfn. Ac os oedd y darlithydd a'i bwnc yn ffitio fel maneg, felly'n union, ymhen fawr o dro, y byddai'r Cyfarwyddwr a'r Sefydliad Brenhinol, yn ogystal.

Nid syndod o gwbl felly – o fewn blwyddyn mwy neu lai – i S4C ddangos dwy Raglen Deledu, y naill yn seiliedig ar y Sefydliad Brenhinol ei hun, ynghyd â pherthynas y Cyfarwyddwr newydd

John yn darlithio yn y Sefydliad Brenhinol. Dangos – gydag actor yn portreadu Michael Faraday – arbrawf ei arwr parthed y 'Faraday Cage'.

a'i briod, Margaret, â'r lle hanesyddol, a'r llall ar y Ddarlith Agoriadol ei hun. A'r mis Rhagfyr hwnnw, yn 1986, derbyniais innau lythyr sydyn o gyfeiriad annisgwyl. Llythyr yn fy annog a'm herio i 'sgrifennu ysgrif neu ddwy i'r *'Tyst'*, Papur wythnosol yr Annibynwyr Cymraeg, am y rhaglenni hyn. Y Parchg. Edwin Pryce Jones, Llwyncelyn, Sir Aberteifi, un o blant Llanberis, gweinidog da ac ysgolhaig praff, oedd ei awdur. Am rodd Nadolig!

Ie, dyna'n union y modd y'm hysgogwyd i geisio tystio i weithgareddau cyffrous y Sefydliad Brenhinol, ac yn sgîl hynny, i lawer peth rhagymadroddol arall, yn ogystal. Ond pethau yw rheini sy'n darlunio'm cysylltiad personol i â'm harwr, a'i ddylanwad arnaf ers yn blentyn yn y Tymbl, yn Sir Gaerfyrddin. **Ac roeddwn yn falch o'r cyfle i'w nodi ar bapur am y tro cyntaf erioed** – er fy mod i, erbyn hynny, bron yn hanner cant oed.

Dyma gopi o'r ysgrif honno – yn dilyn her y Parchedig Edwin Pryce Jones (Rhagfyr 1986) – ysgrif sy'n naturiol yn manylu ar rai camau a nodwyd eisoes yn y gyfrol hon a luniwyd yn dilyn her y Parchedig Huw Ethall, Caerdydd, yn Rhagfyr 2011!

'Cymro Mwyaf Ein Hoes'! [7]

Clywais fwy nag un siaradwr yn tystio ei fod yn teimlo'n fwy diogel yng nghwmni adnod wrth wynebu cynulleidfa. ['Pan edrychwyf ar y nefoedd . . .' oedd teitl Darlith Radio John yntau yn Nhachwedd 1978!] Gall ambell ysgrifwr deimlo felly hefyd. A'r adnod: '. . .gan wybod ynddo'i hun fyned rhinwedd allan ohono.'

Oddigerth y gair 'rhinwedd' brawddeg nid annhebyg ddefnyddiwyd gan siaradwr go arbennig ar S4C ar nos Sul, Rhagfyr 13eg, 1987. Cipolwg ar ran bwysig o fywyd a gwaith y siaradwr hwnnw oedd thema'r rhaglen. A'r siaradwr – neb llai na'r Athro Dr John Meurig Thomas, Cyfarwyddwr y Sefydliad Brenhinol yn Llundain.

Aeth 'rhinwedd allan' o John yn ifanc iawn, a hynny nid yn unig am iddo ddrachtio'n helaeth o ffynhonnau gwybodaeth a dysg, a bod cymaint ganddo felly i'w drosglwyddo i eraill, ond hefyd am fod rhoi a rhannu megis ail-natur iddo. I'r gwrthwyneb i John, ni chymerais i erioed yn rhwydd at lyfr. Onibai am help tri o Domosiaid – Miss Annie, yr Athrawes, Joseph, y Prifathro, a John, y cymydog – mae'n bur amheus a fyddwn i erioed wedi cael mynediad i Ysgol Ramadeg y Gwendraeth. Y tri hyn – a'r mwyaf o'r rhain, John – **'Cymro mwyaf ein hoes'**, meddai'r Arglwydd Emlyn Hooson ar y rhaglen deledu uchod – a'm rhoes i ar ben ffordd. Er y byddai John ei hun am gydnabod ei ddyled yntau hefyd i'r ddau Domos arall, ac eraill yn Ysgol Gynradd Llechyfedach ar Dop Tymbl.

Pan own i mewn trafferthion gyda'm gwaith cartre' gynt – ac nid yn anfynych y digwyddai hynny – y cyngor cyson i mi gan fy mam oedd: 'Cer draw i ofyn i John!' (Dim ond tri thŷ – 'Bod-awel', 'Quarry-Lodge' a 'Delfryn' oedd rhwng 'Oxford House' a 'Roslyn', ein cartrefi ni'n dau ar Hewl Bethania.) A doedd dim eisiau gofyn ddwywaith. Ac oni allai lluoedd eraill, dros y blynyddoedd, dystio'n unfrydol i'w barodrwydd bob amser i gynorthwyo, a hynny mewn modd hynaws a rhadlon.

Yn y Pedwar Degau, a rhai ohonom ni fois Hewl Bethania dipyn o dan ddeg oed, cymerai John – er ei fod yntau ryw bum mlynedd-a-hanner yn hŷn na ni, (Neville a Wynne Thomas, Delfryn, drws nesaf i gartref John, er enghraifft) – ddiddordeb byw a chyfeillgar ynom, a dysgodd lawer i ni. Yn y dyddiau hynny, ac yn ddiweddarach, braint oedd cael bod yng nghwmni John:

(i) Y CRWYDRWR DIRNADUS

Ar nosweithiau braf yn y gwanwyn, ac adar eisoes 'mewn cariad/ Yn gwneud tŷ heb ganiatâd', chwedl Roger Jones, âi John â ni am dro ar hyd Hewl Bryncoch, neu ar hyd glannau Nant Glas, i chwilio am nythod adar. Gyda llaw, addysgol ac nid dinistriol oedd amcan y cyfan! Dangoswyd i ni sut a lle i chwilio am nyth rhyw aderyn arbennig, ac yna, wedi'r darganfod, caem gyfle i 'sefyll a synnu' at ddeunydd y nyth ac 'ar ei chrefft a'i thrwsiad'. Yna, cydiai John yn dyner-ofalus mewn ŵy, a'n cael i sylwi ar ei faint, a'i liw a'i lun. Nid anghofiaf fyth John yn darganfod nyth melyn-yr-eithin – ac nid nyth hawdd ei ffeindio oedd honno – ac yna'n dangos un o'r wyau i ni, gyda phatrwm megis map arno. Nid rhyfedd mai un o lysenwau'r deryn yw'r Sgriblwr! Enynnai'r cyfan hyn chwilfrydedd ynom. Ac yn bwysicach, creai ynom ddawn i ryfeddu'n werthfawrogol at yr hardd a'r cain o'n cwmpas mewn clawdd a pherth, ar bren a than graig. Does ryfedd mai pwnc darlith yr Athro John yn un o'i Ddarlithiau Nadolig yn y Sefydliad Brenhinol yn Llundain, un nos Wener, oedd 'Barddoniaeth Gwyddoniaeth'!

(ii) Y CRICEDWR DEHEUIG

Ar Hewl Bethania – credwch fi neu beidio – ar Graig Llechyfedach ac ar Gae Coets, ar y ffordd i Graig y Llety, er enghraifft, chwareuem griced. A phwy, meddech chi, oedd gyda ni i'n hyfforddi i ddal bat yn gywir ac yn union – **'Don't hold it too tightly or you'll choke it; don't hold it too lightly or it'll fly away'**? Ie, John eto. Roedd e'n gricedwr da ac yn droellwr llaw-chwith peryglus.

Âi John, a'i ffrind Noel Gibbard, â fi unwaith y flwyddyn i weld Morgannwg yn chwarae un o siroedd Lloegr yn Llanelli. (A mwy nag unwaith i San Helen, Abertawe) Cefais gyfle'n ifanc iawn i werthfawrogi artistri'r meistri. Rhai fel Watkins a Wooller, Willie Jones a Parkhouse, a'r Dafisiaid – Emrys a Haydn. John oedd wrth f'ochr i agor fy llygaid i ddawn a thechneg f'arwyr. John – yr athro wrth reddf.

(iii) Y CERDDWR DISGYBLEDIG

Ym Mabolgampau'r Ysgolion Uwchradd y dyddiau hynny John oedd y pencampwr am gerdded, a hynny bron yn flynyddol. A'r gamp i gerddwr oedd peidio rhedeg! Ac fe'i meistrolodd. Nid rhyfedd ei lys-enwi'n 'Johnnie Walker'!

Bu'n ymboeni i ddysgu Neville – Tomos arall – a minnau i gerdded – yn ôl ei droed. Ond amhosib i ddau, oedd am redeg cyn dysgu cerdded yn iawn, oedd efelychu'r meistr.

A dyna'n sicr ein hanes yn academaidd. Gwnaeth ein cyfaill a'n cymydog, John Meurig Thomas, Roslyn, Hewl Bethania, Tymbl Ucha' gynt, gamau breision iawn yn y byd hwnnw hefyd. A chyrhaeddodd y brig.

Ym 1986 apwyntiwyd John yn Gyfarwyddwr y Sefydliad Brenhinol – 'Crud yr Arloesi' (chwedl y rhaglen deledu) – yn Llundain, y Cymro cyntaf i gael y fath ddyrchafiad, ac fel Athro Preswyl a Chyfarwyddwr Labordy Ymchwil Davy-Faraday, gan olynu George Porter.

Sefydlwyd y 'Crud' hwn – canolfan ymchwil pwysica'r Deyrnas Unedig – gan Count Rumford ym 1799, a bu gwŷr bydenwog fel Humphry Davy a Michael Faraday, er enghraifft, yn gyfarwyddwyr yno. Y mae'r traddodiad arloesol yn parhau ym mherson a gwaith y Cyfarwyddwr presennol, un, yn ôl Syr William Mars Jones, '. . . sy'n gymaint o ddyn ag unrhyw un o'i ragflaenwyr!'.

Amheuthun oedd gweld a chlywed John yn disgrifio a dangos enghreifftiau o waith arloesol rhai o'r rhagflaenwyr disglair hyn, ac yn nodi eu galluoedd hynod. Eglurai hefyd natur y gwaith pwysig a wneir heddiw gyda Phelydrau Laser a Phelydr X, a'r ymdrech i ddatrys problemau meddygol. Y dasg o geisio concro cancr, er enghraifft.

Cyflwynodd y Cyfarwyddwr hyn, a llawer mwy, mewn Cymraeg graenus. Gloywai ei lygaid wrth danlinellu'r anrhydedd o gael bod yn y fath le. Pwysleisiodd yr her, ynghyd a'r posibiliadau gwych o wneud gwaith ymchwil pellach yno. Nododd hefyd y pwysigrwydd o drosglwyddo gwybodaeth wyddonol i'r cyhoedd yn gyffredinol. I'r diben hwn traddodir darlithiau arbennig ar Nos Wener, a daw pobl o bob cylch o fywyd i wrando darlithwyr o fri. Bu bron pob un o enillwyr y Wobr Nobel yn darlithio yno yn eu tro'n ystod y pum mlynedd ar hugain diwethaf. Mae'r naws ar y nosweithiau hyn yn debyg i naws yr opera neu'r theatr, a'r lle'n llawn cyffro. Mae'r ochr gymdeithasol yn dra phwysig, a'r sgwrsio a'r trafod, y ciniawa a'r cyfathrachu yn rhan anatod o'r amserlen.

Eglurodd Mrs Margaret Thomas, gwraig y Cyfarwyddwr, ei chyfrifoldebau arbennig hi gyda golwg ar y cyfan hyn. Disgrifiodd, mewn Cymraeg coeth a rhugl, natur eu bywyd teuluol bellach, a dangoswyd un 'stafell foethus yn reit fanwl i ni, ynghyd â'r cynnwys diddorol ac arwyddocaol. Ymhlith y pethau eraill, gwefr i ni Gymry oedd gweld mapiau o Sir Aberteifi a Chymru yn harddu'r muriau, 'mapiau', chwedl Margaret, 'i'n hatgoffa o'n gwreiddiau'.

Ond does fawr o berygl i John a Margaret, nac i'w plant disglair, Lisa a Naomi 'chwaith, anghofio'u gwreiddiau. Clywais John mewn anerchiad yn Y Tabernacl, King's Cross yn anwylo enwau lleoedd yng Nghymru gan drysori'r farddoniaeth oedd yn cyniwair drwyddynt. Y gwir yw fod y ddau yn amlwg falch o'u cysylltiad cychwynnol cysegredig â'r Tymbl a Llangennech, ac ag eglwysi Cynulleidfaol Bethania a Bethesda yn y ddau bentref. Mae'r ddau'n driw i'r graig y'u naddwyd ohoni.

A sôn am eglwysi. Gan fy mod yn cael y fraint y blynyddoedd hyn o weinidogaethu yn Llundain a'r cwmpasoedd, daw cyfle i mi, o leia unwaith y tymor, i gynnal gwasanaeth Cymraeg yng Nghaergrawnt ar nawn Sul. Dim ond unwaith y bûm i yno mewn bron pedair blynedd heb fod John a'i deulu yno'n addoli – ffaith sy'n siarad cyfrolau. Anghofia' i byth f'ymweliad cyntaf â Chaergrawnt ym 1984 a'r croeso a gawsom fel teulu gan John a'i deulu yntau. Ar ôl cinio – drwy haelioni John, aeth â fi am dro drwy rannau o'r ddinas hardd gan ddangos i mi rai o'i hadeiladau hanesyddol. Ie, yr un yw John ymhob man – boed yn y Tymbl neu yng Nghaergrawnt, boed ar lannau Nant Glas, ger fferm Bryn Coch, neu'r Afon Cam, ger Coleg y Brenin – a'i agosatrwydd gwylaidd, a'i foneddigeiddrwydd cyfeillgar yn rhan annatod o'i fawredd fel person.

Traddododd ei Ddarlith Agoriadol yn y Sefydliad Brenhinol ar Nos Wener, Tachwedd 6, 1986. A'i destun, (fel y cyfeiriwyd eisoes), 'Barddoniaeth Gwyddoniaeth'. Dangoswyd hyn yn yr ail raglen deledu – a llongyfarchion i S4C am y fath raglen. Beth am ei chael eto? Yna, cawsom ymateb tri o Gymry nodedig i'r ddarlith. Hiwmor y darlithydd apeliai at yr Arglwydd Elwyn Jones; ei wyleidd-dra oedd wedi gadael argraff ar Syr William Mars Jones; pwysleisiodd yr Arglwydd Hooson mai 'dyma'r ddarlith orau a glywais erioed'. Ychwanegodd Emlyn Hooson y farn y byddai haneswyr y dyfodol yn edrych yn ôl ar y cyfnod hwn ac yn dod i'r casgliad mai John oedd 'Cymro Mwyaf Ein Hoes'.

Fodd bynnag, ac yn gwbl nodweddiadol ohono, awgrymodd y darlithydd ei hun ei fod yn 'bryderus a nerfus' cyn traddodi, ac yna, wedi'r ddarlith, teimlai **'fod rhywbeth wedi mynd mas ohono'**. Onid dyna fu hanes John bob cam o'r daith, a'm anrhydedd i, a phawb arall a ddaeth i unrhyw gysylltiad ag ef erioed, fu cael **'cyffwrdd'**, fel petai, **'ymyl ei wisg'**.

* * *

Am olyniaeth!
Cyffesa John yn onest na fyddai byth wedi ystyried gadael Prifysgol Caergrawnt, a'i swydd yno fel Pennaeth yr Adran Gemeg Ffisegol, onibai ei fod, trwy ei derbyn, yn cael y fraint aruchel o fod yn un o olynwyr neb llai na Michael Faraday. Ac y mae perthynas Faraday â'r Sefydliad Brenhinol yn un o'r rhai mwyaf

*Cerflun o Michael Faraday yn gefndir i
Charles Taylor (Darlithydd) a JMT y Cyfarwyddwr.*

Lisa – Graddio yn Rhydychen, 1990.

rhamantus a llwyddiannus, er mai dechrau yno trwy ddamwain a wnaeth. Ond dechrau hefyd, o dan arweiniad ei gynghorwr doeth, yr enwog fardd-wyddonydd, Syr Humphry Davy.

Ie, Humphry Davy a Michael Faraday – dau enw cyfarwydd i John ers yn grwt ifanc yng Nghwm Gwendraeth a'r Mynydd Mawr. Ac yntau bellach – yr un gafodd 51 o farciau yn ei bapur Cemeg Safon O – yn cael cyfle, yn un peth, i weithio'n ddyddiol fel Cyfarwyddwr yn Labordy'r Davy-Faraday yn Stryd Albemarle, Llundain! Dyna, o'i nabod, y math o feddyliau ddeuai iddo'n bur fynych. Un, er yn breuddwydio breuddwydion, eto â'i draed yn solet ar y ddaear. Un yn ddiolchgar am bob braint, ac yn cofio – ac ymarfer hefyd – arwyddair ei Ysgol Ramadeg: *'Ymhob braint y mae dyletswydd'*.

Yn wir, yn Ysgol y Gwendraeth y clywodd John enw Faraday am y tro cyntaf. Nid nepell o'r ysgol honno roedd Efail y Gof, a'r gof hwnnw – Dafydd – un, yn ôl tystiolaeth loyw Walford Gealy, un o blant Drefach, nid yn unig '... *yn feistr ar ei waith ...*'[8] ond yn ffein wrth blant. O fewn yr Ysgol wedyn roedd plentyn i of arall yn athrawes Ffiseg, a naturiol oedd iddi hi, Miss Irene James ddweud, o bryd i'w gilydd wrth ddisgyblion ei dosbarth am fab i of arall eto. A'r mab – neb llai na Michael Faraday. Nid anghofia John fyth – y wers arbennig honno '... *un bore Hydrefaidd yn y Pedwar Degau*', chwedl yntau.

Diddorol yw nodi i John wahôdd Miss Irene James, o Lanelli, a fu, yn dilyn ei chyfnod fel Athrawes Ffiseg yn Ysgol y Gwendraeth, yn Ddirprwy-Brifathro Coleg y Drindod, Caerfyrddin, i'w Ddarlith ar Faraday, ar un Nos Wener ym mis Mawrth 1990. A gweld ei gilydd yn y fath gyd-destun – Prif Theatr y Sefydliad Brenhinol – yn wefr ac ysbrydiaeth i'r naill fel y llall.

Os mai Miss James a'i cyflwynodd gyntaf i Faraday, ei dad, David John Thomas y glöwr, mae'n siŵr, a'i cyflwynodd i ragflaenydd hwnnw, Humphry Davy. Ie, Davy a'i lamp enwog – '*Lamp diogelwch y glowyr*' – ei ddarganfyddiad yn wyneb ffrwydriad ym Mhwll Glo Gateshead pan laddwyd 92 o bobl. '*Gwrthododd Davy osod trwydded ar ei ddarganfyddiad:* **"Fy unig fwriad oedd i wasanaethu dyn"**, meddai. Cynhwysir y ffeithiau hyn, a llawer mwy, wrth gwrs, yn ysgrifau a darlithiau John Meurig Thomas. Ac y mae paragraff clo'i ysgrif yn 'Y Gwyddonydd' (Rhif 30, tt. 31-39, 1993) yn crynhoi'n ddeheuig:

> '... *Yr oedd Syr Humphry Davy yn un o wyddonwyr mwyaf rhyfeddol ei oes ac yr oedd yr un mor alluog yn y celfyddydau ag yr oedd yn y gwyddorau ...*'[9]

(Oni ddywedodd Samuel Coleridge Taylor – neb llai – amdano: '*Os nad cemegydd blaenaf ei oes, yna bardd blaenaf ei oes*'!).

> '... *Cyfunodd fynegiant llenyddol coeth â darganfyddiadau gwyddonol gwych. Gallai ddarganfod elfen alcali newydd neu ysgrifennu*

rhagymadrodd i gomedi i'w perfformio ar y llwyfan yn Llundain. Yr oedd ei gyfeillion yn cynnwys gwyddonwyr, llenorion a beirdd, a bu'n ymwelydd aml â thai uchelwyr megis Dug Bedford, Arglwydd Sheffield a'r Arglwydd Byron. Ond ni chollodd ei wreiddiau gwylaidd, ac er ei fod ar brydiau'n falch ac anghymedrol, gallai gyfaddef ei feiau ac edifarhau. Efallai nad oedd ganddo onestrwydd moesol Faraday ond, onibai am Davy, efallai na fyddem wedi clywed am Faraday erioed.'[10]

*   *   *

Michael Faraday a John Meurig Thomas

Nodwyd eisoes i John gydnabod na fyddai wedi symud o gwbl o Gaergrawnt i fod yn Gyfarwyddwr y Sefydliad Brenhinol onibai i Michael Faraday, o bawb, fod yn un o'i ragflaenwyr. A chydnabyddai'n gyson y wefr ddyddiol o weithio yn labordy'r gwron hwnnw, byw yn ei gartre, bwyta wrth ei ford, a chysgu yn ystafell wely ei arwr. Tystiai ei fod yn ymwybod â phresenoldeb ysbryd Faraday bob tro yr âi i mewn i'r Brif Theatr yno, ac felly hefyd pan yn eistedd wrth ei ddesg.

Roedd Faraday yn ddyn hardd ac urddasol, ac yn berson â chymeriad felly hefyd. Tueddai rhai i gyfeirio'n gyson at ei fwyneidd-dra, ond eglura John nad dyna'r gwir i gyd! O dan yr wyneb, meddai, mae'n debyg fod yna danchwa o losg-fynydd ar fin ffrwydro. Ond llwyddai i fod yn gyson-fwyn drwy ei hunanddisgyblaeth lem. A bu'r ddisgyblaeth honno'n allweddol parthed ei gyflawniadau fel gwyddonydd, a'i ymgysegriad fel crediniwr.

Un ymhlith llawer, o argyhoeddiadau Michael Faraday – ac argyhoeddiad weithredwyd hefyd ganddo, a hynny mewn modd gloyw – oedd fod addysg llawn cyn bwysiced ag ymchwil. A bod yr addysg honno, am ddarganfyddiadau gwyddonol a'u goblygiadau, er enghraifft, yn gwbl ddealladwy. Ac i'r dibenion hynny, yn Nau Ddegau'r bedwaredd ganrif ar bymtheg dechreuodd Faraday ddwy antur addysgol eithriadol lwyddiannus: (a) Y Darlithiau Nos Wener i Leygwyr; a (b) Darlithiau Nadolig i Blant. Digwyddiadau blynyddol yw'r rhain, ac achlysuron sy'n parhau'n bwysig a phoblogaidd. Cyflwynodd Faraday ei hun y darlithiau Nadolig ar 19 o achlysuron! A'i gyfres enwocaf o ddarlithiau ar thema: *'Hanes Cemegol y Gannwyll'*.[11] Wrth agor y gyfres honno yn Rhagfyr 1860, er enghraifft – a chofier fod niferoedd o blant yn Theatr y Sefydliad Brenhinol y noson honno – meddai:

> '... And before proceeding, let me say this also – that though our subject be so great, and our intention that of treating it honestly, seriously, and philosophically ... I claim the privilege of speaking to juveniles as a juvenile myself... And though I stand here with the knowledge of having the words I utter given to the world, yet that shall not deter me from speaking in the same familiar way to those whom I esteem nearest to me on this occasion. And now boys and girls, I must first tell you of what candles are made ...'[12]

Fel ei arwr, mae John Meurig Thomas yntau, yn addysgwr a chyfathrebwr o'r radd flaenaf; ac ef ei hun wedyn, fel ei eiriau a'i ddefnydd celfydd ohonynt, mor ddengar-hardd. Ac os mai: *'Barddoniaeth Gwyddoniaeth'* oedd testun ei ddarlith agoriadol yno, nid anghymwys fyddai cyfeirio at *Farddoniaeth Rhyddiaith* John – ar lafar, fel mewn llyfr!

Dyma enghraifft o gyflwyniad llafar agoriadol John, ynghyd â chynorthwyon gweledol, i un o'i Ddarlithiau Nadolig, a'r modd yr enillai ar unwaith sylw a gwrandawiad ei gynulleidfa:

> 'Ever since the days of the ancients man has been aroused by the beautiful, symmetrical, sparkling, durable and rare crystals.'

> 'This crystal made by mother nature many thousands of years ago is one of the largest specimens of *Quartz* you are ever likely to encounter.'

> 'This man-made chip – merely a fraction of a millimeter wide, nestled neatly in the eye of a needle is one of the smallest and one of the most powerful *Lazer* crystals now in commercial use.'

> 'In this bottle made by my predecessor – Michael Faraday one morning in 1856 – there are countless millions of crystals of gold.'[13]

Nid rhyfedd i John yntau gael ei ddisgrifio fel 'Pensaer Crisialau'!

Dathlu – mewn amryw ffyrdd

Nododd Naomi, er enghraifft, rai o'r campau gyflawnwyd gan ei mam, yn sgîl byw yn y Sefydliad Brenhinol, o bob man. A hawdd darllen 'rhwng llinellau', fel petai, natur amrywiol a maint y llwyth hwnnw. A hybu a chefnogi ei phriod a'i phlant drwy'r cyfan.

Roedd 1991 yn flwyddyn nodedig i'r Sefydliad, gan ei bod yn flwyddyn dathlu dau ganmlwyddiant geni ei Chyn-gyfarwyddwr ar Fedi 22, 1791. A bu paratoadau nid bychain ar gyfer yr achlysur, a'r Cyfarwyddwr John Meurig Thomas, a'i briod Margaret hefyd, yn ei chanol hi.

Coron y cyfan i John, mae'n siŵr, oedd gweld cyhoeddi ei gyfrol: *'Michael Faraday and The Royal Institution: The Genius of Man and Place'* [14] – cyfrol a gyflwynodd i Margaret. Yn ei ragair cydnebydd ei ddyled a'i ddiolch i lawer, ond i neb yn fwy na'i briod hardd ac abl: *'. . . **who read the entire text and whose concern for clarity and economy greatly improved it. I fondly dedicate this book to her.**'* Geiriau grasol – a geiriau sy'n ein cyffwrdd oll. Yr ochr arall i'r ddalen wen lân gydag ond y geiriau: *'For Margaret'* arni, ceir un megis wyneb-amlen wen gyda llun hardd o Faraday a'i lofnod ar y naill ochr, a stamp dethol-wahanol y dathlu ar yr ochr arall, ac yna, rhwng stampiau'r Sefydliad Brenhinol, enwau Lisa a Naomi (Thomas), plant y

Clawr cyfrol JMT i'w arwr – ers cyfnod Ysgol y Gwendraeth: 1944-1951!

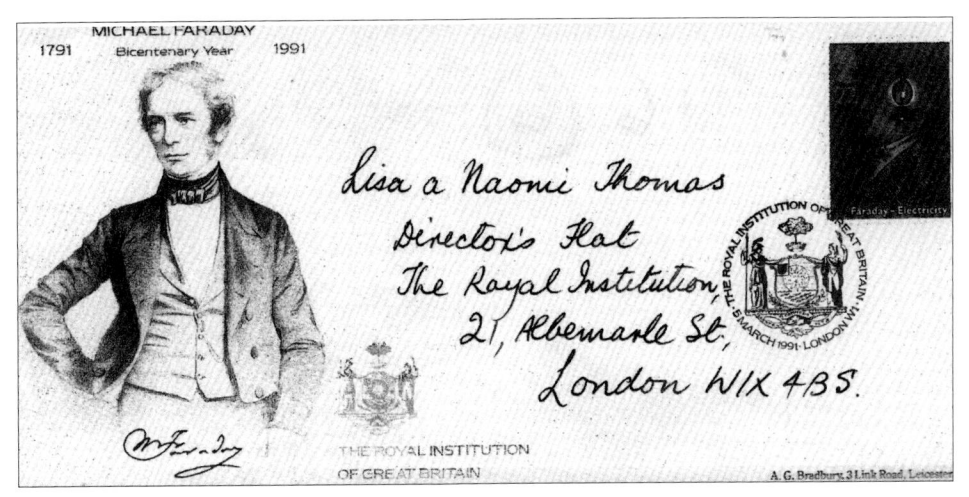

Am gerdyn!

Cyfarwyddwr a'i briod, Margaret, a'u cyfeiriad oddi tanodd. A sylwer mai **'a'** sy'n cysylltu'r plant, ac nid **'and'**!

> 'Lisa a Naomi Thomas,
> Director's Flat,
> The Royal Institution,
> 21, Albemarle St.,
> London W1X 4BS.'

Cyhoeddwyd llyfrau eraill ar Faraday y flwyddyn honno, a rhai mewn blynyddoedd diweddarach hefyd. Yn ôl ei arfer dda, bu John yn cyfrannu mewn adolygiadau, o bryd i'w gilydd. Ac ynddynt, mewn Saesneg coeth, ceir ganddo berlau o bob math – rhai gwreiddiol, ac eraill wedyn, mewn stori drawiadol neu ddyfyniad pwrpasol. Wrth adolygu'r llyfrau: *'The Correspondence of Michael Faraday'* a *'The History of the Faraday Society'* yn *'Nature'* (Mai 1997) noda am Faraday:

> *'. . . he also possessed intuition, insight and moral perfection. Aldous Huxley reflected on this 'conquering man of genius' in 1925 and wrote: "If I could be born again and choose what I should be in my next existence, I should desire to be a man of*

science . . . But even if I could be Shakespeare, I think I should still choose to be Faraday. True, the posthumous glory of Shakespeare is greater than that of Faraday . . . Posthumous fame brings nobody much satisfaction this side of the grave."'[15]

Am bennawd – a 'theitl', o bosib!

Yn Adran yr Adolygiadau yn *'Physics World'* (Mehefin 2003) ceir gan John y pennawd gogleisiol: *'Faraday with only a little of his science'*, wrth iddo adolygu cyfrol James Hamilton: *'Faraday: The Life' (2002).*[16] Mae'n adolygiad llawn, ac nid heb ei gymeradwyaeth i'r awdur. Eto, ni chuddia John Meurig ei siom yn rhai agweddau o'r gwaith pedwar cant chwe deg a phump tudalen.

Hawdd fyddai dyfynnu'n helaeth. Nodwn y frawddeg: *'The prodigality of Faraday's genius has often led him to being regarded as the Mozart of experimental science'*, ac yna ymgom John ei hun â ffrind iddo o'r Almaen parthed ymdriniaeth Hamilton. Teimlai John nad oedd digon o ddyfnder gwyddonol yn y gwaith. Mewn ymateb, meddai'i ffrind: *'Ei fod fel gwrando:* **'Mozart mit einem βiβchen Musik'** ('Mozart with a little bit of music'.) Cydiodd John yn y cymal yna a'i roi'n bennawd i'w adolygiad. Pan ddarllenais innau'r uchod, meddwn wrthyf fy hun: **'Os'** – (ac nid yn anfynych y deuai'r geiryn yna i'm poeni) – *'Ie,* **OS** *dof i ben a 'sgrifennu cyfrol am John – y teitl addas iddi fyddai:*

**'Bywyd Yr Athro Syr John Meurig Thomas –
gydag ond ychydig bach o'i wyddoniaeth'!**

Ysgrifennwyd toreth o lyfrau ac erthyglau ar Faraday yn 1991 a phennawd Rhifyn 85 (tt. 120-124) o *Isis* gan Hanes y Gymdeithas Wyddonol yn 1994 oedd *Wheat and Chaff / The Harvest of the Faraday Bicentenary*. A sylwadau gan L. Pearce Williams, rhai arbennig eu cymeradwyaeth, er enghraifft, i ddwy o'r cyfrolau hynny. Un wahanol Geoffrey Cantor: *'Michael Faraday: Sandemanian and Scientist: A Study of Science and Religion in the Nineteenth Century'*. Cyfeiria'r adolygydd yn arbennig at y penodau cyntaf sy'n rhoi golwg newydd a chyfoethog o fywyd Faraday o fewn ei gyd-destun crefyddol.

Cyfrol John am ei arwr yntau
Parthed cyfrol John Meurig Thomas, meddai Williams:

> 'I wish I had the space to detail the many excellences of this work. I can only say that this book is both a good read and the best introduction I know to Faraday and the Royal Institution.'

Ac un enghraifft arall: Syr Hermann Bondi yn y *Cambridge Evening News*:

> 'Many volumes have been written about Faraday and his works, but this book is a gem.'

Yn wir, bu'r adolygiadau niferus yn y Wasg Saesneg yn hael eu gwerthfawrogiad a'u cymeradwyaeth o'i waith. Ond amheuthun oedd cael adolygiad Cymraeg *(Gweler isod)*, un cryno ac arbennig iawn, a chan neb llai na Golygydd *Y Gwyddonydd*, yr Athro Dr Glyn O. Phillips. Fe'i cynhwyswn yn ei gyfanrwydd:

'MICHAEL FARADAY
AND THE ROYAL INSTITUTION'[17]

THE GENIUS OF MAN AND PLACE

JOHN MEURIG THOMAS

(ADOLYGIAD yn 'Y GWYDDONYDD' (GWANWYN 1992))[18]

GAN

GLYN O. PHILLIPS

Cyhoeddwyd amryw o lyfrau i gyd-fynd a dau-gan-mlwyddiant geni Michael Faraday yn 1791. Go brin fod yr un ohonynt wedi'i ysgrifennu gyda'r un edmygedd o'r gwrthrych â'r llyfr hwn gan y Cymro disglair John Meurig Thomas. Wrth ddilyn ôl traed Michael Faraday fel Cyfarwyddwr y Sefydliad Brenhinol cafodd John Meurig gyfle arbennig, nid yn unig i ddysgu am Gampweithiau Faraday, ond hefyd am ei athrylith amlochrog.

Yn y rhifyn hwn (o'r 'Gwyddonydd') cawn grynodeb ganddo o gyfraniadau gorchestol Faraday i wyddoniaeth. Cyfrannodd i feysydd mor amrywiol â chemeg, magneteg, meteleg, a'r dulliau cyntaf o gynhyrchu trydan. Nid oes angen eu rhestru yma eto.

Cyflawnodd y cyfan heb orfod defnyddio mathemateg mewn un o'i 400 o bapurau gwyddonol. Ef, yn ddiamau, oedd yr athronydd arbrofol mwyaf a welwyd erioed.

Ceir yn y gyfrol adroddiadau cyffrous ar y darganfyddiadau hyn. Ond er gwaethaf ei gampweithiau fel gwyddonydd, mae'n amlwg fod yr awdur yn edmygu Faraday hefyd ar gyfrif mawredd ac amlochredd ei bersonoliaeth. Dilynodd Humphry Davy fel pennaeth y Sefydliad Brenhinol; a thros yr hanner can mlynedd a dreuliodd yno chwythodd anadl einioes arbennig i'r lle.

Tyfodd y Sefydliad Brenhinol i fod yn symbol o chwilfrydedd Gwyddonol a lledaenodd y weledigaeth wyddonol, yn arbennig ymhlith pobl ifanc. Ef a sefydlodd y trafodaethau ar Nos Wener yno, a'r Darlithiau Nadolig – gan draddodi yr enwocaf ohonynt i gyd, sef: *'Hanes Cemegol y Gannwyll'*.

Mae un bennod feistrolgar yn ymdrin a 'Faraday y Dyn'! Byddai'r llyfr yn un gwerthfawr pe na bai ond am y bennod hon yn unig. Roedd Faraday yn Gristion pybyr, ac yn perthyn i enwad bach y Sandemaniaid. Nid oedd yn chwennych anrhydeddau'r byd hwn, a gwrthododd yn gwrtais y cynnig i fod yn Llywydd y Gymdeithas Gemegol a'r Gymdeithas Frenhinol er mwyn medru rhoi ei holl amser i'w labordy a'i deulu.

Mi allwn bentyrru geiriau yn canmol a disgrifio'r llyfr bychan hwn, ond y peth gorau fyddai i bawb ohonoch ei ddarllen, beth bynnag yw eich diddordebau gwyddonol. Mae yn gwbl addas hefyd i'r lleygwr. Yn wir, mae'n berl a fyddai'n fendithiol fel maes trafod i bobl ifanc yn y Chweched Dosbarth cyn dechrau ar gwrs gwyddonol. Byddai'n eu hysbrydoli a byddai'n codi eu golygon o'r ffeithiau anniddorol sydd yn rhaid iddynt eu dysgu, a rhoi iddynt flas ar y wefr sydd mewn gwyddoniaeth yn ei chyfanrwydd.

Dyn cyfan oedd Faraday ac mae'r llyfr yn dweud llawn cymaint am yr awdur ag am y gwrthrych. Medrodd ysgrifennu'r fath lyfr am fod ganddo yntau yr un weledigaeth synoptaidd am wyddoniaeth. Llongyfarchiadau iddo a diolch am y gyfrol.

GOP

*　*　*

Hubert Edwards yn darllen – un o'i emynau, o bosib, i Margaret.

'Does unman yn debyg i gartre'!

Coron cyfnod John Meurig Thomas yn y Sefydliad Brenhinol oedd gweld cyhoeddi ei gyfrol ar ei arwr, ond fe allai'r cyfnod yn hawdd gael ei alw hefyd yn Gyfnod y Goron Driphlyg! Cyn y cyhoeddi uchod, ym mis Mawrth 1991, ie, yn Ysgol y Gwendraeth, lle y clywodd John am y tro cyntaf erioed – gan Irene James, ei athrawes Ffiseg yno – enw Michael Faraday, ac ie, yng Nghanolfan Carwyn – arwr mawr arall a ffrind John, a gyfeiriodd ato yn y gyfrol *"Carwyn un o 'fois y pentre'"* fel *'Tywysog y Cwm'*,[18] gwahoddwyd Yr Athro Dr John Meurig Thomas, FRS, Cyfarwyddwr y Sefydliad Brenhinol yn Llundain, i lansio **'ASTUDIO'R GOFOD'** – cynllun arloesol Adran Addysg Dyfed:[19]

> *'. . . i ddod â'r gofod o fewn cyrraedd pob plentyn ysgol yn y sir. Syniad gwreiddiol Dr David Norbury . . .'*

Ie, 'Coron Driphlyg' yn wir, a mwy. A'r fath lawenydd. Dim clod i broffwyd yn ei fro ei hun, wir!

Yn ôl, mewn ystyr, i'w wlad ei hun – yn rhannol beth bynnag – y byddai John Meurig Thomas yn dod dros dridiau'n wythnosol yn ystod pennod nesaf ei yrfa lwythog a lliwgar. Ond nid yn gwbl ddibryder, 'chwaith.

Ysgol y Gwendraeth eto – 1991!   *Rhaglen Asudio'r Gofod.*

Ffarwél – yn rhannol!

Graddau Er Anrhydedd, Bangor, 1991. Llawer iawn o wynebau cyfarwydd.

Nodiadau

1. Mewn cyfweliad ar Raglen Deledu (Apollo/Pedol) ar gyfer S4C. GSJ.
2. Neges e-bost Lisa, Awst 2012.
3. Neges e-bost gan Naomi, 9.6.2012.
4. Ibid.
5. *The Independent*, Haf, 1986.
6. 'Yr Epistol at y Rhufeiniaid', Lyfrfa'r Methodistiaid Calfinaidd, Aberystwyth, t. 110.
7. *Y Tyst*, Ionawr 1988.
8. *Cwm Gwendraeth* (gol. Hywel Teifi Edwards), Gwasg Gomer, t. 60.
9. 'Syr Humphry Davy (JMT)', *Y Gwyddonydd*, Gaeaf 1992-93, tt. 61-64. (Gol. GOP).
10. Ibid.
11. 'I Michael Faraday – Er Anrhydedd', *Y Gwyddonydd*, **29**, 3, 102-106, 1992.
12. 'A Great Scientist and a Great Human Being: Michael Faraday'. Darlith i G.A.G. Llanelli.
13. Fideo o Ddarlith JMT yn Y Sefydliad Brenhinol.
14. *Michael Faraday & The R.I., The Genius of Man & Place*, Taylor & Francis Group, N.Y. 1991.
15. *Nature,* Mai 1997.
16. Adolygiad JMT o lyfr James Hamilton.
17. Adolygiad yn *Y Gwyddonydd*, 1991.
18. *Carwyn,* Gol. John Jenkins, Gwasg Gomer, 1983.
19. *Y Gwyddonydd,* Gwanwyn 1992 (Gol. Glyn O. Phillips).
20. Trwy garedigrwydd gwirfoddol Glyn Charles, Llanelli.

Pennod 7

Dirprwy Bro-Ganghellor Prifysgol Cymru
(1991-1994)

Am flwyddyn

Blwyddyn drawiadol, a dweud y lleiaf, oedd 1991 ym mywyd John Meurig Thomas a'i deulu.

Dyma flwyddyn dathlu Dau Canmlwyddiant Michael Faraday a anwyd ar Fedi 21, 1791, a chyhoeddwyd cyfrol John i'w arwr ym mis Mawrth, 1991. Fe'i cyfieithwyd i fwy nag un iaith dramor yn ddiweddarach. Bu digwyddiadau dathliadol eraill, mewn amryw fan a llawer modd, dros y flwyddyn arbennig honno.

Ar Fehefin 15 wedyn, cydnabuwyd gorchestion amrywiol John ei hun drwy ei urddo'n Farchog gan y Frenhines.

Erbyn hynny roedd John – er yn parhau'n Athro Fuller Cemeg yn y Sefydliad Brenhinol yn Llundain, y swydd a grewyd ar gyfer Michael Faraday tua 1835, ac hefyd â'i ymchwil yn Labordai'r Davy-Faraday yno – wedi rhoi'r gorau i'w gyfrifoldeb fel Cyfarwyddwr y Sefydliad a'i Labordai. Ys d'wedwyd gan lawer, yn dilyn ei apwyntiad i'r swydd anrhydeddus honno yn 1986: *'Y dyn iawn yn y lle iawn',* yn sicr wedyn, a hynny ar sail ei berson, ei waith a'i ddoniau, d'wedwyd hynny'n gynyddol gryfach o flwyddyn i flwyddyn. Nid syndod felly fod cynifer yn dweud wrtho, a hynny'n fynych, pan glywsant y newydd syfrdanol am yr ymddiswyddiad, na ddylai ar unrhyw gyfrif fod wedi gwneud y fath benderfyniad. Ond, os bu dyfalu paham, o lawer tu, ni ddatgelwyd y gwir reswm dros y penderfyniad – un ymddangosiadol sydyn – am dros ddegawd a mwy.

Dirprwy Bro-Ganghellor Prifysgol Cymru (1991-1994)

Yr Achlysur: Urddo John Meurig Thomas yn Farchog ym Mhalas Buckingham gan y Frenhines. Lisa, y Fonesig Margaret a Naomi'n dathlu. Hydref 1991.

Ar wahân i'r meddyg, a Margaret hithau wrth reswm, John yn unig wyddai fod cancr ei briod wedi amlygu'i hun eto yn 1989. Ac, yn ôl y cyngor meddygol, gallasai Margaret ddisgwyl cael byw yn hwy pe bai'n cael ei rhyddhau o'r cyfrifoldebau mawr oedd arni hi'n bersonol yn y Sefydliad Brenhinol. Yn arbennig felly ar adeg y Cyrsiau a'r Darlithiau Nos Wener, ynghyd âg Achlysuron Cyhoeddus niferus y Sefydliad. Y fath ddarpariaethau, mewn amryw foddau, cyn, ac yn ystod y digwyddiadau gwahanol. Y croesawu a'r derbyn, y cwmnïa a'r diddanu. Â'r fath westeion! A Margaret hithau bob amser, yn berffeithydd o westeiwraig. Golygai penderfyniad John i ymddiswyddo fel Cyfarwyddwr y gallasai'r teulu fyw eto yn eu cartref hyfryd yng Nghaergrawnt.

Ac er prysured dinas Caergrawnt hithau, amlycach y beic yno na'r tacsi.

Prifysgol a Phrifysgolion

Am chwarter canrif o'i oes bu John Meurig Thomas yn rhan o fywyd a bwrlwm Colegau Prifysgol Cymru. Fel myfyriwr yn Abertawe i ddechrau, ac yna fel Darlithydd Cynorthwyol, Darlithydd, Uwch-Ddarlithydd a Darllenydd ym Mangor, ac fel Athro yn Aberystwyth. Nid rhyfedd ei edmygedd dwfn ohoni a'i hanes o'i chychwyn yn 1893. A'i wir gonsyrn drosti, yn ogystal, ar drothwy ei Chanmlwyddiant, ynghyd â'i dyfodol.

Nid yn anfynych 'chwaith y cyfeiriodd ar lafar ac mewn print at yr hanes nobl hwnnw, gan nodi dechreuadau'r academïau a'r prifysgolion yn Heliopolis, nid nepell o ddinas Cairo yn yr Aifft, tua 2,700 o flynyddoedd Cyn Crist! Yna'r twf a'r datblygiad o gyfnod i gyfnod, ac o gyfandir i gyfandir. Nid syndod felly ei falchder yn ei Brifysgol ei hun a safonau Addysg Uwch. Tystiodd, fel myfyriwr yn Abertawe ddechrau'r Pum Degau fod y safonau yno:

> '. . . gyda'r gorau yn y byd . . . a gradd B.A neu B.Sc. cystal â gradd 'Meistr' ym Mhrifysgolion Havard, Yale, Cornell, ac ati . . . yn yr Unol Daleithiau.'

Cwbl allweddol yn y broses oedd Cyngor Cyllido Prifysgolion (C.C.P), creadigaeth Lloyd George – un o arwyr John – yn 1919. Profodd JMT hynny'n bersonol hefyd, pan sefydlwyd Is-Adran Gwyddoniaeth Defnyddiau Crai ym Mangor, yn 1962. Yr un gyntaf o'i bath yn y Deyrnas Unedig.

Wedi'r flwyddyn 1965 trefnwyd Addysg Uwch yn ôl y 'System Ddeuol' yn y gwledydd hyn. Hynny yw, caed Prifysgolion ar y naill law a Cholegau Technegol ac Hyfforddi, er enghraifft, ar y llaw arall. Ond os ariannwyd yr uchod yn burion dros ddegawd 1965-1975, d'weder, gwahanol fu hi wedi i Margaret Thatcher ddod yn Brif Weinidog yn 1982. O fewn blwyddyn neu ddwy wedyn, sefydlwyd SBS, sef *'Save British Science'*, o dan arweiniad yr Athro Dennis Noble, FRS. Ond pan gynigiwyd, mewn Cynulliad ym Mhrifysgol Rhydychen, y dylid rhoi Gradd er Anrhydedd i Margaret Thatcher, pleidleisiodd 738 yn erbyn, a dim ond 319 o blaid! Nid syndod hynny 'chwaith, o gofio i'r newidiadau mwyaf yn hanes Addysg Uwch ddigwydd yng nghyfnod ei goruchwyliaeth hi – 1982-1990, ac un ei holynydd, John Major – 1990-1997, fel Prif Weinidogion.

Mynych y cwynion o du'r Sefydliadau Addysgol a'r Gwasanaethau Cyhoeddus am doriadau'r Toriaid. Fel canlyniad, er enghraifft, bu'n rhaid cau Adran Gemeg Coleg y Brifysgol, Aberystwyth yn 1987 – Adran, ddeng mlynedd cyn hynny – o dan arweiniad blaengar John a chefnogaeth ei Brifathro – oedd gyda'r orau yn y byd! *(Gweler lluniau aelodau'r Adran yn 1970 a 1973, er enghraifft, ym Mhennod 4.)*

Adroddiadau

Ym 1985 ymddangosodd Adroddiad Jarrat ar *'Astudiaethau Effeithiolrwydd mewn Prifysgolion'*, ac, fel canlyniad i hynny, ynghyd â'r galw cynyddol daer o du'r Colegau am fwy o annibyniaeth a hyblygrwydd, sefydlwyd corff o'r enw: *'Grŵp Pwerau a Dibenion'*, fel y gallai hwnnw gyfarwyddo Cyngor y Brifysgol parthed y ffordd orau i alluogi'r sefydliad i fod yn fwy effeithiol fel Corff Ffederal.

Sefydlwyd tîm o ddeg o dan arweiniad Syr Goronwy Daniel, Cyn Is-Gadeirydd y Wladwriaeth yn y Swyddfa Gymreig, a Phrifathro Coleg y Brifysgol, Aberystwyth o 1969-1979, un o Gymry galluocaf ac amlycaf y cyfnod modern.

Bu'r Grŵp am ddeunaw mis yn llunio Adroddiad Ymgynghorol – Adroddiad a dderbyniwyd gan Lys y Brifysgol yn Hydref 1989. Roedd neges Syr Goronwy'n glir: *'Yn unedig – fe safwn; arwahân – fe syrthiwn!'* Datganodd yr Adroddiad yn glir o blaid parhau'n Brifysgol Ffederal. Awgrymodd sefydlu Pwyllgor Cynllunio ac Adnoddau o dan gadeiryddiaeth Dirprwy Bro-Ganghellor, a sefydlu

Corff Astudiaethau Rhyng-golegol i gyfrannu tuag at drefnu dysgu ac ymchwil, ac i arbed dyblu adnoddau a chyllid.

Ymwelydd achlysurol â'r Sefydliad Brenhinol yn Llundain ar gyfer y *Darlithiau Nos Wener* – ar wahoddiad Syr John y Cyfarwyddwr – oedd yr Arglwydd Cledwyn o Benrhos. Bu ef yn Ddirprwy Ganghellor Prifysgol Cymru ers 1985. Ef soniodd wrth John, fel canlyniad i *Adroddiad Daniel*, fod llawer yn ei enwi ar gyfer swydd allweddol *Dirprwy Bro-Ganghellor Prifysgol Cymru*. Teimlai Syr Goronwy ac eraill fod angen dyrchafu proffil y Brifysgol, trwy ysgogi mwy o ymchwil o safon fyd-eang yn ei Cholegau, ac mai Syr John fyddai'r union un ar gyfer y math yna o gyfrifoldeb. Meddyliwyd yn wreiddiol, mae'n debyg, am gael un amser llawn, ond, ar fyrder, newidiwyd hynny, a phenderfynwyd yn hytrach ar sicrhau un rhan-amser tri diwrnod yr wythnos yng Nghaerdydd, ac yng Nghofrestrfa'r Brifysgol yno. A derbyniodd John yntau y gwahoddiad.

Ond, hyd yn oed **cyn** iddo ymgymryd â'i gyfrifoldebau newydd, synhwyrai John fod yna bersonau dylanwadol o fewn Prifysgol Cymru nad oedd yn or-awyddus, a dweud y lleia', i'w weld yn cyflawni rhai o'r tasgau a benwyd ar gyfer Dirprwy Bro-Ganghellor yn *Adroddiad Daniel!* Yn wir, gwnaeth Prifathro Coleg Prifysgol De Cymru a Mynwy, Caerdydd, Aubrey F. Trotman-Dickensen – a oedd yn Ddirprwy Ganghellor Prifysgol Cymru ar y pryd – siwrne benodol i'r Sefydliad Brenhinol ddiwedd Mai 1991, i geisio cymell John i beidio rhoi'r gorau i'w gyfrifoldebau yno. Teimlai AFT-D fod diwrnod yr wythnos yn hen ddigon i Ddirprwy Bro-Ganghellor gwblhau ei ddyletswyddau. Ond ni chytunai John! Synhwyrai mai amcan Dickensen oedd sicrhau'r lleia' posib o ymyrraeth o du'r Brifysgol yn ganolog. Hynny yw – o du JMT, a ddechreuodd ar y gwaith 'rhan-amser' hwnnw yn Haf 1991!

Bu Syr Goronwy (fel Prifathro) a Syr John (fel Athro), mewn partneriaeth gyd-weithredol agos a chyfeillgar yn Aberystwyth o 1969 – 1978, a mawr fu dylanwad y naill ar y llall. A chydnebydd John ei edmygedd ohono – y fath allu, eto'r fath ddoethineb hefyd. A'i ddyled iddo, a'r 'gwersi' ddysgodd ganddo wrth sylwi arno'n llywio a chadeirio cyfarfodydd o bob math. Ac mor wylaidd a naturiol bob amser. Roedd Syr Goronwy a'r Fonesig Valerie yn byw yn Llandaf, Caerdydd yn y Naw Degau, ac nid anfynych fu ymweliadau'r Dirprwy Bro-Ganghellor â'u haelwyd hardd. Ac am gownsela!

Brwydrau

Cafodd Adroddiad Daniel dderbyniad cynnes mewn amryw gylchoedd a thybiwyd fod cyfnod newydd o gyd-weithio effeithiol a hwylus ar wawrio.

Ond nid felly y bu!

Arweiniwyd y ffederalwyr, wrth reswm, gan Syr John Meurig Thomas a apwyntiwyd i gydlynu cynlluniau academaidd a gweinyddol y Brifysgol a'i Cholegau perthynol. Gosododd ef ei stamp bersonol ar y rhaglen ddiwygiadol, gan geisio meithrin ewyllys da a chyd-weithrediad. Galwodd ar bob Coleg i gefnogi Prifysgol Cymru ddiwygiedig ac estynedig. Dyheai am weld Prifysgol fyddai'n ymgorffori elfennau gorau eu hetifeddiaeth ddiwylliannol ac addysgol, ac yn adlewyrchu ei helfennau amrywiol, cyfoethog.

Teimlai Syr John, ar y dechrau, fod pob dim o'i blaid a chafodd gefnogaeth frwd gan aelodau lleyg hŷn y colegau perthynol. Gweithredai rhain fel Cadeiryddion neu Lywyddion y colegau hynny. Rhai fel Emrys Evans (Coleg y Brifysgol Abertawe), Syr William Mars Jones (CyB Bangor), Dr David Cole a Raymond Mout (CyB ac Ysgol Feddygol Caerdydd), Syr Melfyn Rosser (CyB Aberystwyth) a Roderick Bowen (CyB Llanbedr-Pont-Steffan). Derbyniodd Syr John adroddiadau brwd o du aelodau staff y colegau; llawer o'r rheiny yn rhan o'r pwyllgorau niferus y byddai ef yn eu cadeirio fel Dirprwy Bro-Ganghellor. Pobl fel y diweddar Athro Phil Williams, yr Athro Gwyn Thomas, a'r diweddar Athro Bedwyr Lewis Jones ym Mangor; yr Athro Aubrey Truman a'r Athro W. Jeremy Jones, Abertawe; a'r Athro Robin Williams, Caerdydd. Tystiodd John hefyd i'r Arglwydd Morris, Pennaeth Llambed, ac i'r Athro Duthie, Pennaeth yr Ysgol Feddygol yng Nghaerdydd, fod yn wir gynorthwyol iddo.

Cefnogwr brwd arall i weledigaeth John oedd yr Arglwydd James Callaghan, y Cyn-Brifweinidog. Ef oedd Llywydd Coleg y Brifysgol, Abertawe.

Ond, yr oedd croes-wyntoedd cryfion yn bygwth, yn arbennig o du Penaethiaid y Colegau uchod ac, yn hytrach na pharhau'n deyrngar i Brifysgol Cymru, cynyddodd y galw ganddynt am fwy o reolaeth i bob Coleg unigol. Arweiniwyd y gwrth-ffederalwyr hyn gan Brifathro Coleg y Brifysgol, Caerdydd – Syr Aubrey Trotman-Dickenson, a Brian Leonard Clarkson (Abertawe). Mynnent hwy fod y drefn ffederal, gyda'i pheirianwaith weinyddol letchwith a chostus, yn faen-tramgwydd i flaengarwch unigol, yn atal cynnydd, ac yn ennyn eiddigedd a dadlau. A thueddai Penaethiaid CPC Aberystwyth a Bangor – Kenneth O. Morgan ac Eric Sunderland – fod yn gryf o'u plaid, er nad oeddent hwy eu dau mor llafar-agored eu gwrthwynebiad ag AT-D a BLC!

Yr Arglwydd Callaghan, Arglwydd Cledwyn, Brian Thomas a Syr John mewn Cinio Busnes yng Nghaerdydd, 1992.

Synhwyrai'r Arglwyddi Cledwyn a Callaghan bosibilrwydd gwrthryfel, a phenderfynodd y ddau alw cyfarfod o bwys yn Llundain, gan alw ynghyd holl Brifathrawon y Colegau a'r swyddogion eraill – llywyddion, cadeiryddion a thrysoryddion ac ati. Mynegwyd, er enghraifft, gan James Callaghan, un neges gref o gerydd i'r Prifathrawon am gynnal cyfarfodydd preifat heb hysbysu'r Dirprwy Bro-Ganghellor amdanynt!

Yn y cyfamser, fel canlyniad i bolisïau'r Prif Weinidog, John Major, a'r Ysgrifennydd Gwladol dros Addysg, Kenneth Baker, dilewyd y 'llinell ddeuol' a chrewyd mwy o brifysgolion. Diddymwyd yr UGC (Cyngor Grantiau Prifysgolion) a sefydlwyd yr UFC (Cyngor Ariannu Prifysgolion). Teg nodi i hwnnw, o dan arweiniad ei Gadeirydd, Yr Athro Graeme Davies, fod yn gefnogol iawn i waith y Dirprwy Bro-Ganghellor. Yn ei swyddogaeth gydweithredol, er enghraifft, rhoddwyd swm sylweddol o arian iddo i adeiladu cyfarpar i hybu rhaglenni ymchwil cyffrous ar-y-cyd ymhlith y Colegau perthynol. Er enghraifft, arbenigwyr meddygol yng Nghaerdydd yn cyd-weithio â pheirianwyr yn Abertawe. Cefnogwyd hyn gan lawer.

Serch hynny, nid felly y teimlai'r Penaethiaid. Ofnent hwy fod eu hawdurdod yn cael ei erydu.

Yn wyneb y fath sefyllfa ni fu prinder cyhoeddusrwydd – yn y Gymraeg a'r Saesneg.

Yn y Cylchgrawn misol *'Barn'*, er enghraifft, rhoes y Golygydd gyfle i nifer dethol leisio'u barn ar *'Ddyfodol Addysg Uwch yng Nghymru'*. Dyma enwau'r cyfranwyr a phenawdau eu cyfraniadau; penawdau dadlennol! Wyn Roberts: *'Pam y Newid?'*; Alwyn Roberts: *'Rhybuddio Rhag y Rhwyg'*; Morys Gruffydd: *'Rhoi Addysg yn Nwylo'r Farchnad'*; John Meurig Thomas: *'Troi Newid yn Fantais'*; Guto Roberts: *'Tynged y Polytechnig: Prifysgol Pontypridd?'*. Dyfynnwn baragraff o gyfraniad arbennig Alwyn Roberts:

'... Y mae lle i ddadlau ynglŷn â'i dyfodol ond fe hoffwn dybio mai man cychwyn y drafodaeth yw'r gred na ddylai Prifysgol Cymru ddathlu ei chanmlwyddiant trwy ymrwygo. Yn hytrach

Lisa, a chwiorydd John, Jean a Christine, Margaret a Naomi yng nghartref Jean ym Mhontarddulais tua 1992.

gall fod, yn amrywiaeth newydd ei cholegau, yn Brifysgol gynhwysfawr y genedl.'

Wedyn, yn Eisteddfod Genedlaethol Cymru 1992 yng Nghaerdydd, traddododd Syr John Meurig Thomas ddarlith sylweddol ar y testun: *'Tynged ein Prifysgol'*. Dyfynnwn un o'i awgrymiadau parthed dyfodol Prifysgol Cymru:

*'Gan fy mod yn credu **bod** angen cynllunio er lles y Colegau a'r Brifysgol gyfan, credaf fod yr amser wedi dod i benodi Rheithor amser-llawn ('Rheithor' neu 'Llywydd' fyddai'n briodol ei alw gan gofio natur ffederal y Brifysgol), am gyfnod o rhyw bum mlynedd dyweder. Credaf hefyd fod yr arfer a fabwysiadwyd yn ddiweddar gan Brifysgol Caer-grawnt, sef gwahardd Pennaeth un o'r Colegau rhag dal swydd yr Is-Ganghellor am na all yr un person gyfawni'r ddwy swydd yn foddhaol, yn ddatblygiad synhwyrol. Mae gan Brifysgol Rhydychen Is-Ganghellor pum mlynedd, a bydd deiliad nesaf y swydd, tra bydd yn dal y swydd honno,*

yn rhoi'r gorau i fod yn Bennaeth ei Goleg. Dyma, mi gredaf, enghreifftiau teilwng i ni eu dilyn.'

Yng ngoleuni'r cyfan uchod – a'r fath ferw, sefydlwyd gan Gyngor y Brifysgol, weithgor o dan arweiniad Syr Melfyn Rosser i ail-ystyried argymhellion Adroddiad Daniel. Ar fyrder, ym misoedd cyntaf 1993, paratowyd dogfen ymgynghorol a ddosbarthwyd yn eang i'r Colegau perthynol i'w hystyried. Ceisiai Adroddiad Rosser greu . . .

'. . . ysbryd o bartneriaeth yn seiliedig ar y gydnabyddiaeth o integriti'r Colegau a'r Brifysgol fel cyrff siartedig, ac o'r cyfleon unigryw o fewn y fframwaith ffederal i weithredu ar y cyd mewn meysydd dethol . . .'

. . . a thybiwyd y byddai'n llwyddo i ddatrys y tensiynau rhwng y carfannau.

Yn y cyfamser, ar Ebrill 16-17, 1993, drwy arweiniad ac ysgogiadau brwd Syr John Meurig, cynhaliwyd Cynhadledd Ymchwil Addysg Uwch Cymru, yng Ngwesty'r Parc, Caerdydd. Daeth rhyw gant a hanner ynghyd a gwrandawyd ar ddarlithiau ac anerchiadau gan dros bymtheg o siaradawyr, gan gynnwys un ar *'Berspectif y Swyddfa Gymreig'* gan Syr Wyn Roberts. Syr John Meurig Thomas ei hun gyflwynodd yr anerchiad agoriadol a'r un i gloi'r gweithrediadau – cyfraniadau nodedig o loyw a threiddgar. A'r un clo – heb flewyn ar dafod!

'Meddyliau i Grynhoi' yw'r pennawd. A chydnebydd ar unwaith mai nid tasg hawdd oedd crynhoi. Mewn cyd-destun o'r fath ei arfer yw troi i'r Beibl am ddyfyniad. (Gyda llaw, nid ef yn unig wnaeth hynny yn y Gynhadledd honno!) A dyfyniad John – o Lyfr y 'Pregethwr'.

'. . . nid y cyflym sy'n ennill y ras, ac nid y cryf sy'n ennill y rhyfel; nid y doethion sy'n cael bwyd, nid y deallus sy'n cael cyfoeth, ac nid y gwybodus sy'n cael ffafr. Hap a damwain sy'n digwydd iddynt i gyd.'

*Syr John fel Llywydd Cynhadledd Ymchwil Cymru
yng Nghaerdydd, Ebrill 1993.*

Gan ychwanegu'n bersonol mai ffolineb o'r mwyaf fyddai anwybyddu'r ffaith fod eu meistri gwleidyddol – a gynrychiolwyd yn swyddogol yn y Gynhadledd, wrth gwrs, gan Syr Wyn Roberts – yn mynnu gwneud yn siŵr mai'r cyflym **SY'N** ennill y ras, y cryf **sy'n** ennill y rhyfel, y doethion **sy'n** cael bwyd, y deallus **sy'n** cael cyfoeth, a'r gwybodus **sy'n** cael ffafr! Ystyriai JMT, Syr Melfyn Rosser yn ŵr eithriadol ddoeth; un dyngar a thrugarog. Ac un effeithlon, yn ogystal.

Syr Melfyn a'i Weithgor, wrth gwrs, fu'n dwys-ystyried y cyddestun Addysg Uwch cyfoes hwnnw'n drylwyr. A daethant i benderfyniad. Gan fod pob un o golegau Prifysgol Cymru â'i Siarter ei hun, fel y Brifysgol hithau – teimlent mai anodd, yn y dyddiau dyrys hynny a wynebai'r colegau uchod a phob coleg arall, fyddai bwrw ymlaen i wireddu breuddwyd Syr John Meurig. Ei freuddwyd, er enghraifft, o apwyntio Rheithor am bum mlynedd. Ac, yn wyneb y sefyllfa newydd yn dilyn yr ansicrwydd gwleidyddol, a'r feirniadaeth gynyddol wenwynig o du gwrthwynebwyr yr Adroddiad Daniel gwreiddiol, doeth fyddai diddymu swydd y Dirprwy Bro-Ganghellor.

Fel canlyniad, ym Mehefin 1994, ildiodd Syr John Meurig Thomas ei gyfrifoldebau 3 niwrnod yr wythnos fel Dirprwy Bro-Ganghellor Prifysgol Cymru. Dylid cofio, wrth gwrs, fod JMT eisoes yn gweithredu fel Meistr Coleg hynaf Caergrawnt, Peterhouse, ers tua canol Mehefin 1993.

Yn 1993, wrth gwrs, y bu dathliadau Canmlwyddiant Prifysgol Cymru. A bu'r Dirprwy Bro-Ganghellor yn ddyfal yn dewis Graddedigion Anrhydeddus i ymuno mewn dau ddigwyddiad nodedig i Ddathlu ffurfio'r Brifysgol honno yn 1893.

(a) Trefnwyd Cyngerdd Gala yn Neuadd Dewi Sant, Caerdydd. A'r prif artistiaid: y Fonesig Gwyneth Price a Bryn Terfel.
(b) Dathliad yn y Sefydliad Brenhinol yn Llundain a'r Arglwydd Cledwyn a Syr John yn croesawu Graddedigion Anrhydeddus fel Sian Phillips, Anthony Hopkins, Osian Ellis, yr Athro Emrys Jones, Syr Keith Rowlands ac eraill yno.

Dathlu Can-Mlwyddiant Prifysgol Cymru, Haf 1993. Syr John yng nghwmni Anthony Hopkins, Sian Phillips a'r Arglwydd Cledwyn

Llun o John gan John Holman.
(Trwy ganiatâd Prifysgol Caergrawnt).

'Rhaid byw tuag ymlaen; ni ellir ei ddeall ond tuag yn ôl'
Dyna meddai Sòren Kierkegaard – mewn iaith arall! Ac nid anfynych y bu i Syr John edrych yn ôl ar y cyfnod byr, ond llawn hwnnw o 1991-1994. Fe'i cofia, wrth gwrs, am amryw resymau.

Anodd credu iddo, er enghraifft, yng nghanol ei amryw gyfrifoldebau swyddogol, gynhyrchu'r fath doreth o waith ysgrifenedig sylweddol. Enwir – yn rhestr y *'Cyhoeddiadau'* – oddeutu 150 o ddogfennau amrywiol â'i enw'n gysylltiedig â phob un. Hawdd ei ddychmygu'n *'prynu'r amser'* ar ei siwrneiau trên o Gaergrawnt i Gaerdydd ac yn ôl; ac wrth hedfan o wlad i wlad! A'i fodlonrwydd, ynghyd â'i falchder ym maint, ac yn ansawdd y fath gynnyrch.

Ond wrth ystyried yr un cyfnod fel Dirprwy Bro-Ganghellor, a rhai o'r pethau ddigwyddodd y pryd hwnnw, ac wedi hynny, yn hanes Prifysgol Cymru, nid mor fodlon a balch ydyw. A mynych y mynegodd hynny. Mewn darlithiau a chyfweliadau, er enghraifft. Ei bwnc fel Darlithydd Gwâdd Anrhydeddus Gymdeithas y Cymrodorion, ar achlysur dathliad Dau Canmlwydd a Hanner honno yn Rhagfyr 2001, oedd: *'Beth a ddigwyddodd i'n prifysgolion?'* Wedyn, yng Ngŵyl Gelf Cricieth ym Mehefin 2005, traddododd y Ddarlith Goffa i David Lloyd George, ac Addysg – ddoe a heddiw – yn rhan annatod ohoni! Ac felly yn ei Ddarlith i Gymdeithas Addysg y Gweithwyr yn Eisteddfod Genedlaethol Caerdydd 2008.

Teimla'n gryf, ond gyda thristwch:

*'. . . fod cyflwr Prifysgol Cymru y blynyddoedd hyn yn ganlyniad anochel penderfyniadau'r bobl hynny a gefnodd ar awgrymiadau diwygiadol, goleuedig Adroddiad Daniel. Pan gofiwn am weledigaeth arloesol Prifathrawon cyntaf Caerdydd a Bangor, ac ail un Aberystwyth – (ymddiswyddodd Prifathro cyntaf Aberystwyth cyn i'r Brifysgol gael ei sefydlu) – teimlaf, yn bersonol, ei bod yn waradwyddus yn wyneb y diffyg ewyllys a breuder balchder gwladgarol rhai o Benaethiaid Colegau'r Brifysgol fod y Brifysgol honno bellach, mwy neu lai, wedi'i **diddymu**.' (Gweler 'Ffynonellau'.)*

Ie, 'mwy neu lai' sylwer, Ond . . .!

Paentiad o John gan David Griffiths, yn 1994.

Ffynonellau

John Meurig Thomas mewn cyfweliadau a sgyrsiau ar raglenni teledu amrywiol yng nghwmni Geraint Stanley Jones, Patrick Hannan, a Nia Roberts.
Ac mewn sgyrsiau a negeseuau personol.

'*What is Happening to British Universities?*'. Ysgrif gan R. R. Davies: *The Welsh Journal of Education. 5 (1)*, 1995.

DARLITHIAU

'*What has happened to our Universities?*', Syr John Meurig Thomas, FRS, FRENG. Darlith: Anrhydeddus Gymdeithas y Cymrodorion, Llundain, Rhagfyr 5, 2001. *Trafodion, Cyfres Newydd*, Cyfrol 8 (2002).

'*Tynged Ein Prifysgol*', tt. 7-42 / '*The Fate of Our University*' (pp. 7-39). Darlith Eisteddfod Genedlaethol Caerdydd, Awst, 1992. Cyhoeddwyd gan Lys yr Eisteddfod, 1992 (Gwasg Gomer).

'*An Academic Life*': Darlith Goffa David Lloyd George, Gŵyl Criciaeth, Mehefin 2005.

Darlith Cymdeithas y Gweithwyr, Eisteddfod Genedlaethol Cymru – Caerdydd, Awst 2008. *Amrywiaeth / Miscellany Llanelli*, CAG.

'*University in breach of its own rules*', *Western Mail*, Rhagfyr 6, 1991.

Dyfodol Addysg Uwch yng Nghymru, '*Troi Newid yn Fantais*'. '*Barn*', 1992, Golygydd: Menna Baines.

'*Turmoil in Higher Education*', *Higher Education Wales Research*, tt. 1-20. Prifysgol Cymru, Ebrill 1993. 'PROCEEDINGS'.

Ibid. '*Summarizing Thoughts*': Sir John Meurig Thomas, FRS, Deputy Pro-Chancellor, University of Wales, tt. 151-152.

Dr Geraint Jenkins: The University of Wales: An Illustrated History (University of Wales Press, 1993).

Pennod 8

Peterhouse, Caergrawnt
(1993-2002)

Blwyddyn wahanol eto!

Un felly fu 1993 i Syr John Meurig Thomas. Nodwyd eisoes, yn y bennod flaenorol, fod Prifysgol Cymru yn dathlu Canmlwyddiant. Ond roedd *Y Gwyddonydd*, hefyd yn dathlu pen-blwydd nodedig. Fe'i lansiwyd yn 1963. Dyma un deyrnged o blith nifer unfryd – un gan yr Athro Emeritws Glanmor Williams – gyhoeddwyd yng Nghyfrol 30, Rhifyn Haf, 1963-1993:

> *'Er nad gwyddonydd mohonof, ni allaf lai nag edmygu'n ddidwyll y gamp ardderchog a gyflawnodd yr Athro Glyn O. Phillips a Gwasg y Brifysgol wrth gyhoeddi* **Y Gwyddonydd** *am Ddeng mlynedd ar hugain. Bu'n gyfraniad nodedig i'w ryfeddu a chwbl unigryw i'n hiaith a'n diwylliant fel Cymry. Difesur yw'n dyled fel cenedl amdano.'* [1]

Cyfrannodd John yntau ysgrifau i'r *Gwyddonydd*, o bryd i'w gilydd, dros y cyfnod. Testun ei ysgrif yng Nghyfrol 1, ym Mawrth 1963, oedd: *'Tyfiant ac Adeiladwaith Crisialau'*. Ym 1993 agorodd ei ysgrif â dyfyniad o waith Tennyson:

> *'Science grows but slowly, slowly,*
> *Creeping on from point to point.'*

Ond profi pa mor anghywir oedd datganiad y bardd wnaeth John, gan fanylu ar newidiadau chwyldroadol: (i) yn yr astudiaeth o

Y Meistr – wrth ei ddesg a'i waith.

Christine, chwaer John, a Margaret yng ngardd y cartref yn Heol Sedley Taylor, Caergrawnt, 1993.

soledau a'u harwynebeddau; (ii) dylunio a defnyddio soledau; (iii) y newid cysyniadol. Parthed (i), meddai John:

> '... Gymaint fu'r gwelliannau yn y dechneg, ac yn effaith dulliau cyfrifiadurol awtomatig, soffistigedig wrth ddefnyddio offeryniaeth, fel nad yw bellach yn cymryd mwy na diwrnod neu ddau i ddatrys strwythur (atomig) tri-dimensiwn ffurf grisialog solid molecyl-aidd, sy'n cynnwys tua 60 i 70 o atomau.... Yn nechrau'r 1960au byddai cyflawni'r fath dasg wedi cymryd rhyw flwyddyn ...'[2]

Am flwyddyn ac am gyd-destun

Yn 1993 hefyd, dewiswyd gwyddonydd am y tro cyntaf erioed yn ei hanes hir o saith gant a deg o flynyddoedd, yn Feistr Peterhouse, Coleg hynaf Caergrawnt. Sefydlwyd y coleg yn 1284, wedi i fyfyrwyr ffoi yno o derfysgoedd Rhydychen. Byddai'r ymwybod hwnnw â hanes Peterhouse – ei arwyddocâd a'i ramant – yn rhoi gwefr i'r Meistr newydd, Syr John Meurig Thomas. Yn wir, byddai cloddiau bocs yr ardd hardd, gydag arfbais y coleg, ac allweddau wedi'u plethu'n batrwm celfydd ynddynt, er enghraifft, yn fynegfys hanes. O syllu'n fannwl arnynt, gofynnodd rhywun i'r Meistr: *'Pam **allweddau**?'* A'i ateb – rhan o adnod ddysgwyd ganddo yn Ysgol Sul Eglwys Bethania'r Annibynwyr, yn y Tymbl gynt – *'Allweddau'r Deyrnas; allweddau Pedr'*. Ie, *'Peterhouse!'* (Teg nodi, gyda llaw, fod ambell i un – fel yr Athro Crosbie Smith, er enghraifft, yn mynnu galw *'Peterhouse'* yn *'St. Peter's College'*!)[3]

Nid oedd blwyddyn dechrau cyfrifoldebau John yno heb ei harwyddocâd, chwaith. Bu John Penri, yr Annibynnwr cyntaf, heriwr trefn a chydymffurfiaeth, yn fyfyriwr yng Ngholeg Peterhouse. Ond, ar **Fai 29, 1593** ac yntau ond deg-ar-hugain oed, fe'i dienyddiwyd. Yn Adroddiad Blynyddol graenus, a chynhwysfawr y Coleg (1993-1994), un cyntaf cyfnod John fel Meistr, ceir ysgrif agoriadol ganddo o dan y pennawd: *'Reflections'*.[4]

Yn yr ysgrif honno tanlinella'r Meistr fanteision Coleg cymharol fychan fel un Peterhouse. Cyfle i adnabod a rhannu, er enghraifft, a *'haearn yn hogi haearn'*. A John, a'i briod, y Fonesig

Coleg San Pedr / Peterhouse, Heol Trumpington, Caergrawnt.

Llety'r Meistr – yr ochr arall i'r ffordd.

Margaret, yn dangos y ffordd drwy gael cinio yng nghwmni grwpiau dethol o fyfyrwyr yn wythnosol. Digwyddodd hynny'n gyson dros ddau dymor cynta'r flwyddyn golegol.

Credai John fod perthynas agos myfyrwyr â'i gilydd ac â'r Staff (gan gynnwys y Meistr a'i briod) yn fanteisiol iddynt, ac yn hyrwyddo eu datblygiad; datblygiad mewn elfennau a fyddai, yn eu tro, yn gaffaeliad hefyd i'r gymdeithas ehangach, sef, chwedl John: bod yn sgeptigaidd heb fod yn sinigaidd, yn feddyliol a moesol wrol heb fod yn ddiofal a di-hid, ymarfer deallusrwydd heb fod yn ystrywgar a bod yn ddyngarol heb fod yn sentimental. Edrychai ymlaen – trwy Gymdeithas Peterhouse – i sefydlu cyswllt personol â chyfeillion y Coleg ac â chyn-fyfyrwyr Peterhouse ar draws byd.

A dyna un o nodau diamheuol mawredd John – sefydlu, meithrin, a pharhau i gynnal perthynas gyfeillgar â chyd-fyfyrwyr, cyd-ddarlithwyr a chyd-ymchwilwyr, a chydnabod a chyfeillion o bob cyfnod yn ddiwahân. Ie, hyd yn oed o gyfnod plentyndod, fel y gallaf innau'n bersonol dystio.

Am flwyddyn ac am gartref

Y flwyddyn 1993, fel mae'n digwydd, oedd y tro d'wetha i'r Dr Hazel, a'i phriod Dr Walford Davies, Aberystwyth, weld Margaret a John gyda'i gilydd. Ac erys un atgof yn fyw iawn yn eu cof. Meddai Hazel:

> 'Roedd Walford yn arholi traethawd Ph.D. yn y Brifysgol yng Nghaergrawnt. Ac yn ystod prynhawn hir y **viva**, treuliais amser yng nghwmni Margaret. Un o'n hymweliadau oedd â phrif siop **'interior decoration'** Caergrawnt, lle'r oedd Margaret i ddewis clustogau pur ddrudfawr ar gyfer y palas o dŷ a oedd yn gartref i John, fel Meistr, a hithau. Mewn ymateb i'r cwestiwn: **'Are you absolutely sure that they are to Sir John's taste?'**, trodd Margaret a dweud yn dawel-urddasol: **'Sir John's taste is mine, and mine Sir John's!'** Er yn Saesneg, urddas pobl gyffredin Llangennech oedd yn y dweud, ac urddas pobl gyffredin y Tymbl hefyd.'[5]

Yn ddi-os, ychwanegwyd yn ddirfawr at urddas Llety'r Meistr, Peterhouse drwy weledigaeth a chwaeth y Fonesig Margaret, a

Ystafell fwyd Llety'r Meistr.

Y Lolfa.

thrwy waith ei llaw, yn ogystal. Tystiwyd i hyn gan Dr Ann Rhys yn ei theyrnged yn arwyl Margaret, yn arbennig pan ddyfynnodd y geiriau isod o eiddo'r Athro David Watkin mewn rhifyn o *'Country Life'*:

> 'In Lady Thomas, the college derived an additional benefit, as it was she who undertook the immense labour of masterminding the scheme of decoration in minute detail. . . . Since its recent extensive restoration and redecoration, the Master's Lodge can never have looked better than it does today.'[6] *(Gweler Pennod 9).*

Am flwyddyn, am gynhadledd ac am leoliad!

Yn 1993 hefyd y cynhaliwyd Cynhadledd Gyntaf *EuropaCat ar Gatalyddu* ym Montpellier, ar arfordir Môr y Canlodir, yn Ne Ffrainc. Bu ei dechreuad – a'i diweddglo hefyd, fel petai – yn gofiadwy.

Gwahoddwyd John, gan yr Athro Michael Che o Ffrainc, i gyflwyno'r ddarlith agoriadol yn y Gynhadledd honno. Michael Che hefyd awgrymodd y testun i John: *'Trobwyntiau mewn Catalyddu'* – darlith, gyda llaw, arweiniodd i ddau adolygiad sylweddol yn 1994.[7]

A llawenydd ychwanegol i Michael Che, ymhen blynyddoedd wedyn, oedd sylwi fod **'Trobwyntiau'** yn rhan o deitl y Gyfrol i Ddathlu Bywyd a Gwaith Syr John Meurig Thomas ar achlysur ei ben-blwydd yn 75 oed yn Rhagfyr 15, 2007. Ie: **'Turning Points in Solid-Surface, Materials and Surface Science'**, cyfrol a olygwyd gan Kenneth D. M. Harris a Peter P. Edwards a'i chyhoeddi gan Y Gymdeithas Gemeg Frenhinol *(RSC)*.

Cyfrannodd Che ei hun bennod i'r gyfrol swmpus honno ar y thema: *'Dirgelion Dŵr ym Mharatoadau Catalyddion'* gan ei chloi gydag atgof a llun yn dilyn Cynhadledd Montpellier. Cyfeirio wnaeth at y '. . . *momentau o bleser pur* . . .' ar Fai 22, 1993, a gafodd ef a'i briod Danielle yng nghwmni John a'r Fonesig

Stydi Syr John Meurig Thomas.

Margaret mewn gwledd ar long ar yr Afon Seine, ym Mharis. Y profiad hwnnw ysgogodd Michel Che i gynnal y Wledd i gloi Cynhadledd Rhyngwladol Cemeg (XIII) yn yr un modd![8]

Rhaff deircainc
Fel Dirprwy Is-Ganghellor Prifysgol Cymru roedd John yn parhau i dreulio, ar gyfartaledd, tridiau yr wythnos yng Nghaerdydd yn 1993, er ei fod bellach yn Feistr Coleg Peterhouse hefyd.

(Gyda llaw, yn union wedi iddo ddechrau ei gyfrifoldebau fel Meistr yno, estynnodd Colin Humphreys, Pennaeth Gwyddoniaeth Defnyddiau Crai, Prifysgol Caergrawnt, groeso i John i ddefnyddio cyfleusterau'r Adran honno pryd bynnag y mynnai; a John, yn naturiol, yn gwerthfawrogi hynawsedd Humphreys ynghyd â'i olynwyr yn yr Adran.)

Yn ogystal – a dyma'r drydedd gainc! – treuliai sesiynau cyson yn Labordai'r Davy-Faraday yn Llundain. Arweiniai ef a'i gyfaill, yr Athro Richard Catlow, gylch sylweddol yr un o ymchwilwyr yno. Roedd Leonardo Marchese o'r Eidal yn rhan o Grŵp John. A sylwai ef, fel y gwnâi Dr Glenda (Hughes) hithau ym Mangor ddiwedd y Pum Degau, fod John yn parhau'r arfer o arwyddo negeseuau, neu ddalen flaen rhyw 'bapurau' perthnasol a ddosbarthai i'w cyd-weithwyr, â'r acronym *JMT*, ac felly y cai ei 'nabod gan holl aelodau'i gylch ymchwil yn Labordai'r Sefydliad Brenhinol. Sylwi'n fanwl ar berfformiad catalyddion – rhai a allai fod o fudd mawr i fyd diwydiant – a wnaent ynghyd yno.

Tystia Marchese i'r teimlad unigryw fyddai'n gafael ynddo ef â'i gyd-ymchwilwyr yn ddieithriad pan siaradai JMT am wyddoniaeth a gwyddonwyr. Meddai:

> *'Teimlwn ein bod oll yn gyd-oeswyr. Rydym yn byw gyda Galileo, Newton, Faraday, Lavoisier, Volta ac eraill – cyffro eu gwaith beunyddiol, eu llwyddiant ynghyd â'u rhwystredigaeth. Fe'n cyfoethogir gan wybodaeth, creadigrwydd a dynoliaeth Syr John. Ysgrifennwyd ein papur cyntaf ynghyd yn y cyfnod pan oedd ef, fel petai, yn neidio o un 'cab' neu drên i un arall!'*

'Y mae llawer o storïau a ffeithiau sy'n nodweddu ein cyd-oruch-wyliaeth wyddonol, ac yn egluro ei agwedd ef tuag at Wyddoniaeth. Erys rhai ohonynt yn fyw yn ein meddwl. **"Y papur gorau bob amser yw'r un nesaf"**, *meddai mewn ymateb i sylw gan un ohonom.* **"Mae pob dim yn wych mewn gwyddoniaeth, ond nid yw pob dim yn ddefnyddiol!"**, *meddai wedyn, mewn ymateb i un yn cynnig gwneud gwaith ar ryw bwnc neilltuol! Ie, dau sylw ganddo, er enghraifft, sy'n dangos ei ffordd wahanol ef o feddwl.'* [9]

Diddorol fod Marchese yn cofio sylw John parthed '. . . **y papur gorau yw'r nesaf** . . .'. Meddylier, er enghraifft, am y papurau ac ati a gyhoeddwyd gan Syr John Meurig o 1991-1994, er enghraifft. Cyffesodd yntau, fel y cofiwn, fod ei bum mlynedd cyntaf yng Nghaergrawnt (1978-1983) *'y prysuraf fu yn ei fywyd'*. Ond beth am y blynyddoedd cyntaf uchod yn y Naw Degau – blynyddoedd y **'tair cainc'**. Ie, tair o leiaf.

Onid ei ffrind mawr, y Cyn-Brifathro Robin H. Williams, nododd fod gwyddonwyr mawr y byd yn cyhoeddi oddeutu 300 o lawysgrifau safonol mewn deg mlynedd ar hugain, d'weder. Yn y rhestr swyddogol: *'Cyhoeddiadau'*, gwelir fod enw John yn gysylltiedig ag oddeutu hanner hynny am flynyddoedd 1991-1994 yn unig!

'A rheiny', ychwanega RHW, *'yn weithiau o'r safon ucha'*. [10]

Gyda llaw, yn 1988 cyhoeddwyd Cylchgrawn newydd – *Catalysis Letters* – gyda John a G. A. Somorjai yn gyd-olygyddion; ac un arall yn 1994 – *Topics in Catalysis*. Bu John hefyd – ynghyd â A. K. Cheetham a H. Inouchi – yn gyd-ysgogwyr: *'Current Opinion in Solid-State and Materials Science'*.[11] Y fath ddiwydrwydd disgybledig; a'r fath gynnyrch safonol a goleuedig.

'MEURIGITE-K'![12]

Yn 1995 enwyd y mwyn uchod er anrhydedd i Syr John Meurig Thomas, yn gydnabyddiaeth am ei gampau arloesol dros gynifer

Y Mwyn – 'Meurigite'! 1995.

o flynyddoedd. Yn wreiddiol cyfeiriai'r *'meurigite'* at rywogaeth o fwynau gyda dim ond potasiwm yn amlwg ynddynt. Ond, sylwyd wedyn, fod sodiwm yn amlycach mewn meurigidau diweddarach. Mwyn prin ydyw; un a ymffurfia'n hwyr. Yng Nghloddfa'r Santa Rita, Mecsico Newydd, er enghraifft, ymffurfia ar hyd ffawt cafnog mewn gwaddodion copor ocsidaidd.

    Er fod rhai mathau o'r mwyn o liw gwyn a hufen, mathau o felyn sy'n fwyaf cyffredin. Melyn-frown a melyn gwelw, a'r melyn hwnnw sy'n debyg i liw'r caneri. Ie,*'canary yellow'*. Dyna, mae'n siŵr, hoff liw John, yr adarwr! Er y byddai'n well ganddo yntau, fel finnau, weld hwnnw'n rhydd o'i gawell; y cawell sy'n gell.

Peterhouse, Caergrawnt (1993-2002)

John yn y stydi gyda'i adeiladwaith molecwlaidd hardd, 1995.

Gwobr Nobel tybed!

Yn 1996 – blwyddyn Canmlwyddiant marwolaeth **Alfred Nobel** (1883-1896) – ar ddydd Llun, Ionawr 29, ymddangosodd tair erthygl wahanol, o dan benawdau trawiadol, ym mhapur dyddiol y *Western Mail*. Nid yw cyfeirio at 'farwolaeth' Alfred Nobel, o Stockholm, Sweden, gyda llaw, heb ei arwyddocâd, chwaith.

Ymddiddorai Alfred Nobel, un o wyth o blant, mewn ieithoedd ac mewn cemeg. Ond hefyd mewn defnyddiau ffrwydrol. Yn wir, sefydlodd ffatrïoedd arfau; ac ef hefyd a ddyfeisiodd ddeinameit.

Yn y flwyddyn 1888, pan fu farw **Ludvig**, un o frodyr Alfred, ymddangosodd, mewn camgymeriad anffodus a dweud y lleiaf, llith goffa i'w frawd **Alfred** yn un o'r papurau! Tybiodd yr ysgrifwr, mae'n amlwg, mai Alfred, ac nid Ludvig a fu farw. A phennawd y llith:

'Marwolaeth marsiandïwr angau'. A dyma un cymal: *'Bu farw ddoe Dr Alfred Nobel a ddaeth yn gyfoethog trwy ddarganfod ffyrdd i ladd pobl yn gyflymach nag erioed o'r blaen.'*

Dwysbigwyd Alfred yn arw wrth ddarllen hyn. Dyma, ymresymai, sut y synia rhywrai amdanaf, a dyma'r math o beth fydd yn cael ei 'sgrifennu amdanaf yn dilyn fy marwolaeth mewn gwirionedd, ryw ddydd! Fel canlyniad, gosododd o'r neilltu swm enfawr o arian o'i 'stâd i sefydlu **'Gwobr Nobel'** flynyddol. Tair o wobrau am ragoriaeth mewn gwyddoniaeth ffisegol, cemeg, meddygaeth wyddonol neu ffisioleg, un 'lenyddol', **a'r pumed yn wobr heddwch**.

Pennawd y *'Western Mail'* ar Ddydd Lun, Ionawr 29, 1996 oedd:

'Fe allai'r WOBR NOBEL goroni gyrfa wych mewn gwyddoniaeth!'

Yn dilyn dwyawr o gyfweldiad â Syr John Meurig Thomas, Meistr Coleg Peterhouse, Caergrawnt, holodd y newyddiadurwr, Michael Boon, un cwestiwn ychwanegol iddo: *'A oes gennych unrhyw uchelgais ychwanegol?'* Yn betrusgar atebodd:

'Wel, rwy'n teimlo'n freintiedig o fod wedi cael f'enwebu. Byddai'n anrhydedd fawr, **y mwyaf***, pe deuai i'm rhan.'*[13]

Do, fe enwebwyd John, *'. . . un o wyddonwyr mwya' Prydain y ganrif hon'* chwedl Boon, am y Wobr Nobel mewn Cemeg. Pe cawsai hi yn 1996, ef fyddai'r pumed o Goleg Peterhouse, Caergrawnt i'w chael am gyfraniad ym maes Cemeg. Ac ni fuasai unrhyw Goleg yn y byd yn medru ymfachïo mewn rhagoriaeth o'r fath.

Gwaetha'r modd, er ei theilyngu heb os, ac er ei anrhydeddu â gwobrau a medalau, teitlau a doethuriaethau niferus i'w ryfeddu, ac o fannau amrywiol ar draws y Cyfandiroedd *(gweler y dalennau'n dilyn Pennod 10)* – eto ni ddaeth y Wobr gwbl arbennig honno i ran Syr Meurig Thomas. Na, ddim hyd yn hyn!

Rufus Adams, John Meurig a Dr C. Lloyd Jenkins, ym Mangor, 1996.

Bangor eto

Tua diwedd Mehefin 1996, daeth dau hen ffrind ynghyd i stafell arbennig, i ddathlu achlysur o bwys. O bwys i'r llaweroedd ddaeth ynghyd yn Neuadd John Morris Jones, Bangor ar nawn Sadwrn, i Ddathlu Saith-Deg Mlynedd ffurfio Cymdeithas Addysg y Gweithwyr, Gogledd Cymru (1925/26–1995/96). Ond yn arbennig felly, i'r ddau gyfaill agos – Rufus Adams a John Meurig Thomas – meibion pentre'r Tymbl yn Sir Gaerfyrddin.

Bu Rufus yn Gyfarwyddwr y Gymdeithas uchod ers blynyddoedd, ac ef fu'n bennaf gyfrifol am drefniadau'r dathlu. Meddai:

'Pan ofynnir imi sôn am John hoffaf adrodd y stori pan ffoniais Peterhouse am y tro cyntaf. Roeddwn eisiau ysgolhaig ac 'enw' fel prif siaradwr. Pwy well na John – pe byddai ei ddyddiadur llawn yn caniatáu. Ffoniais yng Ngwanwyn 1995 i wahodd y Meistr, Yr Athro Syr J. M. Thomas, D.Sc., F.R.S. atom yn Haf 1996. Ond holai'r ysgrifenyddes pwy oedd yn ffonio. "Rufus Adams, Bangor", atebais. Yna eiliadau o dawelwch – a bron fy mod yn ei chlywed hi'n rhesymu: **Nid yw'r Adams yma'n dod o Rydychen, Havard,**

Yale na'r Gymdeithas Frenhinol. Ac atebodd: "Nid wyf yn credu bod y Meistr yn rhydd. Un funud, os gwelwch yn dda."

Mewn eiliadau clywais lais arall – un cynnes a chyfeillgar: 'Rufus, sut wyt ti?' Ie, dyna Syr John – bonheddwr a chawr ymhob ystyr.'[14]

Llywydd y cyfarfod ar nawn Sadwrn Mehefin 29, oedd Dr Lloyd Jenkins, ac yn dilyn y cinio cafwyd anerchiadau gan yr Athro Roy Evans, Is-Ganghellor Coleg Prifysgol Bangor, y Prifardd James Nicholas, a Syr Dai Rees, cyn i'r prif-siaradwr gyflwyno'i araith. Roedd hi'n gwbl naturiol ac addas mai'r Cyfarwyddwr ei hun, Rufus Adams, a gyflwynodd y diolchiadau. A chyflawnodd hynny mewn modd hwyliog a chofiadwy.

Nododd, er enghraifft, fod hanes Coleg Peterhouse yn mynd yn ôl dros 700 mlynedd, ond mai 70 mlynedd yn unig oedd oed Cymdeithas Addysg y Gweithwyr, '. . . *Ond beth yw 'dim' rhwng ffrindiau!*' meddai'n ddireidus. Nododd, yn naturiol, gerrig-milltir eu cyd-gysylltiad cyfeillgar. A'r geiryn *'cyd'* yn allweddol.

Bu'r ddau, flynyddoedd cyn hynny, yn cyd-'sgolia a chyd-chwarae'n y Gwendraeth, cyd-griceda'n y Tymbl a chyd-letya fel myfyrwyr yn Abertawe. Ac yn y llety hwnnw yn Sgeti gynt, fel y nodwyd *(gweler Pennod 2)*, mor fynych y cyd-chwerthin a'r cyd-drafod. Cyd-drafodaeth am Lloyd George, o bosib? Ddylai hynny synnu neb 'chwaith, gan fod Rufus a John 'ar-y-cyd' eto yn eu hedmygedd diamheuol o'r gŵr nodedig hwnnw o Lanystumdwy. A dim prinder tystiolaeth i gadarnhau hynny.

Meddylier, er enghraifft, am *'David Lloyd George: the formative years, 1863-1890'* – darlith Rufus Adams yng Ngŵyl Gerdd Ryng-wladol Gogledd Cymru yn 1990, ac a gyhoeddwyd ar-y-cyd gan Noddwyr yr ŵyl a Chymdeithas Addysg y Gweithwyr. Un peth arloesol wnaeth Rufus fel paratoad i'w ddarlith oedd anfon gair at gynghorau Cymru yn eu holi sawl heol neu stryd neu adeilad cyhoeddus oedd wedi'i enwi o barch iddo. Prin i'w ryfeddu fu'r ymatebion cadarnhaol. Ond ysgrifennodd atynt drachefn yn 1999. A chafodd ymateb cadarnhaol, er enghraifft, gan Russell Goodway, Arglwydd Faer Caerdydd. Y flwyddyn ddilynol agorwyd *'Rhodfa Lloyd George'* i gysylltu Caerdydd a'r Bae. Diolchwn ni am ysgogiadau Rufus, un o feibion gwaelod y Tymbl o blaid un sy'n wir eilun iddo.

Ni fu un o fois top y pentre'n ddistaw parthed Lloyd George, 'chwaith! Yng Ngŵyl Cricieth – nepell o Lanystumdwy – 2005, ar Fehefin 22, gyda Philip George yn Gadeirydd, tradoddwyd Darlith Goffa David Lloyd George gan Syr John Meurig Thomas.[15] A bu enw Lloyd George yn bur amlwg hefyd yn Narlith Cymdeithas Addysg y Gweithwyr gan John yn Eisteddfod Genedlaethol Cymru, Caerdydd, Awst, 2008.[16] Gyda llaw, mae Syr John Meurig yntau yn Llywydd Anrhydeddus Cangen Llanelli o Gymdeithas Addysg y Gweithwyr, ac yn falch o hynny; ac wedi'i hannerch a chyfrannu i'w Chylchrawn ar sawl achlysur.

Ie, Rufus a John, y Tymblwyr, haneswyr a mwy – 'ar-y-cyd': ie, cyd-edmygwyr David Lloyd George, a chyd-gefnogwyr Cymdeithas Addysg y Gweithwyr – yn y Gogledd a'r De.

A Baltimore

Nawn Sadwrn, Mehefin 29, 1996, ym Mangor; Gorffennaf 1 yn Baltimore, Maryland yn yr Unol Daleithiau. A hynny ar gyfer yr Unfed Gynhadledd ar Ddeg ar Gatalyddu. Methodd un darlithydd fod yno oherwydd salwch. I'r adwy daeth ei fyfyriwr ymchwil PhD yn Labordy Cemeg Cenedlaethol India, Robert Raja. Yn dilyn ei draethiad, holwyd cwestiynau treiddgar yn gyhoeddus iddo gan Syr John Meurig. Ond, methai'n lân ac ateb un ohonynt. A'r rheswm? Wel, ar ei gyfaddefiad onest ei hun:

> *'Doedd y cwestiwn hwnnw ddim ar y rhestr a gefais gan fy nghyfarwyddwr ymlaen llaw!'* [17]

Ie, fel y byddai cwestiwn treiddgar Thomas Maschmeyer o Sydney, Awstralia yn gadael argraff annileadwy ar John Meurig yn y degawd dilynol *(gweler Pennod 10)* – a hwnnw'n arwain at bartneriaeth ffrwythlon a chynhyrchiol iawn rhyngddynt ill dau, felly'n union y bu i gwestiwn JMT arwain at berthynas agos a chreadigol rhyngddo ef a Robert Raja, o Pune, India. Gwyddonwyr 'ar-y-cyd' o bob rhan o'r byd. Gan gynnwys Caerfaddon a Chaergrawnt.

Dau 'Domos' fu'n gyd-efrydwyr yn yr Adran Wyddonol yng Ngholeg y Brifysgol Abertawe ddechrau'r Pum-Degau oedd W. J. Thomas, Prifysgol Caerfaddon, a John Meurig Thomas, Peterhouse, Caergrawnt. Yn 1967 cyhoeddwyd ganddynt ar-y-cyd y gyfrol: *'An Introduction to the Principles of Heterogenous Catalysis'*. Cafodd y gwaith hwnnw'r fath derbyniad – gwerthwyd pob copi o'r **pedwerydd** argraffiad, er enghraifft (!), a chawsant ill dau eu cymell yn daer i baratoi ail-argraffiad diwygiedig. Cychwynnwyd yr un diweddaraf yma gyda'r bwriad hwnnw mewn golwg, ond sylweddolwyd yn bur fuan mai ond tua'r degfed ran o'r gwaith cyntaf yn 1967 fyddai'n berthnasol bellach. Dyfynnwn, am fwy nag un rheswm, un gosodiad o'r *Rhagarweiniad* gynhwyswyd yn y daflen wyth tudalen i gyhoeddi llyfr 1997: *'Principles and Practice of Heterogenous Catalysis'*, yn yr iaith y'i hysgrifennwyd:

> *'Some of the concepts and ideas that, twenty years ago, were seen as notable milestones have now receded into the perspective of a vanishing road.'* [18]

Ynddo eglurir yn fanwl y datblygiad fu yn y maes ers 1967, a'r posibiliadau rhyfeddol bellach, i arbrofwyr fel i ddamcaniaethwyr, fel canlyniad i'r chwyldro cyfrifiadurol. Ond, gyda'r rhybudd:

> *'So long as one remains alert to the pitfalls inherent in simulation divorced from reality, these developments add power to the elbow of catalyst designers.'* [19]

Nodir fod unigolion a grwpiau ymchwil o bob cyfandir wedi ymuno mewn trafodaethau gyda'r awduron, a chydnabyddir yn ddiolchgar eu cyfraniadau. Wrth ystyried y fath newidiau fu, a sydd yn wynebu awduron yn y meysydd hyn yn arbennig, cofia rhagymadroddwyr Cyfrol 1997 eiriau gwych Dr Samuel Johnson (1709-1784) yn ei ragarweiniad yntau i'w Eiriadur:

> 'When the mind is unchained from necessity, it will rage after convenience; when it is left at large in the fields of speculation, it will shift opinions; as custom is disused, the words that express it must perish with it, as any opinion grows popular, it will innovate speech in the same proportion as it alters practice. No dictionary of a living tongue ever can be perfect, since while it is hastening to publication, some words are budding and some falling away.'[20]

Gyda llaw, yng Ngwanwyn 2012, byddai cyfrol ddiweddaraf John yn y Gyfres Wyddonol ar Gatalyddu (Rhif 12) *'Design and Applications of Single-Site Hetrerogenous Catalysts/Contributions to Green Chemistry, Clean Technology and Sustainability'* yn cael ei chyhoeddi *(gweler Pennod 10)*.

Robert Raja a John Meurig ar-y-cyd

Yn Labordy Davy-Faraday'r Sefydliad Brenhinol yn Llundain, rhwng 1997 a 1999, y digwyddodd hynny. Lluniwyd ac adeiladwyd ganddynt, er enghraifft, yr adweithydd catalyddu pwysedd uchel unigryw diweddaraf, un gydag adnoddau ar-lein dadansoddol. Nid syndod i JMT berswadio RR i symud i Gaergrawnt yn 1999. Cynyddodd felly eu cyd-weithrediad, a dyfnhaodd cyfeillgarwch y ddau deulu. Meddai Raja:

> 'Cyd-weithiai John a minnau ar bynciau ymchwil tebyg, a byddem yn cwrdd yn fynych. Mor fynych nes i Margaret sibrwd yn ddireidus: "Pam na symudwch chi ato ni i fyw, Robert?" Ni ddigwyddodd hynny, ond eto byddai John yn dewis y mannau mwyaf ecsotig a hardd ar gyfer rhai o'n trafodaethau!'[21]

Do, trefnodd John iddynt gwrdd ym Mharc yr Hydd a Gerddi'r Cymrodyr, Peterhouse, Y Berllan yn Granchester, Wandlebury ac ar gaeau criced Perse, er enghraifft. Thema ganolog eu hymchwil ar y cyd, o 1997-2007 d'weder, oedd darganfod, dylunio a chyfosod defnyddiau solet meso a nano mândyllog i'w defnyddo fel catalyddion. Cemeg werdd a thechnoleg lân oedd y nod a chafwyd llwyddiannau buddiol yn ddiwydiannol a masnachol. Yn wyneb pwysigrwydd catalyddu a chatalyddion ym mhroses cynhyrchu cemegolion – nid rhyfedd i'r Gymdeithas Gemegol Americanaidd benderfynu sefydlu **Gwobr yn 1999 i Ymchwil Greadigol** mewn catalyddion homogenaidd a heterogenaidd. Syr John Meurig Thomas a'i derbyniodd y flwyddyn gyntaf honno am sefydlu egwyddorion sylfaenol. Ond egwyddorion ar gyfer beth? Chwedl hwythau:

> '. . . *for catalytic site-engineering by designing and synthesising novel, exquisitely tailored solid catalysts.*'[22]

A'r Gymdeithas yn tanlinellu tair o elfennau arbennig ymchwil John. Sef: (a) ei natur gysyniadol; (b) ei nodweddion hardd odiaeth; (c) ei osgeiddrwydd.

John, yn bennaf, sy wedi cyfrannu at ddatblygu technegau ffisegol wedi eu cynllunio'n arbennig i benderfynu safle **gweithredol** strwythurau o dan amodau o'r un fath.

Lisa a Naomi – a'u rhieni[23]

Wedi graddio yn Rhydychen yn 1990, fel rhan o'i hyfforddiant i fod yn gyfreithwraig, cwblhaodd Lisa Gwrs Trosiant *('Conversions')* yn Llundain hyd 1992. Parhaodd â'i hyfforddiant hyd 1994. Gyda llaw, treuliodd dri mis yn swyddfa'i Chwmni yn Rhufain, yn 1993. Gweithiodd fel Cyfreithwraig yn Llundain o 1994-1999. Priododd Oliver Graham, un o Gaer-grawnt a raddiodd mewn 'Hanes' yn ei Phrifysgol, ar Orffennaf 27, 1996. Gwasanaethwyd ar yr achlysur yn *Eglwys Little St Mary's*, bron yn union 'rochr draw i Goleg Peterhouse lle y cynhaliwyd y wledd, gan Ficer yr Eglwys, y Parchedig Greaney. Fe'i cynorthwywyd gan y Parchedig Athro Maurice Loader, ffrind mawr i'r teulu ers bron i ddeugain mlynedd.

Bu Lisa'n Gynghorydd Cyfreithiol – gan ddelio â phob math o gyfreithiau, ond yn arbennig rhai'n ymwneud â'r byd cyhoeddi – o 1999-2003.

Peterhouse, Caergrawnt (1993-2002)

Priodas Lisa ac Oliver Graham, Caergrawnt, Gorff. 1996.

Lisa a'i rhieni, a'i chwaer, Naomi.

Margaret yng nghwmni chwiorydd John – Christine a Jean.

Y Parchedig Athro Maurice a Mair Loader, Jean a'i mab, Cenwyn (Edwards).

*Jean Edwards, Percy ac Iris Thomas
(chwaer-yng-nghyfraith Jean) – dau fu'n garedig
iawn i mam Jean, ac i Jean hithau.*

Wedi i Naomi, fel y nodwyd, dreulio'i blwyddyn gyntaf yn cyfuno disgyblaethau – piano a ffidil – yn y Coleg Cerdd Brenhinol yn Llundain, penderfynodd mai ffidil fyddai ei phrif offeryn. Byddai Hubert Edwards, ei thadcu o Langennech, a fu, fel y tystiodd, y fath ddylanwad arni'n bur ifanc, mor falch ohoni, ac o'i chwaer Lisa, pe bai wedi cael byw i weld hynny. Cwblhaodd ei chwrs Coleg yn llwyddiannus yn 1993, a thystia iddi fod yn ffodus i dreulio tair blynedd wedyn yn Newcastle gyda Cherddorfa Sinfonia'r Gogledd yno. Cryn bellter o gartre', wrth gwrs, ond cafodd amser gwych mewn lle arbennig ac ymhlith ffrindiau da. A'i hatgofion a'i hargraffiadau o'r cyfnod yn rhai llawen. Cyfnod dwfn ei ddylanwad hefyd.

Yn 1996 ymunodd â Cherddorfa Siambr Lloegr yn Llundain, a bu'n teithio'r byd gyda'r Gerddorfa honno. I Siapan a Sri Lanka, Kazakhstan a'r Ffindir, De a Gogledd America, ac i nifer o wledydd Ewrop, yn ogystal; a chael, yn ôl ei thystiolaeth, '. . . *amser gwir gyffrous.*'

Yn Llety'r Meistr, Gaeaf 1995. Gerald Davies, siaradwr gwâdd Cinio Clwb Rygbi'r Coleg, Caergrawnt, a'i briod, yr Athro Brian Johnson, ffrind agos a chyd-weithiwr i John, a'i briod, gyda Margaret a John, a llun o John Cosin, Meistr y Coleg tua 1660, uwch eu pen.

Ond roedd Naomi'n dyheu am waith mwy sefydlog, a bywyd felly. Yn 1999 sylwodd fod safle **'Prif Ail-Ffidil' Cerddorfa Genedlaethol Gymreig y BBC** wedi bod yn wag ers peth amser, a phenderfynodd ymgeisio amdani. A'i chael! Ni bu edrych edrych yn ôl wedyn. Er nad oedd gan Naomi, bryd hynny, gyn-lluniau o gwbl i symud yn ôl i Gymru i fyw, dyna a ddigwyddodd. Golygai byw yng Nghaerdydd, wrth gwrs, ei bod yn agosach eto at rai o'i theulu hoff yn Sir Gaerfyrddin, a thystia'n ddidwyll ei bod yn teimlo ei bod *'adre'n ôl'* a bod hynny'n rhoi llawenydd mawr iddi.

Peterhouse, Caergrawnt (1993-2002)

Margaret a Naomi ar wyliau, 1998.

Margaret a'i chwaer, Rhiannon, Corfu, Haf 2001.

Cymrodoriaeth Anrhydeddus ym Mhrifysgol Glyndwr, 2000, yng nghwnni Dr Dafydd Ellis Thomas, Y Prifathro J. O. Williams, Dr Robin H. Williams a Dr R. Geraint Gruffydd.

Llawenydd i'r teulu cyfan, mae'n siŵr, oedd y digwyddiad hynod hwnnw yng nghanol 2002. Ar nawn heulog ym mis Mehefin, ar lan yr afon yng Nghaergrawnt, yng nghwmni nifer dda o gyfeillion, lansiwyd – gan y Fonesig Margaret Thomas fâd hardd o'r enw: **Syr John Meurig**.

Peterhouse, Caergrawnt (1993-2002)

Rhiannon, Margaret a John yn Nhŷ Ddewi.

Y Fonesig Margaret yn Lansio bad ei phriod yn Haf 2002.

Y Teyrngedwr

Nid anfynych dros y blynyddoedd y gwahoddwyd John Meurig Thomas i lunio Ysgrifau Coffa i bobl, ac ymddangosodd nifer mewn papurau dyddiol – yn yr *Independent* yn arbennig felly, ac mewn cylchgronau lawer. Meddylier am y rhai yn ystod rhai o flynyddoedd cyfnod y bennod hon, er enghraifft: i *Bill Price, Mansel Davies, Howard Purnell, William John Granville Beynon, Kirill Zamaraev, Geoffrey Wilkinson, John Kendrew, Keble Sykes, John Owen Williams, Hiroshi Inose, V.I. Goldanskii, Peter A. G. Sheuer.* A braint a buddiol eu myfyrio'n ddieithriad. A'i ddawn â geiriau, yn ysgrifenedig, fel ar lafar, yn dreiddgar ac adeiladol, yn gafael a chyffwrdd. Dyfynnwn un enghraifft, sef ei frawddegau clo o'i deyrnged i'r cyntaf enwyd uchod, yr Athro William C. Price:

'... Bill Price was of Nobel Prize-winning class. Yet he carried his learning lightly. He never sought public or private acclaim. He loved his science, and hated no person. He had no enemies. He possessed that shining Faradaic simplicity, profundity and purity which is why we all loved him.'[24]

Cyhoeddwyd tair ychwanegol JMT yn 2002 hefyd: un yn y *Times* i **Max Perutz** ar Chwefror 7, a dwy yn yr *Independent*, y naill i **Charles Taylor** a'r llall i **H. G. Drickamer**.

Bu Charles Taylor, er enghraifft, yn Athro a Phennaeth yr Adran Ffiseg yng Ngholeg y Brifysgol, Caerdydd, ac, fel cyfathrebwr heb ei ail, ef oedd enillydd cyntaf Gwobr Faraday am ragoriaeth fel cyflwynydd gwyddoniaeth i leygwyr a phlant ysgol. Yn 1971, cyflwynodd un o'r cyfresi enwocaf o Ddarlithiau Nadolig ar y thema: *'Sounds of Music: the science of tones and tunes.'*

Roedd Max Perutz (o Vienna) wedyn a John yn gymdogion yng Nghaergrawnt ac nid teyrnged mewn papur dyddiol yn unig gyhoeddwyd ganddo i'w gyfaill cywir, ond ysgrifau swmpus. Nodwn ddwy: *'The Scientific and Humane Legacy of Max Perutz (1914-2002)'* a *'Max Perutz: Chemist, Molecular Biologist, Human Rights Activist'*. Hawdd fyddai pentyrru dyfyniadau. Bodlonwn ar rai llinellau:

> 'He combined in a singular fashion, all the noblest instincts of mankind ... a man of warm humanity and of great human decency. He had immense moral courage. He was morally incorruptible. Intellectual honesty and freedom, and especially human rights, mattered to him profoundly ... he exhibited the temperament of the artist and the imaginative sensibility of the poet.'[25]

Hoffai Perutz, meddai John, ddyfynnu Max Planck:

> 'There is a real world independent of our senses: the laws of nature were not invented by man, but forced upon him by that natural world. They are the expression of a rational order.'[26]

Yr Athro S. V. Ley, Dr Max Perutz, Dr Fred Sauger, a John yng Ngholeg Peterhouse – gyda Phortread 'anffurfiol' John Ward, R.A., o JMT yn y cefndir.

Holwyd Perutz un tro sut y llwyddodd i fod yn drafodwr mor lew. A'i ateb, ateb y gellir yn hawdd ddychmygu – a chlywed hefyd – John yn ei leisio:

> 'In Cambridge, to reach your goal, you must learn to combine the linear persistence of the tortoise with the circuitous locomotion of the hare.'[27]

Ffarwel Hydref

Gwaetha'r modd, wedi'r teyrngedu yna yn y Gwanwyn, a'r lansio yn yr Haf, prin y dychmygent y byddai ffarwelio'n digwydd ddechrau'r Hydref. Bregus fu iechyd y Fonesig Margaret o bryd i'w gilydd, ac yn fynych yn welw ei gwedd. Ond gwaethygodd yn sydyn, ac ym mis Medi derbyniwyd hi i Ysbyty Papworth. Bu'r staff meddygol yno yn fawr eu gofal drosti, fel, y teulu. A neb yn fwy na Dr Ann Rhys[28] o Ystrad Meurig, eu ffrind mynwesol, a dreuliodd wythnos a mwy yno, y Medi hwnnw, yn gwmni a nodded. Nid anfynych y byddai John yn pwyso arni am ei chyngor.

Dechrau'r Hydref galwodd John am help Dr Ann eto, ac ymatebodd hi a'i phriod Dr Glyn, ar unwaith. Roeddent hwy yng Nghaergrawnt, fel y teulu hwythau, ar Hydref 12 pan fu farw Margaret yn Ysbyty Addenbrookes, Caergrawnt a hithau ond 64 oed. Cyfnod 'Diolchgarwch' am y cynhaeaf. Cynhaeaf Margaret hithau, a ffrwythau'i hysbryd. *'Coffadwriaeth y cyfiawn sydd fendigedig.'*

Margaret a John yng nghartre' Naomi yng Ngwaelod-y-Garth, ger Caerdydd, yn Awst 2002 – un o'u lluniau olaf ynghyd. Cwlwm cariad.

Nodiadau

1. *Y Gwyddonydd,* Cyfrol 30, Rhifyn Haf, 1963-1993, Gwasg Prifysgol Cymru, t. 109.
2. Ibid., t. 108.
3. *Nature*/Vol.400/Gorff.22/1990: 'Energetic Victorians'/John Meurig Thomas.
4. *Peterhouse Annual Record*, 1993/94, University Printing Services, Cambridge.
5. Neges e-bost, Dr Walford a Dr Hazel Walford Davies, Aberystwyth.
6. *'Country Life'*, Awst 28, ysgrif gan yr Athro David Watkin (gweler Pennod 9).
7. *'Turning Points in Solid State, Materials and Surface Science'* (ed. Kenneth D. M. Harris and Peter P. Edwards), RSC Publishing, 2007/8, t. 601.
8. Ibid.
9. *'T.P.'*, tt. 604-606; tt. 619-620.
10. Robin H. Williams, mewn cyfweliad. Rhan o Raglen Deledu, Geraint Stanley Jones, 2003.
11. *'Turning Points'*, t. 835.
12. Ffynonellau amrywiol!
13. *'Western Mail'*, 29.1.1996, t.16 / Cyfweliad gyda Michael Boon.
14. Ibid.
15. Rufus Adams, Rhyl. Llythyr a C.D. Dathliad CAG Gogledd Cymru.
16. CAG / WEA.
17. Ibid.
18. *'Turning Points'*, tt. 623-624.
19. VCH, Weinheim/Cyhoeddiad/1996/1997, Sir J. M. Thomas a W. J. Thomas (Bath).
20. Ibid.
21. Ibid.
22. *'Turning Points . . .'*
23. Ibid.
24. Negeseuau e-bost Lisa a Naomi, plant JMT.
25. *'The Independent'*, March 22, 1993.
26. *'The Scientific and Humane Legacy of Max Perutz (1914-2002)'*, Agnew. Chem. Int. Ed., 2002. 41, Rhif 17. A: *'Max Perutz: Chemist, Molecular Biologist, Human Rights Activist'*. Gweithiau sylweddol gan JMT.
27. Ibid.
28. Mewn sgwrs â Dr Ann Rhys.

Pennod 9

MARGARET
(1938-2002)

Yn dilyn marwolaeth y Fonesig Margaret Thomas, Caergrawnt, ar Hydref 12, 2002, yn 64 oed, cynhaliwyd gwasanaethau i ddathlu ei bywyd a'i gwaith yn Eglwys Little St Mary's, Caergrawnt ar Hydref 21, ac yna ym Methesda, Llangennech, ar nawn Mercher, Hydref 23. Yn y naill, o dan arweiniad y Deon, er enghraifft, cyflwynwyd ar lafar ddwy o hoff gerddi Cymraeg Margaret. John ei hun yn darllen: *'Ystrad Fflur'* (T. Gwynn Jones), ac yna Ina Tudno Williams, ei ffrind agos, yn cyflwyno: *'Hiraeth'*, yn cynnwys y geirau a adleisiai brofiad cynifer, ond yn arbennig wrth gwrs, Lisa, Naomi a John:

'Derfydd aur a derfydd arian,
Derfydd melfed, derfydd sidan,
Derfydd pob dilledyn helaeth,
Ond er hyn ni dderfydd hiraeth.' [1]

(Gweler rhan ola'r bennod hon)

Y Beibl Cymraeg Newydd / Yn Cynnwys yr Apocryffa (Cymdeithas y Beibl).

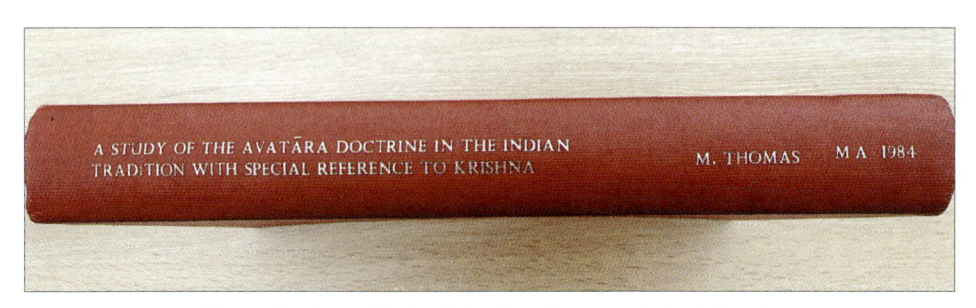

Ffrwyth ei meddwl a'i hysbryd, a gwaith ei dwylo.

Yna cyflwynwyd:

TEYRNGED GAN
Y PARCHEDIG ATHRO DR JOHN TUDNO WILLIAMS
ABERYSTWYTH

Wrth imi feddwl yn ystod yr wythnos ddiwethaf yma am fywyd a chymeriad Margaret, mae un ansoddair wedi mynnu dod i'r blaen dro ar ôl tro. Nid ansoddair Cymraeg nac un Saesneg mohono chwaith, er iddo roi bod i amryw o eiriau yn y ddwy iaith. Yr ansoddair Lladin *integer* ydyw, ac imi mae'n cyfleu rhychwant y rhinweddau a ganfûm yn Margaret yn y cyfnod o ddeng mlynedd ar hugain yr oeddwn yn ei hadnabod.

Yn sylfaenol, ceir dwy elfen i ystyron posibl yr ansoddair cyfoethog hwn: y naill elfen yw'r darlun o onestrwydd ac o gywirdeb, a'r elfen arall yw'r darlun o gyfanrwydd ac o unoliaeth. Bu Margaret yn ffrind cywir iawn i ni fel teulu o'r cyfnod pan oedd ein plant yn ifanc: yn wir, drwy'r plant y daethom i adnabod ein gilydd. Roedd Lisa a Haf yn yr un dosbarth yn yr Ysgol Gymraeg yn Aberystwyth, ac yn fuan wedyn tynnwyd Naomi a Tomos i mewn i greu pedwarawd hapus. Dyma ni'r rhieni yn dod i ymuno yn y gwmnïaeth deuluol hwyliog, a daeth ein cartref ni gerllaw'r Adran Gemeg yn fan aros hwylus i droi i mewn iddo ar derfyn gorchwylion dydd. Felly y datblygodd y cwlwm clos rhyngom fel teuluoedd a barhaodd dros y blynyddoedd hyd yn oed wedi i'r teulu ymadael am Gaergrawnt. Yn Aberystwyth hefyd y dechreuodd y mynych seiadu ar bob pwnc dan haul a'r sgwrsio afieithus o bob tu. Mae'n chwith iawn meddwl heddiw mai yn union ddau fis yn ôl y digwyddodd seiat olaf y pedwar ohonom a hynny yn ein tŷ ni yng Nghapel Seion.

Lawer tro y cawsom fwynhau'r gwmnïaeth a'r croeso ar aelwyd John a Margaret yn Rhydyfelin i ddechrau, ac yna yn Sedley Taylor Road, y Sefydliad Brenhinol yn Albemarle Street, ac yn Llety'r Meistr, Peterhouse, heb anghofio achlysuron nodedig yn y Coleg ei hun. O dan yr holl amgylchiadau amrywiol hyn yr un oedd Margaret bob amser, yr un person gonest a chywir. Dywed y Geiriadur wrthym mai 'rhydd o ragfarn' yw un o ystyron yr ansoddair *integer*: un felly oedd hithau, un a fyddai'n dod i ddyfarniad am sefyllfa neu farn am rywun ar sail y dystiolaeth a feddai, a hynny wedi iddi ei phwyso a'i mesur yn ofalus. Yn wir, roedd ganddi'r gallu i sefyll yn ôl megis cyn dod i benderfyniad terfynol ar fater. Tyst yn wir, a dyfynnu'r Geiriadur eto, y gellid dibynnu arni.

Dylanwad pwysig ar ei bywyd oedd ei chefndir Cymraeg. Etifeddodd oddi wrth ei thad a'i magwraeth yn Llangennech ddiwylliant cyfoethog a mynnodd hi a John drosglwyddo'r etifeddiaeth honno i Lisa a Naomi ar aelwyd Gymraeg. O gyfnod cynnar iawn yn eu hanes, gofalai hefyd am feithrin eu doniau cerddorol disglair, ac mae canlyniad hynny'n amlwg heddiw.

Rhan bwysig arall, wrth gwrs, o'i hetifeddiaeth oedd yr un grefyddol. Wedi cwblhau gradd yn y maes ym Mhrifysgol Cymru, bu'n dysgu'r Ysgrythur mewn ysgolion uwchradd, ac yn nes ymlaen lledodd eu gorwelion i gynnwys astudiaeth o grefyddau'r byd wrth gwblhau traethawd ynddi ar gyfer gradd meistr Prifysgol Cymru. Bu'n ddiwyd hefyd yn cefnogi'r gwasanaeth Cymraeg ar bnawn Sul yma yng Nghaergrawnt, ac ni pheidiodd ei diddordeb byw a goleuedig yn y maes. Arferwn gael adroddiadau'n aml ganddi am ddarlithoedd a phregethau a glywsai yma, a'i sylwadau arnynt bob amser yn ffrwyth barn a meddwl aeddfed.

Ystyr pellach a roir i'r gair *integer* yw egniol. Bu Margaret felly ar hyd ei bywyd, a hynny mae'n amlwg yn ystod y blynyddoedd diwethaf hyn er iddi wynebu afiechyd a blinder corfforol. Byddwn i am gyplysu'r ansoddair 'trwyadl' â'r gair 'egniol', oherwydd roedd trefnusrwydd a chynllunio manwl y tu ôl i bopeth a wnai, ac anelai at y safonau uchaf posibl bob tro. Cefais brofiad o hynny mewn cyfnod pan oeddem yn cydweithio yn y gwaith o arholi safon uwch ysgolion Cymru.

Hoffai bethau prydferth a gallai greu pethau cain ei hunan. Yn wir, roedd ochr ymarferol iawn i'w chymeriad. Roedd hi ei hun yn berson prydferth a cheid ymdeimlad o dawelwch o'i chwmpas bob amser. Mae'n amlwg bod y ferf integreiddio yn tarddu o'r ansoddair a lywiodd y sylwadau hyn. Oni lwyddodd Margaret yn rhyfeddol i integreiddio'r cyfan o ran ei gweithgarwch a'i chymeriad yn un bywyd cyflawn y diolchwn i'w Chrewr amdano heddiw?

* * *

(Cafwyd fersiwn Saesneg o'r uchod.)

* * *

Cynhaliwyd yr oedfa gyhoeddus arall ym Methesda Llangennech, mam-eglwys Margaret, o dan arweiniad y Parchedigion Llewelyn Picton Jones a Maurice Loader. Cyflwynwyd y ddwy 'Deyrnged' ganlynol yn y Gwasanaeth hwnnw.

TEYRNGED DR ANN RHYS
(YSTRAD MEURIG)

Margaret: rydym ni yma i'ch cofio, ac i ddiolch am eich bywyd. Ac yn cydnabod ein bod ni, a oedd mor agos atoch, yn well pobl o'ch nabod. Y mae cymar heb gariad, dwy ferch heb fam, a theulu yn llwm o chwaer ac anti. Ond O! mor gyfoethog yr ydych oll; gymaint oedd dyfnder ei chariad atoch, gymaint ei hymroddiad – gan roi o'i gofal yn gyfan.

Mi ddes i nabod Margaret chwarter canrif yn ôl, yn Aberystwyth, a daethom yn ffrindiau agos. Roedd ein merched yr un oedran, ac yn mynd i'r un Ysgol Sul yn Baker Street, ac roedd y ddau deulu yn rhannu'r un brand o Gymreictod. Gymaint oedd yr hwyl a'r chwerthin pan fyddem yng nghwmni'n gilydd. Fe wnaethom eu colli yn arw fel teulu pan aethant i Gaergrawnt, ac wedyn i Lundain, ond eto, cawsom lawer o bleser o'u cyfnod yn y Sefydliad Brenhinol. Rhyfeddwn at allu Margaret i addasu i'w rôl pwysig yno. Os mai John oedd y Cyfarwyddwr – Margaret oedd y Major Domo. 'Roedd yr her yn anodd ar y cychwyn. Ond gymaint oedd gallu cynhenid Margaret, fel y gallai addasu i unrhywbeth. 'Roedd ei safonau yn uchel; a dweud y lleiaf, 'doedd ysgogi eraill i gyrraedd ei safonau hi, ddim wastad yn hawdd. Ysgolhaig oedd Margaret yn y bôn. Ond mynnai ei ffordd, a hynny mewn modd tawel, a rhyfeddol o effeithiol. Goruchwyliodd drawsnewid yr ystafelloedd byw moethus gyda manylder digyfaddawd; a'r un modd eto, pan symudont yn ôl i Gaergrawnt, ac i Peterhouse. Margaret, eto, ei hunan ymgymerodd â'r dasg anferthol o adnewyddu Llety'r Meistr yn gyfangwbl, a hynny mewn dull priodol i'w gyfnod. Yn y cyswllt hwn, dyma i chi ambell frawddeg o 'Country Life', 28 Awst 1997; erthygl a ysgrifenwyd gan yr Athro David Watkin, hanesydd enwog Celf a Phensaernïaeth.

'In 1993 the Fellows of Peterhouse elected Professor Sir John Meurig Thomas, a distinguished chemist and director of the Royal Institution to be their Master. In Lady Thomas, the college derived an additional

> *benefit, as it was she who undertook the immense labour of masterminding the scheme of decoration in minute detail. . . . Since its recent extensive restoration and redecoration, the Master's Lodge can never have looked better than it does today.'*

Ond un fel yna oedd Margaret. Perffeithrwydd oedd yn nôd; a 'na ddiwedd arni!

Mi gofiaf nosweithiau Gwener yn yr R.I, pan oedd pobl enwog o bob maes yn cael gwahoddiad i roi darlith – pobl fel Syr Yehudi Menuhin, Dame Ninnette de Valois a Max Perutz ac ati. Syniad Michael Faraday yn wreiddiol, wrth gwrs. A Faraday yw arwr mawr John. Margaret hithau yn esmwythau'r holl drefniadau; pawb yn cael ei sylw hi, a phob un yn cael eu tynnu mewn i'r ymgom – y Laureates Nobel, pobl fonheddig iawn a'r myfyrwyr, yn ogystal. Roedd Margaret wrth ei bodd gyda myfyrwyr. Dyna pryd y deuai urddas hollol naturiol Margaret yn amlwg i ni. A hithau mor hardd, a threfniant ei blodau, rhywsut, yn adlewyrchu ei phrydferthwch hithau. 'Roedd gan Margaret steil.

Yng nghyfnod John a Margaret yn yr R.I., ac wedyn yn Peterhouse, roedd eu cartref yn 'LLYS HAEL'!

Ond ei theulu oedd canolbwynt ei bywyd. 'Rwy'n cofio siarad â Margaret rai blynyddoedd yn ôl, pan oedd un o'n merched yn ceisio am swydd. Sôn oeddem am y fusnes y "cv" yma – ie, y "curriculum vitae". Yn ein hamser ni, mater o lenwi ffurflen oedd hi, ond 'nawr mae'n rhaid sgwennu "cv" swmpus, pwysig. Chwerthinodd Margaret, a dweud gyda balchder:

> **'Bydde sgwennu "cv" yn hawdd i fi. Dim ond tair llythyren sy' eisie: "JMT"!**

Fe'i gwelaf hi 'nawr – y wên yna a'r winc. A John yntau, chware teg, yw'r cyntaf i gydnabod na fyddai byth wedi cyrraedd y brig heb gefnogaeth cyson a diflino Margaret. 'Roedd y briodas yn bartneriaeth. Mae'r enw "Margaret" yn tarddu o'r gair Groeg am "perl". Os mai John oedd y glô a'r diemwnt, Margaret oedd y perl!

Ac fel mam, roedd hi heb ei hail. Fe esmwythodd drawsblaniad Lisa a Naomi o bridd Cymru i balmantau Lloegr, a llwyddodd John a hithau i gadw'r aelwyd yn Gymreig, a meithrin Lisa a Naomi yn y 'pethe'. Ble bynnag rodden nhw, roedd 'na ynys o Gymreictod. Trosglwyddodd Margaret i'w merched ei rhinweddau hithau – ei gonestrwydd, a'i chariad at lenyddiaeth a cherddoriaeth. Llwyddiant ei theulu oedd ei llawenydd. Ond fe gafodd hithau hefyd gyfle i ail hogi ei hysgolheictod. Roedd ganddi radd mewn Astudiaethau Semitig, ac yn 1984, graddiodd yn MA, gyda chanmoliaeth uchel. Yr oedd yr Athro Cyril Williams yn awyddus iawn i gyhoeddi ei thesis, ond gwnaeth gwyleidd-dra Margaret atal hynny. 'Falle mai dyma'r amser priodol i wneud hyn.

Yr oedd diwylliant Margaret yn ddwfn, rhychwant ei gwybodaeth yn eang, a diddordeb mawr ganddi mewn Gwyddoniaeth. Ond y peth mwya' trawiadol am Margaret oedd sicrwydd ei ffydd. 'Roedd bod yng nghwmni Margaret yn ysbrydoliaeth; yn enwedig yn yr wythnosau diwethaf. Pan glywodd Syr Kyffin Williams am ei marwolaeth, dywedodd: 'She was a woman who radiated peace' – ac y mae hynny mor wir. Fe wnaeth ddiodde, a goresgyn clatsien ar ôl clatsien greulon o'i salwch, a'i thriniaeth, a hynny er mawr syndod i'w meddygon. Ond yn oriau mân un bore, fe'i rhyddhawyd yn dawel, ac yn dyner.

'Rwy'n cofio siarad â Margaret, yr adeg anodd hwnnw pan gollais innau Mam, a disgrifio iddi fel o'n ni'n dal i fynd i'w ffonio hi, er nad oedd hi yno mwy. Ac medde Margaret:

> *'Ma hwnna'n dangos Ann, bod ei phresenoldeb yn gryfach na'i habsenoldeb.'*

Ac felly y bydd hi gyda Margaret. Bydd hi wastad gyda ni.

> *'Wylwch am syrthio o'r ddeilen – galarwch*
>   *Am glaearu'r heulwen,*
> *Cofiwch yr ha' gyda gwên – gan aros*
> *I alaw'r eos ddod 'nôl i'r ywen.'* [2]

* * *

TEYRNGED
Y PARCHEDIG ATHRO MAURICE LOADER

Rwy'n talu'r deyrnged hon i goffadwriaeth Margaret gyda theimladau cymysg. Ar y naill law, yma, ym Methesda, o bob man – lle oedd yn gysegredig yn ei golwg – ceir ymdeimlad briw o hiraeth a galar o'i cholli. Mae'n bwysig iawn fod y galar hwnnw'n cael mynegiant yn ein calonnau. Yn wir, dyna un rheswm dros gynnal yr oedfa hon, sef bwrw hiraeth o golli priod, mam, chwaer, ffrind. Fe roes Margaret ystyr arbennig i'r gadwyn o berthynas gariadlon oedd rhyngddi hi a'r rhai oedd yn annwyl ganddi, a dyna pam y mae'r galon yn friw ar ei hôl, ddim yn fwy briw yn unman nag ar aelwyd ei theulu yng Nghaergrawnt.

Ond mae 'na wedd arall i'n teimladau ni heddiw. Gyda'n gilydd 'rŷm am **ddathlu** ei bywyd hi, gan ddiolch i Dduw amdani fel merch a wnaeth gyfraniad arbennig iawn, nid yn unig yn ei chefnogaeth i yrfa ddisglair John, ond hefyd, yn ei hawl ei hun.

Pan ddeuthum yn weinidog ym Methesda 46 o flynyddoedd yn ôl, disgybl yn y Chweched Dosbarth yn Ysgol Ramadeg y Merched oedd Margaret; merch dawel, hunan-feddiannol, feddylgar ei natur, gyfeillgar ei phersonoliaeth, boneddigaidd ei hosgo. Yma 'roedd ei thad yn ddiacon, yn arweinydd sicr ei farn, yn gyhoeddwr siriol a llawen, ac yn fardd llygatgraff a wobrwywyd droeon mewn eisteddfodau. Dyma'r fagwraeth, yn myd y 'pethe' – chwedl Llwyd o'r Bryn gynt – gan gyfeirio at y diwylliant gwerin oedd yn ffrwyth uniongyrchol i fywyd capeli Cymru pan oedd rheini yn eu grym.

Ddeufis ar ôl imi ddechrau fy ngweinidogaeth yma, aeth Margaret yn fyfyriwr i Goleg Prifysgol Cymru, Caerdydd, lle graddiodd mewn Ieithoedd Semitig dan yr Athro Aubrey Johnson. Yn ystod y gwyliau, byddai John yn ymuno â Margaret ar y galeri ar nos Sul, a 'chafodd dim un pregethwr erioed ddau wrandawr mwy eiddgar. Mae gen i yn fy meddiant o hyd lythyr a dderbyniais gan John ym mis Mai 1958 yn trafod cynnwys fy mhregeth un nos Sul o safbwynt ei waith fel gwyddonydd. Cynnwys y llythyr hwnnw oedd rhywbeth y mae pob pregethwr yn dyheu amdano, sef ei awydd i ddirwyn edafedd y bregeth honno gam ymhellach gan sôn yn bryderus am beryglon ymbelydredd niwclear a bygythion cyfnod y Rhyfel Oer, a hynny mewn byd lle'r oedd dwy ran o'r boblogaeth heb gynhaliaeth ddigonol. 'Does gen i ddim amheuaeth nad dyma'r math o bynciau y byddai ef a Margaret yn eu trafod gyda'i gilydd fel dau Gristion ifanc meddylgar yn cychwyn ar bererindod bywyd.

Yn ddigon naturiol, efallai swyddi cyfrifol ei phriod fu'n penderfynu camre Margaret ar hyd y daith. Pan oedd hi'n darllen ei thestun Hebraeg o Lyfr Ruth yng Ngholeg Prifysgol Caerdydd, byddai wedi dod ar draws yr adnod hon:

'Nac erfyn arnaf fi ymadaw â thi, i gilio oddi ar dy ôl di; canys pa le bynnag yr elych di, yr âf finnau, ac ymha le bynnag y lletyech di, y lletyaf finnau.'

Go brin y byddai Margaret, wrth ddarllen y geiriau hynny, wedi sylweddoli mor briodol fydde'r geiriau fel mynegiant o'i phrofiad hi ei hun maes o law!

Mae'n wir iddi gael cyfle i ymarfer ei chrefft fel athrawes Ysgrythur am gyfnod yn Ysgol Dyffryn Ogwen, ac yn Ysgol Merched Perse yng Nghaergrawnt yn ddiweddarach. Mae'n wir iddi hefyd gael parhau â'i disgyblaeth academaidd ei hun, oherwydd bu'n darllen am radd uwch M.A. Prifysgol Cymru, gan ymchwilio i athrawiaeth ymgnawdoliad o fewn y grefydd Hindŵ, dan gyfarwyddyd yr Athro Cyril Williams. Ond ei gofal am John, a'i alwadau academaidd ef a olygai deithio'r byd, a gofynion magu Lisa a Naomi, a rhoi pob cyfle iddyn' nhw ledu'u hadenydd ifainc ac addawol – hynny fu'r gofyn blaenaf ar egni ac amser Margaret. Ac fe'u gwelodd nhw'n tyfu'n bobl ifainc talentog sydd eisoes wedi gwneud eu marc yn eu gyrfaoedd gwahanol.

Yn ddiarwybod iddi, ar y pryd, deuai cyfle i Margaret cyn hir i roi mynegaint i ddoniau a fuasai ynghudd yn ei pherson, ond a oedd i flodeuo yn ystod y blynyddoedd nesaf. Oherwydd gwnaeth gyfraniad arbennig iawn yn sgîl dau o'r apwyntiadau pwysig a ddaeth i ran John. Ef oedd y Cymro cyntaf i'w apwyntio'n Gyfarwyddwr y Sefydliad Brenhinol yn Llundain, yn olyniaeth Humphry Davy a Michael Faraday, ac enwogion eraill. Mor falch ddylem ni sylweddoli fel Cymry fod un o'n plith wedi dwyn y fath ddisgleirdeb i'r olyniaeth honno. Ond dylem ni hefyd fod yn falch o gyfraniad Margaret. Ar ei hysgwyddau hi y syrthiodd y cyfrifoldeb o fod yn westeiwraig i rai o enwogion byd, ym maes gwyddoniaeth a'r dyniaethau, heb sôn am enwogion y bywyd cyhoeddus: yn deulu brenhinol, prif weinidogion, ac aelodau'r cabinet, ynghyd â phenaethiaid cenhedloedd byd. Ac fe wnaeth y cyfan gyda'r urddas hunanfeddiannol hwnnw oedd mor nodweddiadol ohoni.

Yr un fu'r hanes pan ddyrchafwyd John yn Feistr Coleg Peterhouse yng Nghaergrawnt, yr hen sefydliad addysgol enwog fu'n *alma mater* i John Penry, y merthyr o Gefnbrith. Yno eto, bu Margaret yn westeiwraig rasol, yn croesawu i'w chartref fyfyrwyr a chymrodyr fel ei gilydd. A byddai ambell un o weinidogion yr efengyl yn cael profi o'i chroeso pan gaen' nhw wahoddiad i bregethu yn yr oedfa Gymraeg a gynhaliwyd yng Nghaergrawnt, a John a Margaret yn flaenllaw yn y gynulleidfa fechan yn yr oedfa honno. Profodd Mair a minnau groeso'r aelwyd pan wahoddwyd ni i fod â rhan yn nathliadau priodas Lisa ac Oliver beth amser yn ôl. Bu'n fraint fawr cael bod â rhan yn y gwasanaeth hwnnw, ac yr oedd eu croeso'n dywysogaidd.

Eglwys Little St Mary's, Caergrawnt.

Heddiw, talwn deyrnged i'r Fonesig Margaret Thomas, bonesig ei theitl a bonesig ei hymarweddiad graslon ac urddasol. Rwy'i am ddarllen yn Gymraeg eiriau ganwyd yn Saesneg yn y gwasanaeth yn Little St. Mary's yng Nghaergrawnt, sydd megis rhagflas o broclamasiwn hyderus o'r gobaith Cristnogol yn y Testament Newydd:

> 'Y mae eneidiau'r cyfiawn yn llaw Duw,
> . . . yn llygaid y rhai ynfyd, y maent fel pe baent wedi marw;
> ystyriwyd eu hymadawiad yn drychineb a'u mynediad oddi
> wrthym yn ddistryw; ond y maent mewn hedd.'

*   *   *

Roedd John wedi paratoi a chyhoeddi llyfryn: **A Selection of her Favourite Poetry** (yn Gymraeg a Saesneg) ar gyfer dydd ei harwyl – gweithred hardd. Darllenwyd dau o'r darnau Cymraeg gynhwysir ynddo yn yr oedfa goffa gyntaf, yng Nghaergrawnt. Dyfynnwn ninnau ei hoff ddarn Cymraeg, a'i hoff ddarn Saesneg:

* * *

DYCHWELYD
(T. H. Parry-Williams)

Ni all terfysgoedd daear byth gyffroi
   Distawrwydd nef; ni sigla lleisiau'r llawr
Rymuster y tangnefedd sydd yn toi
   Diddim diarcholl yr ehangder mawr;
Ac ni all holl drybestod dyn na byd
   Darfu'r tawelwch nac amharu dim
Ar dreigl a thro'r pellterau sydd o hyd
   Yn gwneuthur gosteg â'u chwyrnellu chwim.
Ac am nad ydyw'n byw ar hyd y daith
   O gri ein geni hyd ein holaf gŵyn
Yn ddim ond crych dros dro neu gysgod craith
   Ar lyfnder esmwyth y mudandod mwyn,
Ni wnawn, wrth ffoi am byth o'n ffwdan ffôl
Ond llithro i'r llonyddwch mawr yn ôl.[3]

(Teg nodi fod soned R. Williams Parry: **'Mae Hiraeth yn y Môr'**,[4] yn ail ddewis agos i Margaret yn y Gymraeg. A gwrando honno'n cael ei chanu – gan Kenneth Bowen, d'weder – i fiwsig Dilys Elwyn Edwards, yn falm i'w henaid.)

* * *

Bethesda, Llangennech, ei chartref ysbrydol.

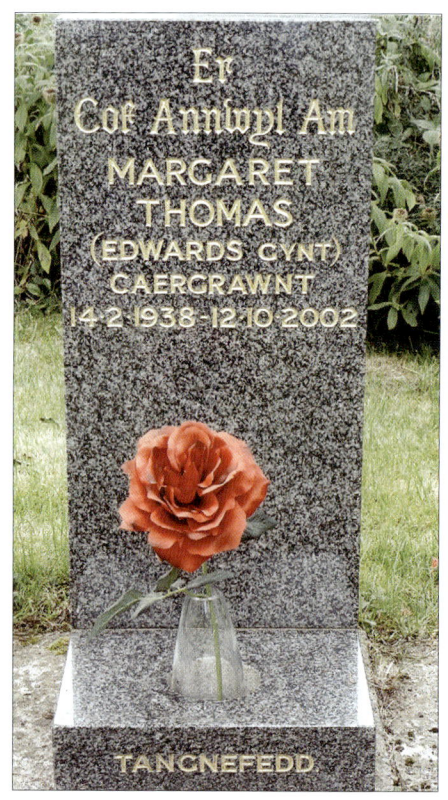

Y Garreg Fedd ym Mynwent Bethesda.

SPRING AND FALL
(to a young child)
(Gerard Manley Hopkins)

Márgarét, are you grieving
Over Goldengrove unleaving?
Leáves, like things of man, you
With your fresh thoughts care for, can you?
Áh! As the heart grows older
It will come to such sights colder
By and by, nor spare a sigh
Though worlds of wanwood leafmeal lie;
And yet you **will** weep and know why.
Now no matter, child, the name;
Sórrow's springs áre the same.
Nor mouth had, no nor mind, expressed
What heart heard of, ghost guessed:
It is the blight man was born for,
It is Margaret you mourn for.[5]

*   *   *

[Ymddangosodd 'Teyrnged' Saesneg llawn hefyd ym mhapur dyddiol yr *'Independent'* ar Dachwedd 13, 2002. Un gan Don Bradley o dan y pennawd: **"Hostess with a light touch at The Royal Institution and Peterhouse"**]. Ceir ar y wyneb-ddalen lun dethol o Margaret hithau, gyda dyfyniad o **The Tempest** (Shakespeare):

> **'We are such stuff as dreams are made of.**
> **And our little life is rounded with a sleep.'**

*   *   *

Y gofeb iddi yng ngardd Peterhouse, Caergrawnt.

PRESENTED TO PETERHOUSE BY
SIR JOHN MEURIG THOMAS
MASTER 1993-2002
IN MEMORY OF HIS WIFE MARGARET (1938-2002)
2007
TANGNEFEDD

Cyflwynedig 'Er Cof' gan John.

Margaret (1938-2002)

Naomi a John – Lisa ac Oliver.

A dyma baragraff agoriadol, a'r un clo o deyrnged ei phriod, John Meurig Thomas:

An appreciation

It was Margaret's beautiful face and striking eyes that first attracted me to her, when she was seventeen and I five years her senior. During our courtship and married life her radiance never deserted her, despite the strain and pain suffered in a twenty-year battle against the illness that finally took her away. But it was not only her beauty and placid, dignified, elegant ways that sustained me and our children over the years: it was also her intellectual power, cultural breadth, honesty, selflessness, magnanimity and example.

* * *

Her organisational, design and decorative skills, as well as her effective role as hostess, were much appreciated during the five-year period, 1986-1991, when she took charge of Friday evening Discourse entertainment and dining at The Royal Institution of Great Britain, Mayfair, London. Distinguished men and women from the worlds of science, the humanities and public life, including Royalty, Heads of State, Ambassadors, Prime Ministers and members of Cabinet, were entertained there. She re-furbished much of the Director's flat in Albemarle Street, so that she was already equipped to undertake similar tasks in design and decoration in the Master's Lodge, Peterhouse, from 1993 to 1995. She greatly relished having students, Fellows and friends visit us in the Lodge. The weekly lunches with first-year students filled her with joy; and she was grateful that, even though her health was failing, she could attend the 2002 Peterhouse May Ball.

She left the world a better place.

John Meurig Thomas
17th October 2002

* * *

MARGARET
(Diweddar briod Syr John Meurig Thomas)

Yn llyfr bach y ffôn yn ein tŷ ni
Ein harfer yw dynodi
Â llinell wen, y rheini
O'n perthnasau a'n cyfeillion
Sydd wedi'n gadael ni.

A chwilota'r oeddwn i
Y noson hon, John Meurig,
Am rif dy deleffon di
Pan welais i, yn wyn
MARGARET, ei henw hi.

A daeth yn ôl orffennol
Pan oedd hi

Margaret (1938-2002)

Yn ei harddwch a'i thawelwch
Yn fendigedig gyda ni.

A daeth drosof fi, yn don,
Hiraeth yn ddüwch creulon,
Ynghyd â chofion gloywon
Am ei goleuni hi.

Yn ein meddyliau ni,
Bawb a'i hadnabu hi,
Y mae o hyd belydrau
Ei bywyd hawddgar hi.

Gwyn Thomas, Bangor[6]

Nodiadau

1. Casglwyd gan J. Lloyd Williams ar Ynys Môn.
2. Englyn i goffáu Roy Stephens, gan Dic Jones.
3. *'Yr Haf a Cherddi Eraill'*, R. Williams Parry, Gwasg Gee, 1978.
4. *'Casgliad o Gerddi'*, T. H. Parry-Williams, Gwasg Gomer, 1987.
5. Gerard Manley Hopkins: *'Poems and Prose'* (Penguin Classics, 1985).
6. *'Murmuron Tragwyddoldeb A Chwningod Tjocolet'* (Cyhoeddiadau Barddas, 2010).

Pennod 10

Y Degawd Diweddaraf, Mwy neu Lai (2003-)

Yn union wedi i John gwblhau ei gyfnod fel Meistr Peterhouse yn 2002, fe'i hanrhydeddwyd gan Brifysgol Caergrawnt a'i ddyrchafu ynddi'n Athro Anrhydeddus Cemeg y Stâd Solet. O'r flwyddyn honno ymlaen hefyd daethai'n Athro Emeritws Cemeg, Labordy Ymchwil Davy-Faraday y Sefydliad Brenhinol yn Llundain. Ac 'ymddeol' mewn enw – os hynny – yn unig ddigwyddodd. Doedd dim arlliw o'r fath beth, mewn gwirioedd!

Na dim diwedd i hiraethu 'chwaith. Fis Mai, 2003 ar yr 16eg bu farw ei arwr, Syr Goronwy Daniel. Syr John Meurig Thomas draddododd y 'deyrnged' iddo – un dreiddgar a didwyll – yng Nghapel Minny St. Caerdydd, lle'r oedd yn aelod ffyddlon. Hawdd seinio 'Amen' i gynifer o sylwadau priodol a phwrpasol John. Dyfynnodd, er enghraifft, un o gynghorion Syr Goronwy, sef:

> *'Byddwch yn gynnil a chraff ond na fyddwch ystrywgar a dichellgar.'*

Roedd Goronwy'n casáu dichell â chas perffaith. Cawr meddyliol ydoedd, wrth gwrs, a chawr corfforol. Ond un a ymostyngai. Ymostyngai'n ffyddlon mewn addoliad, ond, yn dilyn y defosiwn hwnnw, ymostyngai hefyd fel 'Samariad trugarog'. Gwir ffrind bob gweinidog, a hynny yn ysbryd ei Feistr; a hawdd, gyda John Meurig Thomas, yw seinio ei glodydd yn y pyrth; a thu allan iddynt.

Dathliad Pen-blwydd Syr John Meurig Thomas yn 70 oed (15.12.2002), yn Y Sefydliad Brenhinol. Ffrindiau o'i gwmpas – a 'Michael Faraday' wrth ei ochr! Y gŵr tal yn y canol ar ben ucha'r grisiau canol yw Kenneth D. M. Harris, Caerdydd.

Y Gwyddonydd cyntaf

Ar y naill ochr i Fedal y Cymrodorion ceir y geiriau: *'Cared doeth yr encilion'*, ac, ar y llall: *'Cymru, a phob peth mawr, doeth a sanctaidd'*. Ceir hefyd arni eiriau priodol yn cyfeirio at ei derbynnydd *'a'i (g)waith nobl dros Gymru'*. Fe'i cyflwynwyd gyntaf i Gwilym Hiraethog, Llywydd cyntaf Undeb yr Annibynwyr Cymraeg, yn 1883. Chwe ugain mlynedd yn ddiweddarach – yn 2003, ac ar Dachwedd 1af, ym Mhrifysgol Cymru, Bangor, fe'i cyflwynwyd i Syr John, un fu'n gysylltiedig â'r Annibynwyr Cymraeg – yn eglwysi Bethania, Tymbl; Bethesda, Llangennech; Pendref, Bangor; a Seion, Stryd y Popty, Aberystwyth – am dros

*Derbyn Medal y Cymrodorion – y Gwyddonydd cyntaf i'w chael.
John Meurig Thomas, Rees Davies, Emyr Humphreys (anrhydeddwyd â
Medal), Derec Llwyd Morgan, Robin H. Williams, Merfyn Jones, Emrys Jones,
M. Wynn Thomas, John Samuel, John Elliott. Ym Mhrifysgol, Bangor yn 2003.*
(Y llun trwy ganiatâd caredig Tegwyn Roberts, Dolannog, Maldwyn).

ddeugain mlynedd. **John oedd y gwyddonydd cyntaf erioed i dderbyn y Fedal arbennig hon.** Ac yn naturiol, balchder o bob tu. A'i derbyn yng Ngholeg y Brifysgol, Bangor, lle dechreuodd John ei yrfa broffesiynol. (Gyda llaw, ar un adeg, roedd gan Goleg Bangor bum Cymrawd o'r Sefydliad Brenhinol; record dda i Brifysgol Daleithiol.) Teg nodi fod y llawenydd yn gymysg â hiraeth, wrth reswm. A lleoliad derbyn y Fedal yn ychwanegu at yr hiraeth hwnnw. Ym Mangor y dechreuodd y diweddar Fonesig Margaret ac yntau eu bywyd priodasol, ac yno hefyd y ganwyd Lisa, eu plentyn cyntaf.

Derbyniodd Emyr Humphreys hefyd y Fedal ar yr achlysur hwn; ac roedd Norah Isaac i'w derbyn yn ogystal, ond, er iddi wybod am yr anrhydedd, yn drist iawn bu farw cyn yr achlysur.

Cyflwynwyd John i'r cynulliad mewn modd didwyll a gloyw gan gyfaill mawr iddo, sef yr Athro Robin H. Williams. Dyma rai o frawddegau cyflwyniad RHW:

> *'Mae'n sicr y byddai'r Athro Syr John Meurig Thomas wedi bod yn seren beth bynnag ei faes. Mae ei feistrolaeth o iaith yn awgrymu'n glir y gallai fod wedi bod yn bregethwr neu yn wleidydd llwyddiannus. Ond bu gwyddoniaeth, a Chemeg mewn modd arbennig, yn ffodus iddo ddewis y cyfeiriad hwnnw.*
>
> *Haedda 'mab enwoca' Cymru yr holl sylw a bri a roddwyd iddo dros y blynyddoedd. F'anrhydedd arbennig i yw ei gyflwyno ar gyfer Medal y Cymrodorion!'* [1]

Cydnabu John ei ddyled i'r Cymrodorion ac i Fangor, ac i'w hysgogiad meddyliol a diwylliannol iddo. Yn gwbl nodweddiadol, adroddodd ambell hanesyn diddorol a mwy nag un stori ddoniol *(gweler Pennod 3)*. Fel arfer, tanlinellodd arbenigrwydd y cyddestun.

Nid nepell o'r fan y siaradai roedd bryn nodedig – y Camp Rhufeinig – lle trigai milwyr ar un cyfnod. Tystiai Suetonius, un o'r arweinyddion milwrol, iddo – rhyw ddwy fil o flynyddoedd yn ôl – weld Derwyddon hynod a brawychus yr ochr arall i'r Fenai. Edrych wedyn i gyfeiriad yr Wyddfa *'a'i chriw'*, a rhai o greigiau hyna'r greadigaeth. Yna adrodd â balchder am Charles Darwin – a oedd, yn 1883, newydd ddychwelyd o'r Andes yn Ne'r Amerig – yn ysgrifennu at ei chwaer yn yr Amwythig, ac yn tystio:

> *'Er fod Yr Andes yn hardd nid ydynt i'w cymharu â phrydferthwch Yr Wyddfa.'*

Wrth nodi, o'i brofiad helaeth, fod hiwmor ymenyddol yn parhau yn amlwg ym myd academia, adroddodd sawl stori. Er enghraifft, yr un am Rees Davies, Cadeirydd Adran Hanes Rhydychen, un tro yn siarad â darlithydd mewn Hanes a oedd braidd yn ddiog. Ac yntau ar fin ymddeol, meddai RD wrtho:

'I suppose you are looking forward to a time when you can sit down and enjoy a good programme on T.V.'

Yr ateb gafodd oedd:

'Do not underestimate the pleasure one may derive simply by sitting down.'

John yn darlithio mewn Cynhadledd Wyddonol yn Como, Yr Eidal, 2004.

A chloi ei sylwadau trwy adrodd am y modd y byddai'n fynych yn cerdded arfordir Suffolk ac yn adrodd penillion Cynan i *'Aber-*

Y Degawd Diweddaraf, Mwy neu Lai (2003-)

*Gyda Syr Kyffin Williams yn ei gartref, Pwllfamogl, Llanfairpwll.
Hyd. 2, 2004.*

Geni plentyn cyntaf Lisa ac Oliver: 14.10.2004. Datcu'n dotio!

daron' a'r creigiau yno, gyda'i bennill ola' *'bythgofiadwy'*, chwedl John:

> *'Oblegid mi gaf yno*
> *Yng nghri'r ystormus wynt*
> *Adlais o'r hen wrthryfel*
> *A wybu f'enaid gynt.*
> *A chanaf â'r hen angerdd*
> *Wrth syllu tua'r ddôr*
> *Ar greigiau Aberdaron*
> *A thonnau gwyllt y môr.'* [2]

Byd Cerdd a Chân

Bu cerddoriaeth a barddoniaeth yn bwysig i John Meurig Thomas ar hyd y blynyddoedd. Nid syndod fod yr elfennau yna i'w clywed yn seiniau ei lais a'i ddewis o eiriau wrth gyflwyno stori neu sgwrs, atgof neu araith. A'r llifeiriant diatal yn fiwsig i gyd. Llawenydd mawr iddo oedd cael bod yn Gymrawd Coleg y Brenin ac yn Is-Lywydd Cymdeithas Gerddorol Caergrawnt.

Cwbl naturiol, felly, oedd i Michael Berkley, y cyfansoddwr, ei wahodd i gymryd rhan yn un o'i raglenni Radio 3 ar Ionawr 4, 2004. A dewis John, ynghyd â'i sylwadau mewn ymateb i gwestiynau hwnnw yn ddadlennol. Hwn, er enghraifft, wedi iddynt wrando ar ddarn a llais gwirioneddol ogoneddus:

> *'Ond John – onid yw'r cyfan yna yn eich gwneud chi'n eiddig-eddus tost?'*
>
> *'Na, nid wy'n eiddigeddus o gwbl'*, atebodd yn gryf, *'mae dyn yn credu yn Nuw, a'i fod wedi creu rhai pobl fel hyn. Pobl fel Mozart a Beethoven a Schubert, a llawer arall. Gwyrth creadigaeth ydyw. Wrth gwrs, mae'n alwad. Ac fe rown i'r byd pe bawn mor ddawnus yn wyddonol ag y mae y rhai hyn yn gerddorol.'*

Schubert, heb unrhyw amheuaeth, yw hoff gyfansoddwr John. Rhyfedda'n barhaus at hwnnw yn cyfansoddi, er enghraifft, wyth o ganeuon ar un diwrnod yn Hydref 1815, ag yntau ond yn 19 oed!

'A pherffeithrwydd', ychwanega John, *'ymhob un. Carwn yn fawr gyrraedd safon felly yn fy ngwyddoniaeth. Ie, cyflymder a pherffeithrwydd.'*

Dewiswyd amrywiaeth o recordiau ganddo yn ystod y rhaglen, a naturiol oedd iddo gyfeirio at eu cariad fel teulu cyfan at gerddoriaeth. A Margaret yn arbennig. Dewis gwaith Schubert wnaeth hefyd i gloi'r rhaglen. Yr unawdydd o'r Almaen, Brigitta Fassbinder, yn canu *Standchen (Serenâd)*. Bu Margaret ac yntau'n gwrando ar y darn hwnnw drwy'r flwyddyn ola' iddo fel Meistr Peterhouse. Hon, 2002, oedd blwyddyn ola' bywyd y Fonesig Margaret Thomas. Dewis darn i ddathlu eu bywyd a'u gwaith ynghyd wnaethai felly – darn yn fynegiant o ddiolch am ei gofal a'i chariad.[3]

Croesi'r moroedd: Sydney, Awstralia, a'i thair cainc
Y gyntaf: Gradd 'Er Anrhydedd' arall

Ym Mhrifysgol y ddinas honno yn yr Hemisffer Ddeheuol ar Dachwedd 4, 2005 derbyniodd Syr John Meurig Thomas Radd Doethuriaeth Er Anrhydedd mewn Gwyddoniaeth. Am resymau dirifedi roedd wrth ei fodd i fod yno. Nododd, yn ei anerchiad, nifer o rheiny. Canolbwyntiwn ar bedwar ohonynt, y ddau cyntaf a'r ddau olaf; bob un yn gysylltiedig â phobl arbennig.

Yn naturiol, dechreuodd drwy enwi ei ffrind gorau, **Yr Athro Emeritws David Buckingham**. Gwnaethant ill dau gynifer o bethau 'ar-y-cyd'. Ym Mhrifysgol Caergrawnt, er enghraifft, er eu bod mewn adrannau Cemeg gwahanol yn yr adeilad hwnnw ar Heol Lensfield. Daeth eu merched iau hefyd yn ffrindiau mawr yn Ysgol Perse, ac mae'r cyfeillgarwch hwnnw hefyd yn parhau.

Bu David a John wedyn yn agor y batio i dîm Llywydd Coleg y Frenhines yn erbyn y myfyrwyr, a'r ddau'n gefnogwyr brwd o Glwb Criced Prifysgol Caergrawnt. Nid unwaith neu ddwy 'chwaith, y bu'r ddau'n cyd-seiclo i Gyfarfod Bwrdd yr Adran – ac, un tro, â hwythau braidd yn hwyr, yn brin o wynt. Ond gwell hynny na bod dau deiar yn brin ohono! Derbyniodd y ddau raddau Doethuriaeth mewn Gwyddoniaeth er anrhydedd gan Brifysgol Sydney. Un o blant 'South Wales' yw John, wrth gwrs; o 'New South Wales' y daw ei ffrind. Ac un o uchafbwyntiau cyfeillgarwch D. a J. – fe'm temtir i 'sgrifennu 'Dafydd a Jonathan' – ydoedd i'r naill fod yn was priodas i'r llall ym mhriodas J.R. a J.M. – ie, Jehane a John – yn Ebrill, 2010.

Yr ail oedd **Syr John Cornforth** – 'Kappa', fel y'i gelwir. Ganwyd ef yn Sydney yn 1917, ond bu'n fyddar ers ei blentyndod, ac eto, cyrhaeddodd yr uchelfannau mewn ysgolheictod. Enillodd, er enghraifft, y 'Wobr Nobel' mewn Cemeg yn 1972. Ond sut yn y byd y gorchfygodd y fath anghaffael? Wel, trwy gariad ei briod, y Fonesig Rita. Gyda llaw, enillodd hithau hefyd radd Meistr mewn Gwyddoniaeth yn Sydney. Ail-adroddai hi'n amyneddgar, bob gair i *Kappa*, ac yn ei dro, darllenai yntau'n ofalus symudiadau'i gwefusau bob un. Y fath orchestion. Nid syndod 'chwaith, i JMT danlinellu'r gwrhydri hwn o'u heiddo ill dau gerbron cynulleidfa a gynhwysai niferoedd o fyfyrwyr ifanc, a'i sylwadau yntau, mae'n siŵr, yn eu cyffwrdd, yn ennyn edmygedd, ac yn arwain, o bosib, i ymgysegriad newydd.

A'r trydydd a'r pedwerydd oedd yr Athro Thomas Maschmeyer, a'i Gyfarwyddwr ef ar gyfer ei radd Ph.D., yr Athro Tony Masters, un o galibr neilltuol.

Dyma Syr John wedyn yn troi at faterion mwy cyffredinol ac yn dweud:

> 'Cofiwch mai dim ond tua hanner y pethau a ddysgwyd i chi yn y Brifysgol yma fydd yn fuddiol a gwerthfawr i chi yn y dyfodol. Yn eironig, ni wyddom pa hanner!'
>
> 'Cofiwch hefyd beidio anwybyddu'r syched am ddysg a gwybodaeth. Flynyddoedd yn ôl dywedodd Francis Bacon: **"Knowledge is power"**. Mae'r gosodiad yr un mor berthnasol heddiw.'
>
> 'Cofiwch hefyd bwysigrwydd brwdfrydedd. Nid fod brwdfrydedd ei hunan yn ddigon i gyrraedd y nod; ond hebddo bydd yn anos.'
>
> 'I chi raddedigion ifanc i gyd, credaf ei bod yn werth dweud: byddwch fentrus heb fod yn ddi-hid; byddwch wrol, heb fod yn greulon; byddwch drugarog, heb fod yn sentimental; byddwch

addfwyn, heb fod yn aneffeithiol. Bob amser byddwch yn gadarn-haol a brwd, a pheidiwch fyth a cholli'ch chwilfrydedd deallusol. Byddwch yn falch, fel yr wyf i, o fod yn un o raddedigion Prifysgol Sydney.'[4]

Yr ail: 'Disgybl wyf, ef a'm dysgawdd'

Nid 'cant namyn un' chwaith, all dystio felly, ond niferoedd dirifedi. O bob oed a phob gwlad, mewn amryw ddull a llawer modd. Mae'r ymwybod â dyled i Syr John Meurig Thomas, a'r mynegiant o werthfawrogiad iddo yn bur unfryd. Ond felly'n union hefyd ei werthfawrogiad cywir a chyson yntau. I'w athrawon a'i gyd-weithwyr, ei gyfeillion a'i ddisgyblion bob cam.

Enghraifft loyw o werthfawrogiad syn disgybl o'i Athro, ac Athro o ddisgybl, yw cyd-berthynas Syr John Meurig Thomas â'r **Athro Dr Thomas Mascheymer** o Brifysgol Sydney. O ddarllen – mewn amryw fannau – eu mynegiant ill dau o hynny, penderfynais anfon neges e-bost at Yr Athro yn Awstralia, gan ofyn iddo a fuasai garediced ag anfon gair byr ataf o'i argraffiadau o John Meurig Thomas. Gan ychwanegu'r cymal: 'Nid JMT y gwyddonydd plîs – ond y dyn!'

O fewn dyddiau'n unig, cyrhaeddodd ei neges; un gynnes, ac agos-atoch, er na welsom ein gilydd erioed, na siarad yn bersonol â'n gilydd unwaith. Er y pellter daearyddol enfawr rhyngom, mewn eiliadau megis, roeddem yn Thomas a Ieuan i'n gilydd. John Meurig Thomas, ein ffrind ill dau bontiai'r gagendor. Ef a'i ddynoliaeth braf sy'n ein clymu'n un. Â byd criced yn unig y cysylltais i Sydney ers yn grwt; nid felly mwyach.

Dyma gyfieithiad o sylwadau'r Athro Dr Thomas Mascheymer:

SYR JOHN MEURIG THOMAS: NID Y GWYDDONYDD OND Y DYN

Beth ellir ei ddweud am John, y gwyddonydd, na dd'wedwyd eisoes mewn llawer acadami, prifysgol, a chymdeithasau dysg; ac yng nghylchoedd llywodraeth a diwydiant, yn ogystal? Llawer, mae'n siŵr! Bu ei gyfraniad gydol ei yrfa yn un mor aruthrol, fel ei bod, nid yn unig yn dasg enfawr i geisio'i chrynhoi, ond yn her hefyd, sy'n ymylu ar yr amhosib. Bu 'nghysylltiadau cychwynnol i ag ef, i gyd yn y cyd-destun gwyddonol. Ond eto, bryd hynny, hyd yn oed, amlygwyd hefyd 'y dyn a'i ddynoliaeth'.

Ei ddarlith ym Mhrifysgol Sydney oedd achlysur ein cyfarfyddiad cyntaf. Roeddwn yn 'ysgrifennydd cymdeithasol' Cymdeithas Gemeg y Brifysgol ar y pryd ac felly'n gyfrifol am drefnu'r lluniaeth cyn y ddarlith, ac, yn bwysicaf oll, darparu'r gwin! Sefydlwyd y Gymdeithas yn 1928 a hen draddodiad oedd fod gan yr ysgrifennydd hawl i ddewis potel o win iddo'i hun. 'Y gwin gorau amdani heno', meddwn. A llyncais hanner potel mewn chwinciad, cyn y ddarlith! A'r canlyniad? Wel, fe'm cyfareddwyd yn llwyr gan y ddarlith honno, gan nodio 'mhen yn egnïol, o bosib, pan yn cytuno ag ambell bwynt ynddi, ond hefyd yn ysgwyd fy mhen yn ddirfawr pan yn anghydweld. Arweiniodd hynny fi, mae'n debyg, i ofyn cwestiwn a heriai rhai o ragdybiaethau gwaelodol y ddarlith. Ac eto, bu ymateb y darlithydd, yn ôl yr hyn a glywais, yn un mawrfrydig a gwirioneddol wych.

Gyda llaw, d'wedaf **'yn ôl a glywais'**, oherwydd i'm cyfarwyddwr Ph.D, ddweud wrthyf am y digwyddiad, a bod Syr John Meurig Thomas ei hun wedi ymholi pwy oedd wedi gofyn y fath gwestiwn – cwestiwn, mae'n amlwg greodd argraff arno. Rhaid i mi gydnabod na chofiwn, ar y pryd, natur fanwl fy nghwestiwn i fy hun! Ond dylwn nodi, i'r cyfan ddod nôl i'm cof yn glir, bellach.

Nodaf y stori uchod, gan i minnau wedyn, pan yn ceisio swydd yn dilyn fy noethuriaeth, feddwl y byddai'n dda crybwyll yr hanesyn uchod yn fy llythyr. 'O leia', ymresymwn, 'bydd Syr John, naill ai'n fachan piwr yn teimlo fod fy nghwestiwn yn un eitha' hwyliog, neu ni chaf ateb ganddo o gwbl.' A do, ymatebodd mewn llythyr oedd yn llawn gras, a chefais gyfweliad ganddo yn y Sefydliad Brenhinol. Cawsom rannu llawer wedi hynny. Ac, yn un peth, sylwais fel y bu i'w gyfarchiad ffarwel – mewn llythyron, er enghraifft – ddod yn gynyddol gyfeillgar: *Yn gywir, Yr eiddoch yn ddidwyll, Dymuniadau da, Dymuniadau gorau, Dymuniadau gwresog, Cofion cynnes, Cofion personol gwresocaf*. Enghraifft o ddefnydd gofalus JMT o iaith, a'i sylw i fanylder. Ie, hyd yn oed yn ei berthynas bersonol â phobl.

Un tro teithiasom ynghyd i'r Almaen er mwyn cysylltu â HOECHST – Cwmni Cemegolion a Gwyddorau Bywyd. Bu'n daith gymharol ddi-gyffro hyd i ni gyrraedd Frankfurt, dinas mewn dyffryn â'i thymheredd yn dwym, yn llonydd a llaith. Yna, clywed a gweld: **'Rhybudd! Bom!'**

Roeddem wedi dechrau'n siwrne'n blygeiniol, a doeddwn innau 'chwaith ddim ar fy ngorau, yn arbennig gan inni orfod gadael yr awyren yn sydyn, a rhuthro i dir neb rhywle yn y maes-awyr. Ond y rhyfeddod mawr imi oedd sylwi fod John wedi dechrau sgwrsio â rhyw bobl, a'i fod yn llawn consyrn didwyll am eu cyflwr a'u hamgylchiadau. Rhyfeddol! Dyna lle roeddem, wedi cael ond ychydig gwsg, yn anghyffordddus o dwym, â'r fath leithder, y pryder enbyd parthed posibilrwydd bom; ac ymweliad â HOECHST i ddod! Ond eto, roedd gan John wir gonsyrn a chydymdeimlad dwfn tuag at ei gyd-ddyn. Roedd hynny, bryd hynny (a deil felly) i mi yn rhyfeddod pur. Nid y gwyddonydd, Yr Athro Syr John, F.R.S., gyda dros 20 o ddoethuriaethau ac ati, ac ati – ond y dyn, y person – un anweledig i'r byd mawr cyffredinol – yn ymddwyn â dynoliaeth gwir fawrfrydig.

Yna wedyn dechreuodd yr ymweliad i HOECHST gyda John yn diddanu bwrdd cinio nos o 16 o bobl hyd yn hwyr, cyn bwrw ati i waith fore trannoeth. Mae ei lefelau ynni hyd yn oed yn fwy rhyfeddol na'i ddynoliaeth! Yn wir, dywedir fod cerdded gydag ef i ginio – o'r Sefydliad Brenhinol i'r Gymdeithas Frenhinol ar draws Piccadilly wedi helpu llawer ohonom (gan gynnwys ei Ôl-Ddoethurwyr ieuanc) i wella'n sylweddol gyflwr eu hiechyd corfforol!

Yn ystod un o'r 'teithiau' cerdded cyntaf hynny, dywedodd John – y gwyliwr adar – wrthyf fod Awstralia yn llawn adar prydferth odiaeth. Ymatebais innau: *'Cytunaf yn llwyr. Yn wir, priodais un ohonynt!'* Yna, yn dilyn eiliad o betruso – ei chwerthiniad aflafar, heintus. (Ac ocheneaid o ryddhad i'r Ôl-Ddoethur beiddgar).

Weithiau, wrth gwrs, gall JMT fod braidd yn anhapus. Gyda phobl o fewn ei gylch proffesiynol – golygyddion yn difetha'i ryddiaith, d'weder, neu ddiwydianwyr yn ymbesgi'n eu cyflogau pechadurus o fras. A'r Sosialydd ynddo yn amlygu'i hun. (*'Mae e' fwy i'r chwith hyd yn oed na fi,'* cyffesodd ei briod, Margaret gynt.)

Parthed ei gylch o gyfeillion, gofynnwyd imi unwaith gan un ohonynt: *'Gefaist ti'r benelin ganddo eto?'* Yn wir, hyd hynny, tybiais mai ond myfi a'i chafodd! Pan y'i cythruddir, yn arbennig pan deimla fod angen newid rhywbeth yn ymagwedd rhywun, bydd JMT, ar adegau prin felly, yn gwasgu penelin rhywun. Ffordd effeithiol i hawlio sylw rhywun, a chael hwnnw i weithredu, fel na bydd angen ail-wasgad!

Ta waeth, mae pob un y bûm i yn sgwrsio â nhw yn ei edmygu am y math yna o angerdd sy'n ei nodweddu, ac yn cofio'r dyddiau hynny fel rhai gwerthfawrocaf eu bywyd. Pwy all godi'n hysbryd a'n tanio ag angerdd dros wyddoniaeth fel JMT? Pe bai modd inni ei gostrelu ef ni fyddai angen tawelyddion arnom fyth mwy!

   I grynhoi, ni wn am unrhyw ddyn arall sy' wedi cael y fath ddylanwad ar y rhai y daeth i gysylltiad â hwy. Y bobl hynny o gylchoedd byd-eang – gwyddonwyr, diwydianwyr, gwleidyddion a swyddogion llywodraeth sy'n ei nabod. A'r dyn yn y stryd sy'n ei nabod. Maent oll â pharch diledryw iddo ac yn synio amdano ag edmygedd cynnes. Ie, un sy'n phenomenon fel gwyddonydd, a mwy felly, hyd yn oed, fel dyn. Bendithiwyd fy mywyd ganwaith drosodd drwy ei nabod.

Dymuniadau gorau,

Thomas.
(YR ATHRO DR THOMAS MASCHEYMER, PRIFYSGOL SYDNEY)

Syr John a Dr Thomas Mascheymer o Awstralia – nepell o'r 'Blue Mountains'.

Y Degawd Diweddaraf, Mwy neu Lai (2003-)

John yng nghwmni Colin Powell ac eraill, Hydref 2005. Cinio yn Claridges.

Manon a'i brawd bach, Tomos. Fe'i ganwyd ef ar Dachwedd 21, 2006.

Y drydedd: Cyfweliad

Rhyw ddeufis yn dilyn darlith JMT ym Mhrifysgol Sydney, ar nos Iau, Ionawr 12, 2006, darlledwyd cyfweliad rhyngddo â Robyn Williams, y newyddiadurwr a'r darlledwr, ar *'The Science Show'* (ABC).

Fe'i holwyd am ei berthynas flaenorol â Phrifysgol Sydney, ac eglurodd iddo fod yn rhan o gynllun arbennig yn 1986-1991. Deuai myfyrwyr o Sydney i'r gwledydd hyn am ryw bythefnos, ac, yn eu tro, âi grŵp o Gaergrawnt yno am gyfnod tebyg. Ehangu gorwelion a dyfnhau profiadau oedd y nôd. Cyfle, er enghraifft, i'r naill grŵp a'r llall gwrdd ag enwogion o bwys.

Cyflwynwyd JMT i'r gwylwyr a'r gwrandawyr gan RW fel:

'. . . un sy wedi arwain chwyldro gwerth biliynau o ddoleri ym masnach neilon. Neilon-6 . . .'

Eglurodd yntau mai'r neilon hwn ddefnyddir mewn dillad a charpedi, a thannau feiolyn, er enghraifft. Cynhyrchir miliynau o dunelli ohono'n flynyddol ar draws byd. Ond, wrth ei baratoi, cynhyrchir pedair gwaith cymaint o *'ammonium sulphate'*. Math ar is-gynnyrch yw'r neilon. Nodwyd fod prosesau'r cynhyrchu yn gymhleth, ac ar dro'n beryglus. Cynhyrchir gwastraff anferth a bygythir yr amgylchedd gan yr ymweithredyddion (**reagents**).

Tanlinellodd yr holwr fod enw John yn cael ei gysylltu'n anatod a Chatalyddion. Ef meddai:

'. . . yw'r lluniwr catalydd ***par excellence*** *' ac yn arwain tîm sy' wedi peri chwyldro yn y maes. Hynny er mwyn hyrwyddo diwydiannau a'u cynnyrch mewn dulliau nad ydynt yn fygythiad i'r amgylchfyd. Yn rhy fynych o lawer gollyngwyd, drwy'r toddyddion (***solvents***) ddefnyddiwyd, gymaint o anweddau. Rheiny wedyn, gwaetha'r modd, yn arwain i effeithiau andwyol tŷ gwydr.'*

Ond lluniwyd gan John a'i dîm o gyd-weithwyr solet a fedrai fod nid yn unig yn gatalydd, ond yn dderbynfa lle y digwydd yr adwaith, yn ogystal. Dyma ddileu felly yr angen am doddyddion i lawer o'r adweithiau. Ac arbed llygredd, wrth gwrs. Oni ddisgrifiwyd **neilon-6**, er enghraifft, fel **neilon gwyrdd!**

Gweithiodd John yn arloesol i gyfeiriadau fel hyn ers ugain mlynedd, a rhoddwyd cyhoeddusrwydd mawr i'w waith. Ond cyffesa'n onest:

> 'Nid ar fyrder y digwydd y newidiadau. Graddol yw'r symudiadau o'r hen i'r newydd!'

Holodd Robyn Williams ef am:

> '... faes eang plastig, polymerau, cemeg a chemeg diwydiannol, a beth yw'r potensial i weithredu syniadau cynaladwy fel hyn?'
>
> 'Cwestiwn pwysig,' meddai JMT. 'Gwaetha'r modd, mae cymaint o ddiwydianwyr sy'n defnyddio'n gwbl ddi-hid danwydd ffosiledig, fel bod perygl i rheiny ddiflannu mewn cenhedlaeth neu ddwy. Felly, rhaid ystyried defnyddio planhigion. Tyfu rheiny, cael defnyddiau crai ohonynt; yna eu hail-dyfu drachefn.
>
> Enw adran Dr Thomas Mascheymer ym Mhrifysgol Sydney yw: 'Catalyddiaeth Flaengar: Datblygiad Cynaladwy'. Gwna waith diddorol odiaeth yno â biodiesel. Gellir tynnu olew mwyn o hwnnw, ac yna, ei ail-dyfu drachefn! Marw'n raddol wna catalyddion yn arferol; marw'n arafach fyth wna'r rhai gorau ohonynt. Os digwydd i'w perfformiad leihau, mae modd eu hadfywio. Gorau'i gyd, wrth reswm, po hiraf y byddant byw!'

Eglurodd John fod rhai catalyddion a ddefnyddir i fasnachu *ammonia* yn yr Almaen, yr un mor effeithiol heddiw ag oeddent bedair-blynedd-ar-ddeg yn ôl. Gan holi'n ddireidus:

> 'Sawl un, d'weder, oedd yn medru rhedeg 100 medr mewn deg eiliad bedair-blynedd-ar-ddeg yn ôl, fedrai wneud hynny heddiw?'

Cwestiwn olaf RW i JMT oedd:

> 'Ai'n ddamweiniol, neu trwy gynllunio y darganfyddir ffyrdd i ymateb i argyfwng?'

Nid syndod o gwbl clywed ei ymateb i'r cwestiwn hwnnw. Ie, cyfeirio wnaeth at sylw Pasteur, fod: *'siawns yn ffafrio'r meddwl aeddfed a pharod!'*[5] Profodd John ei hun, ac nid yn anfynych 'chwaith, mor wir y sylw hwnnw. Gyda'r union eiriau y diweddodd ei gyfraniad sylweddol ef ei hun i'r Gyfrol Deyrnged gyflwynwyd iddo ar yr achlysur isod.

Dathliadau Pen-blwydd

Ar ddyddiau Gwener a Sadwrn, Rhagfyr 14 ac 15, 2007, ar achlysur *Dathlu Pen-blwydd Syr John Meurig Thomas yn 75 oed* cynhaliwyd *Symposiwm* yng Ngholeg Peterhouse, Caergrawnt. Trefnwyd y cyfan gan bwyllgor dethol o dan gadeiryddiaeth yr Athro Brian F. G. Johnson, FRS. Cynhaliwyd saith o sesiynau gyda dros ddeugain o gyfranwyr. Yn yr un agoriadol, yn dilyn *Darlith gan A. H. Zewail*, lansiwyd *Cyfrol* arbennig i *Ddathlu Bywyd a Gwaith Syr John:* **'Turning Points in Solid-State, Materials and Surface**

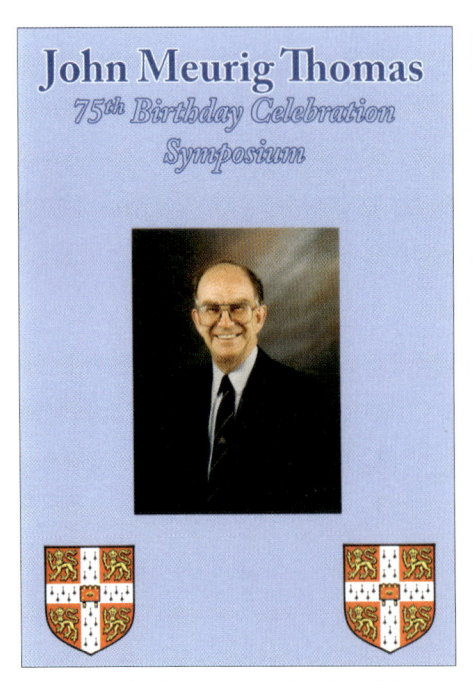

Wyneb clawr y Cerdyn Dathlu 75 oed (15.12.2007). Yn cynnwys manylion y Dathliadau.

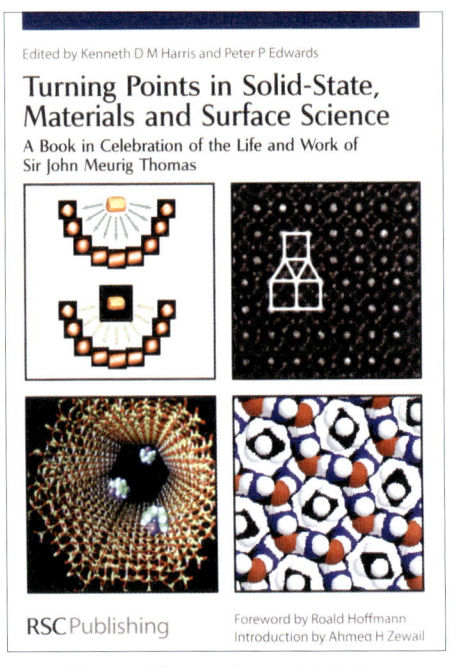

Clawr Llyfr o bron i 1,000 o ddalennau! Llyfr yn Dathlu Bywyd a Gwaith JMT.

Science' [6] ***(RSC Publishing)***, wedi'i golygu gan Kenneth D. M. Harris a Peter P. Edwards gyda chyflwyniad gan Roald Hoffmann a Rhagymadrodd gan Ahmed H. Zewail. Mae'n gyfrol sylweddol a phwysig, lliwgar a hardd, gyda chyfraniadau gan oddeutu 130 o ysgolheigion o bob rhan o'r byd. A'r mynegiant o ddiolch ganddynt yn unfryd a didwyll. Dyfynnwn yn unig ambell frawddeg o *Ragair* Roald Hoffmann, Prifysgol Cornell, UDA:

> '. . . The 1795 Davy poem I cited ("Sons of Genius") calls his Heroes "Sons of Nature," and has them delighting in "the train of mild philosophy" as well as "the rough precipice's broken steep". That is an excellent characterization of John Meurig Thomas. Faraday wrote: ". . . the generality of mankind cannot accompany us one short hour unless the path is strewed with flowers." Well, John Meurig Thomas has tossed bouquets upon bouquets to the world . . .'[7]

Ar y nos Wener cafwyd *Datganiad ar yr Organ* gan Daniel Hyde, Cyfarwyddwr Cerdd, Coleg yr Iesu, Caergrawnt, yng Nghapel Coleg y Brenin. Yna, i gloi'r dathliadau, *Gwledd*, gyda'r Athro Brian Johnson, Prifysgol Caergrawnt yn Feistr Seremonïau. Yn dilyn y llwnc-destun i'r Frenhines, cafwyd un ychwanegol i Ganghellor yr Almaen. Roedd **Angel Merkél**, sy'n Gemegydd Cwantwm, a'i phriod, Dr Joachim Sauer wedi dod yno'n arbennig, fel pob un arall, o barch i John, ei fywyd a'i waith.

Cyfrannodd John ei hun i'r *Gyfrol Deyrnged* uchod gydag ysgrif lwythog a dadlennol ar y thema: *'Design and Chance in My Scientific Research'*, gyda dros ddau gant o gyfeirnodiadau. Nodwn rai pwyntiau.

Dros gyfnod yr hanner can mlynedd a mwy o ymchwil sylfaenol cyffesa John i'w ddyled i'r erthyglau a'r llyfrau ddarllenwyd ganddo, y darlithiau y bu'n eu gwrando, ynghyd â'r syniadau a'r theorïau drafodwyd, a'r cyfarpar a'r technegau ddefnyddiwyd. Gall y pethau hyn i gyd, cyffesai, fod yn gwbl allweddol i lwyddiant.

*Yr Athro Ahmed H. Zewail (California) ond o'r Aifft yn wreiddiol.
Sgrifennodd John ag yntau Lyfr enfawr ar-y-cyd. Fe'i cyhoeddwyd yn 2010.
Jehane Ragai o'r Aifft hefyd yn y Dathlu.*

Graselli, Angel Merkél a John – ar yr un achlysur.

Wrth reswm mae ynni ymenyddol myfyrwyr – ambell i un, o bosib, wedi ennill Doethuriaeth – ynghyd â'u doniau i drin a thrafod yn ddeheuig a brwd, yn allweddol. Allweddol, yn ogystal, yw'r cynhyrchwyr cyfarpar hynny sy'n effro i anghenion arbrofwyr yn y maes gwyddonol. A chyd-weithwyr brwd wedyn – gan gynnwys technegwyr abl – sy'n medru troi breuddwyd yn ffaith, trwy ddatblygu a defnyddio'r cyfarpar hynny.

I hybu'r cyfan uchod, wrth gwrs, mae cefnogaeth ariannol cynghorau ymchwil, sefydliadau'r llywodraeth neu gan ddiwydiant preifat yn anhepgor. Meddai wedyn, wrth gloi ei bennod:

'Ceisiais bob amser ddilyn f'ymchwil ag angerdd ac ymgysegriad. Pan fydd cynnydd gall f'ysbryd ymylu ar ecstasi. Ond, ar y llaw arall, gall y gwrthwyneb f'arwain i ddiflastod llwyr. A gall

Cyd-wyddonwyr a chyfeillion yn seiadu.

siawns – y 'crewr dwyfol' chwedl Pushkin – chwarae rhan bwysig ym mywyd gwyddonol dyn. Ond cysuraf innau fy hun â 'dictum' Pasteur fod 'siawns' yn ffafrio'r meddwl trwythedig.' [8]

Nodwn dair enghraifft yn unig o ffrwythau 'meddwl trwythedig' John y blynyddoedd diweddaf yma.

Yng Nghyfadran Gwyddoniaeth Prifysgol Sydney – unwaith eto! – bu'n un o'r tri Prif Siaradwr mewn Symposiwm Gatalyddu Rhyngwladol, dros dridiau, ar y thema: *'Catalyddu – Allwedd Holl-bwysig Cynaladwyaeth'*. Ac hefyd yn aelod o banel o chwech – yn cynnwys ei gyfaill mawr, Yr Athro Dr Thomas Maschmeyer – ar y Fforwm Cyhoeddus a drefnwyd gan Robin Williams ar gyfer *'Y Sioe Wyddonol (Cyngor Darlledu Awstralia)*. Digwyddodd hyn yn 2009.

Yn 2010 wedyn, cyhoeddwyd campwaith o gyfrol gan Syr John Meurig ar-y-cyd ag Ahmed H. Zewail, *'dau gawr yn eu maes'*, chwedl un adolygydd. Dau awdur sy'n hannu o ganolfannau gwyddonol a diwylliannol blaenaf y byd – canolfannau gwahanol, ac mewn mannau gwahanol – Caergrawnt a California.

Disgrifir Syr John, er enghraifft, fel *'. . . David Attenborough Cemeg . . .'!*

Yna eleni, ym mis Mai, cyhoeddwyd y clasur gyferbyn gan John ei hun; a'r adolygiadau yn eithriadol o bob tu. A gyda llaw, yn ôl tystiolaeth yr arbenigwyr, mae'r cyfrolau hyn yn rhai gwirioneddol swmpus ac eithriadol hardd – cyfrolau fydd yn *'Llyfrau-gosod yn eu maes'*.

Ie, ffrwythau **'meddwl trwythedig John'!** A rhagor, mae'n siŵr, ar y gweill.

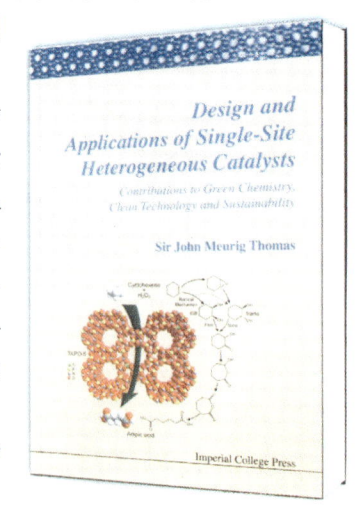

Lisa a Naomi [9]

Nodwyd yn y bennod flaenorol mai Cynghorydd Cyfreithiol fu Lisa yn y blynddoedd 1999-2003. Byddai'n delio â phob math o

Wedi'r Ddarlith! Yng nghwmni hynfagwr 90 oed yn Siapan yn 2009. John yno am gyfnod fel Athro dros dro.

gyfreithiau, ond yn arbennig rhai'n ymwneud â'r byd cyhoeddi. Bu, er enghraifft, yn hyrwyddo Llyfrau Penguin drwy'r Wasg. Yn 2004 ganwyd Manon, ac yna Tomos yn 2006. Y llawenydd arbennig hwnnw'n naturiol yn codi hiraeth dwys arnynt am eu mam, Margaret – 'y canol llonydd, cyson a chadarn', chwedl Lisa. Bedyddiwyd y naill gan y Parchedig Greany yn Eglwys Little St. Mary's yn 2005, a'r llall yn Peterhouse gan Gaplan y Coleg yn 2007. A 'newid byd', wrth gwrs, i Lisa.

Ond, ynghyd â'i gofalon fel mam, yn 2005 hefyd ffurfiodd hi a'i ffrindiau gymdeithas a elwir **'Cylch'**. Grŵp ydyw sy'n hybu gweithgareddau gwirfoddol ac yn cefnogi digwyddiadau diwylliannol yn Llundain. Gweithiai hefyd gyda 'Teulu Laura Ashley' ynghyd â Chanolfannau Cancr Margaret Keswick. Cynhelir, er enghraifft, gyngerdd arbennig yn Eglwys St. George's, Sgwâr Hanover, Stryd Maddox bob Nadolig. Bu George Frederick Handel ar un adeg yn fynychwr cyson o'r Eglwys hon. Mewn digwyddiadau o'r fath byddai rhai amlwg fel Fiona Bruce, Julian Fellowes ac Alan Titmarsh, er enghraifft, yn cymryd rhan – a rhai amlwg eraill o fyd busnes. Llwyddent, trwy'r gweithgareddau amrywiol hyn i godi oddeutu £40,000 y flwyddyn at Achos Cancr.

Gweithiodd Lisa yn ddiweddarach fel Cyfarwyddwr Marchnata i Ymgynghoriaeth fechan, un yn ymwneud â gwasanaethau proffesiynol. Erbyn hyn gweithia ar Fwrdd Prisio fel ymgynghorydd allanol *'FTSE 350'* gan gynorthwyo â gwerthuso perfformiad.

Parhau â'i gyrfa fel cerddor proffesiynol gyda'r Gerddorfa wna Naomi. Gwaith, meddai, sy'n llawn amrywiaeth ac yn rhoi gwir foddhad. Fel Cerddorfa Genedlaethol Cymru'r BBC recordir pob cyngerdd ar gyfer Radio 3. Ond perfformir nid yn unig yng Nghymru, ond hefyd yn fynych, yn y **'Proms'** yn y Neuadd Albert yn Llundain.

'Profiad cyffrous i'w ryfeddu', meddai, *'ac un o uchafbwyntiau'n bywyd. Byddwn hefyd yn recordio ar gryno ddisgiau. Ni sy'n gyfrifol am y seiniau i'r rhaglenni Dr Who, er enghraifft. Gwaetha'r modd, cynhelir y rhan fwyaf o'n cyngherddau gyda'r nos, ac ar nos Wener a nos Sadwrn fynychaf! Nid yw'n hwb i'm bywyd cymdeithasol, ond eto rwyf wrth fy modd.'*

Tystia fod adnewyddu hen gyfeillgarwch, cyfeillgarwch â ffrindiau bore oes o Aberystwyth, yn wych – plant Dr Glyn ac Dr Ann Rhys a phlant Dr John ac Ina Tudno Williams, er enghraifft. A chymdeithasu â Chymry-Cymraeg yn amheuthun. Fe'u trwythwyd felly, gan Margaret a John, a thrwy eu cymdeithas gyfeillgar â rhai o deuluoedd y Capel Cymraeg yng Nghaergrawnt gynt. Byddent fel teulu cyfan hefyd, pan yn gyfleus, yn ffyddlon i'r Eisteddfod Genedlaethol. Onid oedd eu tad yn aelod o'r Orsedd ers 1978 ('Siôn Gwendraeth'), ac nid unwaith neu ddwy yn unig y bu'n darlithio yno?

Cofia Naomi eu cartref yn llawn cyffro pan yn gwylio'r gemau rygbi rhyngwladol ar y teledu – *'. . . gydag ambell i waedd annaearol!'* Ond bu gweithgareddau awyr-agored, yn ogystal, yn bwysig iddi hefyd. Sgïo, chwarae tennis, seiclo, cerdded mynyddoedd, a rhedeg.

> *'Mae unrhyw beth sy'n fy herio',* meddai, *'yn fy moddio'n fawr. Rhedais y Marathon yn 2009 i godi arian ar gyfer Uned Trin Cancr yn Llundain – uned fu'r fath help i'm mam annwyl. Rwyf ar hyn o bryd yn paratoi ar gyfer Marathon Efrog Newydd!'*

A llifa'r atgofion lu, am gampau ei thad ar feysydd ein gwlad, i'n meddwl. A'r ddwy chwaer, Lisa a Naomi, yn arddel â diolch hiraethus, ddylanwadau pell-gyrhaeddol eu mam, Margaret. A John yntau'n dweud *'Amen'* i hynny, ynghyd â chydnabod ei rhan amhrisiadwy yn llewyrch a llwyddiant ei yrfa nodedig ef.

Cofio a Chydnabod

Lle pwysig yn mywyd a phrofiad y pedwar, fel y tystia Lisa'n huawdl, a John yn fynych, fu **Capel Coleg y Brenin, Caergrawnt *(King's)***. Mangre solas a gwir ysbrydiaeth dros flynyddoedd lawer. Ac yno, ar Nos Lun, Chwefror 1, 2010, yn dilyn *'ysgogiadau ysbrydoledig Syr John'*, chwedl Stephen Cleobury, y Cyfarwyddwr Cerdd, ynghyd â'i nawdd ariannol hael, cynhaliwyd *Cyngerdd arbennig i Ddathlu Bywyd Y FONESIG MARGARET THOMAS, (o Langennech)* ac ANDREW O'NEILL *(o Bontarddulais)*.

Arlwy'r **NOSON YNG NGHWMNI BRYN TERFEL** oedd *Simffoni rhif 29*, Mozart, rhannau o *Elias*, Mendelssohn, *Suo-Gân* ac *Ar Hyd y Nos*, *Io ti lascio* ac *Ave Verum Corpus*, Mozart, a *Requiem*, Fauré. Roedd *Côr Coleg y Brenin, Lleisiau Brodyr y Coleg, Cymdeithas Gorawl Prifysgol Caergrawnt, Cerddorfa'r Philharmonig – arweinydd, James Clark, a'r Arweinydd:* **STEPHEN CLEOBURY**, yn rhan anatod o'r noson.

Ie, John yn cofio a chydnabod; a phob sain a llais, bob cerdd a chân, a phob dawn – o bob cenedl a chenhedlaeth yn un mewn harmoni. Cynghanedd hardd o ddiolchgarwch.

A 'diolchgarwch' sydd yn y ddwy atgof yma hefyd – un gan y Parchedig Ddr Noel A. Davies, Abertawe a'r llall gan Dr Hazel

Walford Davies, Aberystwyth – atgofion sy'n ein clymu mewn llawer modd â Chwm Gwendraeth a Bangor, Aberystwyth ac Oxbridge, a byd y maes a'r meddwl.

> *'Gan i John fod yn ddarlithydd ym Mangor yn fy nghyfnod innau yno, dilynais ei yrfa gyda diddordeb mawr, wrth gwrs, ac ymfalchïo (o bell) yn ei lwyddiant a'i ddisgleirdeb nid yn unig yn ei faes arbenigol ond yn y byd academaidd yn genedlaethol a rhyngenedlaethol. Er syndod i mi, pan fyddaf yn ei gyfarfod o bryd i'w gilydd – er mai yn anaml iawn y digwyddodd hynny ar draws y blynyddoedd – bydd bob amser yn fy nghofio; ac nid unrhyw ddisgleirdeb gwyddonol o'm heiddo i, ond ei radlonrwydd ef ei hun sydd y tu cefn i'r cofio hwn.'*[10]

*   *   *

> *'Ymhlith cyfeillion Saesneg yn ein cartref yn Rhydychen rywdro, soniodd Walford fel y profwyd John yn ei ddyddiau ysgol yn feistr fel cerddwr ym myd athletau. Mewn fflach, dyma John yn ychwanegu:* **'Yes, an odd event, because if you were really in a hurry, you'd run!'** *Ie, ei ffraethineb iach. Mae gyrfa ddisglair John yn amlwg i bawb a wŷr am waith y gwyddonydd byd-enwog a'i waith fel arweinydd prifysgol a choleg ac ati. Ond dan y cyfan, y sirioldeb yna sydd i'w weld bob amser yn ei lygaid. Ni wnaeth glynu'n ddoeth at ffeithiau gwyddonol wanhau ei barch at y weledigaeth wahanol sydd ar gael yn y celfyddydau hefyd. Mewn sgwrs â John unwaith, dyfynnodd Walford linellau gan Philip Larkin. Arhosodd John yn ei unfan yn ystod y sgwrs, gymaint oedd ei awydd i wybod pwy oedd biau'r llinellau:*

> > *'This is the first thing*
> > *I have understood:*
> > *Time is the echo of an axe*
> > *Within a wood.'*[11]

Jehane a John

Yn y Saith Degau cynnar, fel y cofiwn *(gweler Pennod 4)* – gwahoddwyd John Meurig Thomas i ddarlithio yn y 'Brifysgol Americanaidd yng Nghairo', yn yr Aifft. A'r trefniant: tair darlith yr wythnos am saith wythnos yn gyfnewid am wythnos o wyliau mewn llong ar yr Afon Nîl – rhan o gydnabyddiaeth y Darlithydd! Aethant yno fel teulu cyfan, Margaret, John a'r merched – Lisa (4 oed) a Naomi (2). Un o'r 'disgyblion' fu'n dilyn y cwrs Darlithiau (fel y nodwyd) oedd Jehane Ragai, darlithydd cynorthwyol mewn Cemeg yn y Brifysgol honno – gwraig briod ifanc feichiog, a mam i ferch fach deirblwydd oed o'r enw Nazli. Daethant fel teuluoedd yn ffrindiau agos gan ymweld â'r Pyramidiau, gyda'i gilydd, er enghraifft. Bu Jehane a'i phriod, Ali, a'u merched, Nazli a Heddy, hwythau yn ymweld â Margaret a John, Lisa a Naomi yn Llundain fwy nag unwaith. A'r wythawd mewn harmoni. Tristwch mawr, serch hynny, oedd marwolaeth Ali yn 1999, a Margaret yn 2002.

Yn 2008, ar ei ffordd yn ôl i'r Aifft o Princeton yn yr Unol Daleithiau, treuliodd Jehane wythnos sabothol yn Ninas Caergrawnt. Yn y Brifysgol yno, er enghraifft, traddododd ddarlith arbennig yn yr Adran Feteleg. A phwy oedd Cadeirydd y noson? Ie John. Ac ar ddiwedd y ddarlith, roedd hi'n amlwg nad y ddarlith yn unig a aethai a bryd y cadeirydd, oherwydd ei sylw chwareus – os chwareus hefyd! – ydoedd:

'If I were ten years younger, I'd marry this woman.'

Ie – *'many a true word spoken in jest'*! Blodeuodd eu cyfeillgarwch, ac, ymhen dwy flynedd, yn 2010 bu achlysur llawen eu priodas.

Ganwyd Jehane yn Cairo ar Awst 17, 1944. Hanai ei rhieni – Doria Shafik a Nour El Din Ragai – o'r Aifft. Yn y Pum Degau roedd Doria yn arweinydd Mudiad Merched yn yr Aifft. Enillodd y ddau eu Doethuriaethau yn Ffrainc – y naill ym Mhrifysgol y Sorbonne a'r llall ym Mhrifysgol Paris. Yn Ffrainc y cafodd Jehane ei haddysg gynnar gan ennill ei gradd gyntaf yno. Yna, ym Mhrifysgol Americanaidd Cairo, gan arbenigo mewn Cemeg, enillodd ei gradd Meistr. A'i Doethuriaeth – PhD ym Mhrifysgol Brunel yng Ngorllewin Llundain.

Bu ganddi, fel John yntau, gryn ddiddordeb mewn chwaraeon ers yn ifanc, a bu Jehane hyd yn oed yn fwy llwyddiannus na John! Roedd hi'n bencampwraig yr Aifft mewn nofio – yn y 200 medr *('breaststroke')* a'r 100 medr *('dolphin')*. Diddorol yw nodi – a hynny ar drothwy Gemau Olympaidd Llundain 2012 – i Jehane hithau gael ei dewis i gystadlu yng Ngemau Olympaidd 1960 – ond iddi gael ei gwahardd yn sydyn gan Lywodraeth yr Aifft. Ond pam? Wel, gan fod yr Aifft yn wlad Islamaidd, ni chaniateid i ferched nofio! Gyda llaw, rhagorai fel ffensiwr, yn ogystal. Carai ddarllen, wrth reswm, ac, fel John eto, roedd barddoniaeth yn golygu llawer iddi. A gwneud gemwaith! Mae ganddi ddiddordeb heintus yng nghyd-berthynas y gwyddorau a'r dyniaethau, a chyhoeddodd lawer ar y thema honno.

Jehane yn ferch ifanc yn Yr Aifft. Tua 1960. Enillodd ben-campwriaeth fel nofwraig. Dewiswyd hi i gynrychioli'r Aifft yng ngemau Olympaidd Rhufain. Ond . . .!

Jehane ym Mharis, Haf 1991.

Lisa a Naomi ar Ddydd Priodas Jehane a John, Ebrill 2010.

Priodwyd Jehane a John yn Ebrill 2010 a bu digwyddiadau llawen yng Nghaergrawnt a Llundain. Mae gan blant y naill a'r llall feddwl y byd o'i gilydd, a Jehane hithau, yn caru plant ac wyrion John, fel ei hwyrion ei hun.

Nid syndod tystiolaeth felly. I Jehane gwerthoedd pwysicaf a gwerthfawrocaf bywyd yw tosturi a gostyngeiddrwydd. A dyna'r rheswm, meddai, y mae ganddi'r fath gariad tuag at John. Gan ychwanegu:

'Mae John yn ysgolhaig o'r radd flaenaf, ond eto'n wylaidd a dihymhongar, ac mae ganddo dosturi mawr a gwir gonsyrn dros y difreintiedig a'r anghenus. Teimlaf innau'n llawen iawn, ac yn freintiedig hefyd i'w gael fel priod.'

Tystiolaeth i'n cyffwrdd – ac i'n hachub drachefn.[12,13]

Digwyddiad, a chyd-ddigwyddiad nodedig dan nawdd **Cymdeithas Athroniaeth America** yn Neuadd Benjamin Franklin, Philadelphia, U.D.A. eleni – Ebrill 19-21, 2012 – oedd gweld enwau Jehane a John, ymhlith eraill, ar bosteri ac amserlenni'r cyfarfyddiad:

Dydd Iau, Ebrill 19, 2012:

am 1.15 y prynhawn

'The Scientific Detection of Forgery in Paintings'
Jehane Ragai, Lady Thomas,
Professor of Chemistry
The American University in Cairo

* * *

Intermission

* * *

Henry LaBarre Jayne Lecture
'Sir Humphry Davy: Natural Philosopher, Discoverer,
Inventor, Poet and Man of Action'

Sir John Meurig Thomas
Honorary Professor of Solid State Chemistry, Department of
Materials Science, Cambridge University

* * *

Cyflwynodd Syr John y ddarlith uchod yn dilyn ei anrhydeddu â Gwobr Ddarlithyddiaeth Jayne yn 2012. Yn ddiweddar hefyd derbyniodd Fedal Aur Kapitza.

Anrhydedd eto ym Mangor – yng nghwmni enillyd y Wobr Nobel, Yr Esgob Desmond Tutu, Rhodri Morgan, a David Attenborough. Disgrifiwyd John Meurig Thomas fel: 'David Attenborough'r Byd Gwyddonol'!

Naomi, arweinydd yr Ail Ffidil, yng nghwmni ei chyd-offerynwyr a ffrindiau yng Ngherddorfa Genedlaethol Gymreig, BBC.

Y Degawd Diweddaraf, Mwy neu Lai (2003-)

Datcu wrth ei fodd yng nghwmni ei wyrion Manon a Tomos, sy'n dathlu ei ben-blwydd yn 4 oed ac yn barod i chwythu'r canhwyllau gwyn dan gyfarwyddyd ei fam, Lisa.

'Manon a Tom', chwedl Lisa, Tachwedd 2011.

Mewn darlith gyflwynwyd ganddo ar Ragfyr 5, 2001, soniodd Syr John Meurig am ddyddiau'r Hen Eifftiaid a'r Hen Roegiaid, gan nodi'n arbennig yr Academïau a Phrifysgolion a sefydlwyd ganddynt. Prifysgol Ain Shams, er enghraifft, sefydlwyd 2,700 o flynyddoedd Cyn Crist. Ond ym mhle? Wel, Heliopolis, ger Cairo! Ac, yn 2012 o Oed Crist, John y gŵr a Jehane ei wraig yn gyddarlithwyr gwâdd yng Nghairo!

Cairo a Chaergrawnt, Caerludd a Chaerdydd, Cymru a Chymry hefyd, yn un yn eu serchiadau fel teulu. Ac ar drothwy ei ben-blwydd yn bedwar ugain ar Ragfyr 15, 2012, **'SHALÔM'/TANGNEFEDD/ 'SALAAM'** – a **DIOLCH** – yw'n cyfarchiad oll:

> *'Ni wn i am un cyfarchiad gwell*
> *Nag a ddysgais gan feibion y Dwyrain pell;*
> *A'u dymuniad hwy yw 'nymuniad i:*
> *Tangnefedd Duw a fo gyda thi.'*[14]

Nodiadau

1. *Trafodion Cymdeithas Anrhydeddus y Cymrodorion*, 2003.
2. *Cerddi Diweddar Cymru*, Llyfrau'r Dryw, H. Meurig Evans, 33, tt. 40-41.
3. *'Private Passions' with Michael Berkley, BBC, Classic*.
4. *'Turning Points in Solid-State, Materials and Surface Science'* (RSC Publishing) 2007/2008.
5. Robin H. W. a John.
6. Ibid.
7. *'T.P.'*.
8. Ibid.
9. Atgofion ac argraffiadau Lisa a Naomi, plant JMT, Awst 2012.
10. Neges e-bost gyda'r troad oddi wrth Dr Noel A. Davies, Awst 2012.
11. Negesau e-bost oddi wrth Dr Hazel Walford Davies, Awst 2012.
12. Atgofion ac argraffiadau personol JMT a JR.
13. Ibid.
14. *Cerddi Diweddar Cymru*, Llyfrau'r Dryw, H. Meurig Evans, 98, tt. 94-95.

Swyddogaethau ac Anrhydeddau

1954: Gradd Dosbarth Cyntaf Serennog, Cemeg (Coleg y Brifysgol, Abertawe).

1957: Doethuriaeth, Prifysgol Llundain.

1977: Cymrawd o'r Sefydliad Brenhinol.

Mehefin, 1991: Urddwyd yn Farchog gan y Frenhines Elisabeth yr Ail am: 'Wasanaeth i Bwnc a Maes Cemeg, ac am Boblogeiddio Gwyddoniaeth'.

1999: Cymrawd Anrhydeddus Yr Academi Frenhinol Beirianneg.

Deil John dros 40 o Gymrodoriaethau Er Anrhydedd mewn Prifysgolion a Cholegau yn y gwledydd hyn ac ar draws byd.

* * *

Swyddi a Safleoedd Presennol:

- Athro Anrhydeddus Gwyddoniaeth Defnyddiau, Prifysgol Caergrawnt (2002–);
- Athro Emeritws Cemeg, Laborty Ymchwil Davy Faraday, Y Sefydliad Brenhinol, Llundain (ers 2002);
- Anrhydeddus Athro Hyglod Cemeg Defnyddiau, Prifysgol Caerdydd (2005-2-13);
- Anrhydeddus Athro Hyglod Cemeg a Nanowyddoniaeth, Prifysgol Efrog (2008-);
- Athro Ymgynghorol, Prifysgol Shanghai Jiao Tong (2009-);
- Athro Ymgynghorol, Prifysgol Hokkaido, Canolfan.

* * *

Swyddi a Safleoedd Blaenorol:

- Cyfarwyddwr, Sefydliad Brenhinol Prydain Fawr a'r Labordy Ymchwil Davy Faraday, yn Llundain (1986-1991);

- Athro Cemeg Fuller, Y Sefydliad Brenhinol (1988-1994);
- Pennaeth, Adran Cemeg Ffisegol, Prifysgol Caergrawnt ac Athro-Gymrawd yng Ngholeg y Brenin, Caergrawnt (1978-1986);
- Meistr (Pennaeth) Coleg Peterhouse, Prifysgol Caergrawnt (1993-2002);
- Dirpwy Bro-Ganghellor, Prifysgol Ffederal Cymru (1991-1994);
- Athro Cemeg a Phennaeth yr Adran, Coleg Prifysgol Cymru, Aberystwyth (1969-1978);
- Darlithydd Cynorthwyol, Darlithydd, Darllenydd Cemeg, Coleg Prifysgol Cymru, Bangor (1958-1969);
- Athro Dros-Dro Nanowyddoniaeth, Prifysgol De Carolina, UDA (2005-2010);
- Athro Hyglod Anrhydeddus Cemeg Defnyddiau, Prifysgol Southampton (2006-2010).

* * *

Doethuriaethau Er Anrhydedd gan:

Cymru (LL.D.); Anrhydedd Acadamaidd y Cyngor Cenedlaethol (D.Litt.); Heriot-Watt, Caeredin (D.Sc.); Birmingham (D.Sc.); Y Brifysgol Agored (D.Univ.); Lyon, Ffrainc, (D.Sc.); Computense, Madrid (D.Sc.); Morgannwg (D.Sc); Gorllewin Ontario, Canada (D.Sc); Eindhoven, Yr Iseldiroedd (D.Sc.); Hull (D.Sc); Surrey (D.Prifysgol); Aberdeen (D.Sc); Prifysgol America yng Nghairo (D.Sc.); Turin, Yr Eidal (D.Sc); Clarkson, UDA (D.Sc.); Sydney, Awstralia (D.Sc.); Prifysgol Prefecture Osaka, Siapan (D.Sc.); Prifysgol Jilin, Tseina (D.Sc.); Prifysgol y Bedyddwyr, Hong Kong (D.Sc.); Prifysgol Bangor (D.Sc.); Prifysgol St. Andrews, Yr Alban (D.Sc.)

* * *

Medalau Eraill:

1969: Medal Corday Morgan; Y Gymdeithas Gemeg Frenhinol;
1973: Medal Tilden; 1978: Medal Cemeg y Stad-Solet; 1983: Medal Hugol Muller. (Bob un o'r Gymdeithas Gemeg Frenhinol). 1969: Gwobr Pettinos, Cymdeithas Garbon America – 1af i'w hennill;
1978: Aelod o Orsedd y Beirdd, Eisteddfod Genedlaethol Cymru, Caerdydd, 1978. Ei enw yng Ngorsedd: SIÔN GWENDRAETH.
1989: Gwobr Darlithyddiaeth Bruce-Preller, Cymdeithas Frenhinol Caeredin.

2003: Y Gwyddonydd cyntaf erioed i'w anrhydeddu â Medal Anrhydeddus Gymdeithas y Cymrodorion ers ei sefydlu 160 o flynyddoedd yn ôl.

2005: Medal Arian: 'am wasanaeth i Wyddoniaeth ar achlysur Dathliad Prifysgol Siena yn 750'.

* * *

Gwobrau Cenedlaethol a Rhyng-Genedlaethol:

1989: Medal Faraday, Cymdeithas Gemeg Frenhinol, (ei medal uchaf, gyflwynir bob tair blynedd).
Medal Can-mlwydd a Hanner Y Gymdeithas Frenhinol Microscopaidd.

1992: Medal Aur Messel, Cymdeithas Cemeg Ddiwydiannol, cyflwynir bob yn ail flwyddyn am *'anrhydedd haeddiannol mewn gwyddoniaeth, llenyddiaeth, diwydiant a materion cyhoeddus'*.

1994: Medal Davy'r Gymdeithas Frenhinol (ei phrif fedal yn y Gwyddorau Ffisegol). 1995: Medal Aur Willards o Gymdeithas Gemeg America (y gwyddonydd 1af o Brydain i'w anrhydeddu ers 80 mlynedd): *'am waith arloesol ym maes cemeg y stâd-solet a gwyddoniaeth defnyddiau crai . . . Ei waith gwreiddiol (ar soledau) wedi arwain i gamau breision ymlaen ym myd gwyddoniaeth a thechnoleg amsugnyddion a chatalyddion'*.

1995: Enwyd y mwyn newydd: **meurigite** er anrhydedd iddo gan Y Gymdeithas Ryngwaldaol Fwynyddol i gydnabod ei waith arloesol ym maes a byd Daeargemeg.

1996: Medal Canmlwyddiant Semenov, Academi Gwyddorau Rwsia.
Medal Anrhydeddus, Academi'r Gwyddorau, Warsaw, Gwlad Pŵyl.
Medal Longstaff, Y Gymdeithas Gemeg Frenhinol.

1997: Medal Anrhydeddus Academi Wybodaeth, Krakov, Gwlad Pŵyl: *'am wasanaeth cyhoeddus nodedig'*.

1999: Enillydd 1af. Gwobr Cymdeithas Gemeg America: *'am ymchwil creadigol mewn catalyddiaeth heterogenaidd a homogenaidd'*.

2003: Medal Aur Linus Pauling, Prifysgol Stanford: *'am gyfraniadau i hyrwyddo gwyddoniaeth flaengar'*.

2004: Medal Aur Guilio Natta, Cymdeithas Gemegol yr Eidal: *'am waith eithriadol ym myd a maes catalyddu'*.

2005: Medal Aur George Stokes, Y Gymdeithas Gemeg Frenhinol: *'am waith arloesol, newydd yn sail electron dadansoddi nano-gemegol'*.

2007: Gwobr Rhyngwladol Sefydliad y Metal Gwerthfawr Am Orchest Neilltuol: '*i John Meurig Thomas am gyfraniadau arloesol i faes cataluddu heterogenaidd drwy ei ddefnydd o fetalau gwerthfawr*'.
2008: Gwobr Her Arlywyddol UDA am Gemeg Gwyrdd.
2009: Gwobr Aur a Darlithyddiaeth Ahmed H. Zewail, Prifysgol Talaith Wayne.
2010: Gwobr Darlith Ertl, Sefydliad Fritz-Haber Max Planck Geselleschaft, Berlin.
Darlithiau Hassel, Prifysgol Oslo, Norwy.
Darlithydd Gwobr Bragg, Cymdeithas Grisialograffeg Prydain.
Darlithydd Gwobr Sven Breggen, Cymdeithas Frenhinol Lund, Academi Gwyddoniaeth a Thechnoleg, Sweden.
2011: Medal Aur Kapitza, Academi Gwyddorau Naturiol Rwsia.
Darlithydd JJ Hermans, Prifysgol Gogledd Carolina.
2012: Darlithydd Gwâdd Prifysgol St. Andrews. Dathliad 600 Mlwydd.
Darlithydd Gwobr Jayne, Cymdeithas Athronyddol Yr Amerig.

* * *

Cymrodoriaethau neu Aelodaethau Tramor Anrhydeddus:

1981: Academi India, Bangalore.
1985: Academi Genedlaethol India, New Delhi.
1989: Academi Ewrop.
1990: Academi'r Celfyddydau a'r Gwyddorau, America.
1991: Academi Peirianneg, Siapan.
1992: Academi Cymdeithas Athronyddol, America.
1993: Cymdeithas Frenhinol Caeredin.
1994: Academi Gwyddorau Rwsia.
1994: Academi'r Gwyddorau, Venezuela.
1995: Academi'r Trydydd Byd, Trieste.
1998: Academi'r Gwyddorau, Hwngari.
1998: Academi'r Gwyddorau, Gwlad Pŵyl.
1999: Academi Frenhinol Gwyddorau Sbaen.
2003: Academi Gwyddorau Göttingen.
2004: Academi Genedlaethol dei Lincei, Rhufain.
2005: Cymdeithas Gemeg Mendeleev, Moscow.
2006: Academi Gwyddorau Ewropeaidd.

* * *

Athro Gwadd Byr-Dymor yn y canlynol:

- Scoula Normale Superiore, Pisa;
- Prifysgol Technoleg, Eindhoven;
- Sefydliad Max Planck, Mülheim;
- Sefydliad Gwyddoniaeth Weizmann;
- Prifysgol Florens;
- Ecole Nationale Superieure, Paris;
- Canolfan Astudiaethau 'Advanced' Jawaharai Nehru, Bangalore;
- Prifysgolion Gorllewin Ontario, McMaster a Calgary;
- Prifysgol California, Berkeley;
- Prifysgol Yale;
- Prifysgol Indiana;
- Sefydliad Technoleg California;
- Prifysgol Sydney;
- Prifysgol Talaith Pennsylvania;
- Prifysgol America, Cairo;
- Prifysgol 'A' ac 'M', Texas;
- Prifysgol Cornell;
- Prifysgol y Gogledd-orllewin;
- Athro Ymchwil Manchot yn TU, München;
- Prifysgol Ruprecht-Karls, Heidelberg;
- Prifysgol Talaith Arizona.

*   *   *

Darlithyddiaeth Er Anrhydedd i Bobl Nodedig – dramor ac yn y gwledydd hyn:

Cyflwynodd John Meurig Thomas dros gant o DDARLITHIAU er anrhydedd ar draws byd, gan gynnwys darlithiau a enwyd er anrhydedd i'r canlynol:

Rutherford, (Seland Newydd); Van't Hoff, (Academi Frenhinol Yr Iseldiroedd); Helmholtz (Berlin); Darwin (Caergrawnt); Debye (Utrecht); Pauling (Caltech, Stanford ac Oregon); Larmor (Caergrawnt); Baker (Cornell); Woodward (Havard a Yale); Pitzer (Berkeley); Krishnan (New Dehli); Bernal (Llundain); Ziegler (Yr Almaen); Liversidge (Sydney); Polanyi (Toronto); Sunner (Lund, Sweden); Willard Gibbs (ACS, Chicago); Faraday (RSC, London); Birch (Canberra); Hund (Stuttgart); Watson (Caltech); Drickamer (Urbana); Taylor (Penn State); Guggenheim (Reading); Prettre (Lyon); Ipatieff (Northwestern); Schuit (Delaware);

Rogers (Michigan); Shipley (Clarkson); Oersted (T.U. Denmark); Baherian (Royal Society, London); Solvay (Free University, Brussels); English (American University, Cairo); Ertl (Max Planck Institutes and Universities of Berlin); Jane (APS, Philadelphia); Gibbs (ACS, Chicago).

Yn 1986 JMT, gyda'r Athro Ken-ichi Fuki, oedd siaradwr 'plenary', mewn Digwyddiad ym maes Technoleg Allweddol yn Tokyo i anrhydeddu Teyrnasiad Ymerawdwr Siapan.

Yn 2006, JMT oedd siaradwr cyntaf 'plenary' yn Nathliadau Tri-Chn-Mlwyddiant geni Benjamin Franklin, Cymdeithas Athronyddol America yn Philadelffia.

* * *

Aelodaeth o Fyrddau Ymgynghorol Rhyngwladol:

Ar adegau amrywiol bu Syr John, neu mae'n parhau, yn aelod o lawer o Fyrddau Ymgynghorol, gan gynnwys y canlynol:

Llywodraeth y Cynulliad Cymreig.

Gwasanaethodd ar Gyngor Ymchwil a Datblygiad (1982-85) yn Swyddfa'r Cabinet, Whitehall, Llundain.

Cadeirydd CHEMRAWN (Ymchwil Gemegol ar gyfer Anghenion Bydeang) o Undeb Rhyngwladol Cemeg Bur a Chymhwysedig.

Llywydd o Adran Faraday o'r R.S.C. ac o Adran Partneriaeth Prydain Er Hyrwyddo Cemeg; Llywydd Gŵyl Ieuenctid Rhyngwladol Wyddonol Llundain; Ymddiriedolwr o'r Amueddfa Wyddoniaeth Genedlaethol (1990-1995). Is-Lywydd Cymdeithas Gerddorol Prifysgol Caergrawnt (1994–); a Llywydd Cangen Llanelli o Gymdeithas Addysg y Gweithwyr.

Yn 2000, cynhaliodd Cymdeithas Ficrosgopeg a Microddadansoddi Gogledd a De America – symposiwm tri niwrnod yn eu Cynhadledd Flynyddol yn Philadelffia.

Darlledodd yn gyson ar Radio a Theledu yn y gwledydd hyn a thramor, a chyflwynodd Ddarlithiau Poblogaidd i gynulleidfaoedd Lleyg yn fydeang, a Darlithiau Awr-Ginio yn yr Oriel Luniau Genedlaethol yn Llundain.

* * *

Mae Syr John Meurig Thomas yn Awdur dros 1,100 o Bapurau Ymchwil, dros 100 o Adolygiadau ar bynciau ym maes: Gwyddoniaeth, Addysg a Diwylliant. Mae'n Gyd-awdur dros 30 o Batentau; dau Destun Prifysgol ar Catalyddu Heterogenog; Llyfr ar Michael Faraday (1991) – cyfieithwyd i'r Siapanëg yn 1994, ac i'r Eidaleg yn 2007. Llyfr ar-y-cyd gydag Ahmed H. Zewail yn 2010. Cyhoeddwyd gan Wasg Imperial gyfrol – rhwng 900 a 1,000 o ddalennau yn Dathlu ei Yrfa Wyddonol a Chyhoeddus. A'i gyfrol yn 2012.

* * *

EXSELENT (Extremely Selective and Enantioselective Materials for Controlled Sorption and Catalysis), Labordy Arrhenius, Prifysgol Stockholm, Sweden).

Consortiwm Catalyddu Berlin (Unicat), Yr Almaen.

Labordy Gwyddorau Moleciwlar, Sefydliad Technoleg California, UDA.

Sefydliad Catalyddu Beroskov, Cangen Siberia o Academi'r Gwyddorau, Rwsia.

Sefydliad Cenedlaethol 'Informatics', Tokyo, Siapan.

Canolfan Treftadaeth Gemeg Philadelffia.

Canolfan Gwyddoniaeth, Prifysgol Alecsandria, Yr Aifft.

Sefydliad Weizmann a'r Beer Sheva, Prifysgol Israel.

* * *

CYDNABOD

Carwn gydnabod yn ddiolchgar yr Awduron niferus – a'r Gweisg ymob achos – y bu i mi ddyfynnu o'u gwaith – a'r cyfeillion lu a'm cynorthwyodd mewn amryw ffyrdd. Gydag ymddiheuriad didwyll os esgeuluswyd unrhyw un. Nid o fwriad fu hynny.

* * *

Gweisg a/neu Gyhoeddiadau

GWEISG: Dinefwr, Llandybïe, Christopher Davies, Abertawe; Gomer, Llandysul; Gee, Dinbych, Prifysgol Cymru, John Penri, Gorllewin Morgannwg, Amrywiaeth Llanelli *Miscellany*, CAG/WEA, CAG Gogledd Cymru, Cyhoeddiadau Barddas, Gwasg Gwynedd, *Qualitex* Cyf. Caerdydd, *R.I. Proceedings*, *University Printing Services*, Caergrawnt, Llyfrfa'r Methodistiaid, Aberystwyth, Williams 1953, Llandeilo, Cymgor Cymuned, Llangennech, *Country Life 1997*, Trafodion/*Transactions*, *Private Passions*, Michael Berkley, *BBC*, GOLYGYDDION y 'WESTERN MAIL'.

* * *

CYFEILLION a'm cynorthwyodd mewn amrywiol ffyrdd:

Rufus Adams, Michael Berkley, Michael Boon, John Bowen, June Buck, David Buckingham, Alwyn Charles (Llangennech), Glyn Charles, Michael Che, Stephen Cleobury, Alun Davies, John ac Ann Davies, Roy a Joy Davies, Margaret Davies, Noel A. Davies, Walford a Hazel W. Davies, Cenwyn Edwards, Eurwyn Lloyd Evans, John Edwards, Peter P. Edwards, Rhiannon Evans, Delme Evans, Neville Evans, Huw Ethall, Allan Fewster, Noel Gibbard, Neville a Jenny Greaves, Iolo ap Gwynn, Roy Harris, Kenneth D. M. Harris, Roald Hoffmann, Andrew L. Holmes, R. Elwyn Hughes, Gilian Isaac, Elisabeth Lloyd James, Anne Davies Jenkins, Elenid Jones, D. Huw Jones, Geraint Stanley Jones, Glenda Jones, Graham Jones, John Gwilym Jones, Raymond Jones, JUSTIN/CLPPICTURELIBARY/IPCMEDIA, A. Kirkland, Colin Lee, Eric M. Lewis, Lyndon Lloyd, Mair a Meinir Loader, Leonardo Marchesse, Thomas Maschmeyer, J. Michael McBride, Stanley Moore, James (Hamish) a Pauline Munro, Gary P. Owen, David P. Pattenden, Glyn O. Phillips, Alun Price, Robert Raja, Glyn ac Ann Rhys, M. Wyn Roberts, Ann Rosser, Gareth Wyn Thomas, Gwyn Thomas, Huw Thomas, David Watkin, John ac Ina Tudno Williams, Robin H. Williams, Robyn Williams, Brian Tarr, Marilyn a Nick Williamson.

A charedigion Eglwysi Bethania, Tymbl, a Bethesda, Llangennech, yn arbennig eu gweinidogion a'u swyddogion.

* * *

Swyddogaethau ac Anrhydeddau

1994: **'A WELSH LIFE'** – **JOHN MEURIG THOMAS** yng nghwmni **PATRICK HANNAN** – cyflwynydd, cyfwelydd a chynhyrchydd y rhaglen. Ymchwilydd: Peter Hughes, Sain: David Liqurice, Cynhyrchiad Teledu Merlin i ***HTV***.

2003/4: **GERAINT STANLEY JONES**: Cynhyrchydd a Chyfarwyddwr. Adnoddau: Barcud-Derwen. Camera: Trevor Burgess, Sain: Phil Middleman, Golygydd: Peter James.

Bu MARGARET ynghyd â JOHN yn rhan o raglen Geraint Stanley Jones, ond, 'o fewn ychydig i baratoi'r rhaglen . . . **BU FARW MARGARET YN HYDREF 2002. CYFLWYNWYD Y RHAGLEN I'W CHOFFADWRIAETH.**'